本书获得教育部国别和区域研究培育基地
——西南科技大学拉丁美洲和加勒比研究中心出版资助

拉丁美洲和加勒比研究智库丛书
第 二 辑

刘捷 ◎ 主编

巴西的通货膨胀目标制：
理论与实践

王飞 ◎ 著

中国社会科学出版社

图书在版编目（CIP）数据

巴西的通货膨胀目标制：理论与实践/王飞著.—北京：
中国社会科学出版社，2018.1
ISBN 978 - 7 - 5203 - 0466 - 5

Ⅰ.①巴…　Ⅱ.①王…　Ⅲ.①通货膨胀—研究—巴西
Ⅳ.①F827.775

中国版本图书馆 CIP 数据核字 (2017) 第 126597 号

出 版 人	赵剑英	
责任编辑	张　林	
特约编辑	郑成花	
责任校对	周　昊	
责任印制	戴　宽	

出　　版	中国社会科学出版社	
社　　址	北京鼓楼西大街甲 158 号	
邮　　编	100720	
网　　址	http://www.csspw.cn	
发 行 部	010 - 84083685	
门 市 部	010 - 84029450	
经　　销	新华书店及其他书店	

印　　刷	北京明恒达印务有限公司	
装　　订	廊坊市广阳区广增装订厂	
版　　次	2018 年 1 月第 1 版	
印　　次	2018 年 1 月第 1 次印刷	

开　　本	710 × 1000　1/16	
印　　张	17.25	
插　　页	2	
字　　数	259 千字	
定　　价	79.00 元	

目　　录

导　论 ……………………………………………………………（1）

第一节　选题背景及意义 ……………………………………（2）

一　问题的提出 …………………………………………（2）

二　研究的意义 …………………………………………（5）

第二节　相关研究情况 ………………………………………（8）

一　利率、汇率与通货膨胀率相互关系 ………………（8）

二　货币政策操作框架 ………………………………（12）

三　巴西的通货膨胀目标制 …………………………（19）

四　财政政策与通货膨胀关系的理论与经验研究 …………（21）

五　开放经济中的货币政策风险 ……………………（23）

六　对现有文献的评论 ………………………………（26）

第三节　主要内容与研究方法 ……………………………（27）

一　研究思路和主要内容 ……………………………（27）

二　研究方法 …………………………………………（30）

第四节　创新与不足 ………………………………………（31）

一　创新点 ……………………………………………（31）

二　不足之处和未来研究方向 ………………………（32）

第一章　通货膨胀目标制货币政策 ………………………（34）

第一节　通货膨胀理论 ……………………………………（34）

一　通货膨胀的定义和类型 …………………………（34）

二　通货膨胀的成本与治理 …………………………（37）

第二节　通货膨胀目标制理论 ……………………………（39）

一 货币政策的名义锚 ···（39）

二 利率规则和通货膨胀锚：通货膨胀目标制 ···············（42）

三 通货膨胀目标制货币政策的标准模型 ·······················（46）

第三节 新兴经济体通货膨胀目标制的特殊性 ·······················（54）

一 开放条件下的经济变量 ···（54）

二 开放经济条件下新兴经济体的特殊性 ·······················（59）

第四节 本章小结 ···（62）

第二章 巴西的通货膨胀和通货膨胀目标制 ···························（64）

第一节 雷亚尔计划之前的通货膨胀及其治理 ·······················（64）

一 多年顽疾 ···（65）

二 对巴西通货膨胀成因的解释 ···································（71）

三 巴西通货膨胀的治理 ···（76）

第二节 20 世纪 90 年代的恶性通货膨胀及治理 ···············（83）

一 雷亚尔计划 ··（84）

二 内部均衡与外部均衡的矛盾 ···································（88）

三 从汇率目标向通货膨胀目标的转变 ·······················（91）

第三节 巴西的通货膨胀目标制 ···（92）

一 理论和实践基础 ··（92）

二 制度规定 ···（94）

三 巴西通货膨胀目标制货币政策理论模型 ···············（97）

第四节 通货膨胀目标制下巴西的货币和汇率政策 ···············（103）

一 1999—2005 年：通货膨胀目标制的巩固和目标偏离 ·······（103）

二 2006—2008 年：货币升值和通货膨胀上升 ···············（106）

三 2008—2014 年：通货膨胀目标制受到挑战 ···············（108）

四 2015 年以来：通货膨胀目标制失灵 ·······················（111）

第五节 本章小结 ···（111）

第三章 巴西通货膨胀目标制检验 ···································（114）

第一节 通货膨胀的动态影响因素 ·······································（114）

一 新形势下的研究背景 ···（114）

　　二　研究方法　……………………………………………………（115）

　　三　动态模型构建与实证检验　………………………………（117）

　第二节　通货膨胀目标制的经济绩效　……………………………（122）

　　一　通货膨胀目标制的宏观经济绩效　………………………（122）

　　二　通货膨胀目标制货币政策的有效性　……………………（132）

　第三节　开放经济中的泰勒规则：巴西货币政策的反应函数　……（152）

　　一　标准泰勒规则　……………………………………………（152）

　　二　泰勒规则的扩展　…………………………………………（153）

　　三　巴西中央银行货币政策反应函数　………………………（157）

　第四节　本章小结　…………………………………………………（166）

第四章　巴西通货膨胀目标制的财政风险　……………………………（168）

　第一节　巴西的财政政策与通货膨胀　……………………………（168）

　　一　扩张性财政政策、财政赤字与通货膨胀的历史　………（169）

　　二　巴西的财政体制　…………………………………………（171）

　　三　新形势下的财政赤字、高利率与通货膨胀　……………（175）

　第二节　政府预算约束与财政纪律　………………………………（176）

　　一　政府预算约束与巴西的财政纪律　………………………（177）

　　二　巴西的财政预算平衡　……………………………………（180）

　第三节　巴西的财政风险与通货膨胀目标制　……………………（184）

　　一　财政赤字的通货膨胀效应　………………………………（185）

　　二　转移性支出的财政负担　…………………………………（192）

　　三　铸币税风险　………………………………………………（196）

　第四节　本章小结　…………………………………………………（198）

第五章　巴西通货膨胀目标制的汇率和开放度风险　…………………（200）

　第一节　汇率制度、"克鲁格曼三角"与金融稳定　………………（200）

　　一　通货膨胀目标制下的克鲁格曼三角及其发展演进　……（201）

　　二　巴西的金融自由化与资本流动　…………………………（203）

　　三　巴西汇率的稳定性　………………………………………（206）

　第二节　汇率风险与通货膨胀目标制　……………………………（208）

一　通货膨胀目标制下的汇率—价格传递 ……………………（208）

二　巴西的汇率变动与通货膨胀 ……………………………（212）

三　外汇市场干预与维持汇率稳定 …………………………（219）

第三节　开放度风险与通货膨胀目标制 …………………………（222）

一　经济开放与货币政策效果 ………………………………（223）

二　巴西开放战略的选择与通货膨胀 ………………………（225）

第四节　本章小结 …………………………………………………（231）

第六章　结论与启示 ………………………………………………（232）

参考文献 ……………………………………………………………（239）

附　录 ………………………………………………………………（259）

后　记 ………………………………………………………………（264）

图表目录

图 0—1　研究思路 ………………………………………… (28)

图 0—2　研究的技术路线 ………………………………… (28)

图 1—1　拉氏指数（LI）和派氏指数（PI）　………… (36)

图 2—1　1982—1993 年巴西年度通货膨胀率 ………… (68)

图 2—2　1994 年 6 月至 1995 年 7 月美元—雷亚尔汇率
　　　　（月末值）………………………………………… (90)

图 2—3　巴西中央银行小型结构化模型 ………………… (99)

图 2—4　1999 年 1 月至 2005 年 6 月巴西物价指数和通货
　　　　膨胀目标 ………………………………………… (105)

图 2—5　2005 年 6 月至 2008 年 12 月巴西物价指数和通货
　　　　膨胀目标 ………………………………………… (107)

图 2—6　2009 年 1 月至 2014 年 11 月巴西物价指数和通货
　　　　膨胀目标 ………………………………………… (109)

图 3—1　1999—2014 年巴西通货膨胀率（IPCA）和通货
　　　　膨胀目标 ………………………………………… (124)

图 3—2　1999—2014 年巴西的经济增长率（左轴）和
　　　　失业率（右轴）…………………………………… (125)

图 3—3　1996—2014 年巴西 SELIC 利率 ……………… (126)

图 3—4　模型稳定性检验结果 …………………………… (141)

图 3--5　政策工具对产出和通胀的脉冲响应（整体阶段，

模型 1）……………………………………………………………（142）

图 3—6 政策工具对产出和通胀的脉冲响应（分阶段一，

模型 2）……………………………………………………………（143）

图 3—7 政策工具对产出和通胀的脉冲响应（分阶段二，

模型 3）……………………………………………………………（144）

图 3—8 政策工具对产出和通胀的脉冲响应（分阶段三，

模型 4）……………………………………………………………（145）

图 3—9 政策工具对产出和通胀的脉冲响应（分阶段四，

模型 5）……………………………………………………………（146）

图 4—1 "非合意财政算法" …………………………………………（175）

图 4—2 1999—2014 年巴西财政收入和财政总支出 ……………（181）

图 4—3 巴西 1999—2014 年中央政府初级收支差额（左轴）与

通胀缺口（右轴）（亿雷亚尔，%）………………………（189）

图 4—4 巴西各级政府公共净债务占 GDP 的比例与通胀

缺口 ………………………………………………………………（191）

图 4—5 1999—2014 年巴西中央政府社会保障收入和支出 ………（195）

图 5—1 "克鲁格曼三角" 中的政策目标与政策选择 ……………（201）

图 5—2 1999—2014 年巴西汇率变动 ………………………………（205）

图 5—3 1999 年 7 月至 2014 年 12 月巴西的通货膨胀率（左轴）

和名义有效汇率变动（右轴）……………………………（214）

图 5—4 汇率升值预期下的宏观经济政策效果 ……………………（218）

图 5—5 美联储 QE 退出预期影响下的巴西外汇市场干预 ………（222）

图 5—6 1999 年 7 月至 2014 年 12 月巴西的贸易开放度 …………（226）

图 5—7 2000—2013 年巴西 FDI 流入及部门间差异 ………………（227）

表 2—1 1957 年至债务危机前巴西经济增长和通货膨胀的关系 …（67）

表 2—2 巴西历年通货膨胀目标和实际情况 ………………………（96）

表 3—1 巴西通货膨胀率 AR（2）估计结果 ………………………（117）

表3—2 巴西通货膨胀影响因素变量的 ADF 检验 ……………… (119)

表3—3 巴西通货膨胀的影响因素 ……………………………… (120)

表3—4 拉美地区实行通货膨胀目标制国家样本区间 ………… (127)

表3—5 样本国家不同时期内通货膨胀率的均值和
标准差 ……………………………………………………… (129)

表3—6 样本国家不同时期内利率的均值和标准差 …………… (130)

表3—7 样本国家不同时期内经济增长率的均值和
标准差 ……………………………………………………… (131)

表3—8 五个时间段内各个变量的 ADF 单位根检验结果 ……… (136)

表3—9 巴西货币政策有效性各模型滞后期的选择 …………… (139)

表3—10 整体时段（模型 1）的产出和通货膨胀方差
分解 ……………………………………………………… (147)

表3—11 通货膨胀目标制建立和巩固时期（模型 2）的产出和
通货膨胀方差分解 ……………………………………… (148)

表3—12 黄金增长和通货膨胀稳定期（模型 3）的产出和通货
膨胀方差分解 …………………………………………… (149)

表3—13 全球金融危机时期（模型 4）的产出和通货膨胀
方差分解 ………………………………………………… (150)

表3—14 后金融危机时期（模型 5）的产出和通货膨胀
方差分解 ………………………………………………… (150)

表3—15 不同时间段内汇率和政策工具的货币政策效果 ……… (151)

表3—16 不同学者对开放经济条件泰勒规则汇率系数的估计 …… (154)

表3—17 不同学者对巴西中央银行货币政策反应函数的估计 …… (158)

表3—18 巴西货币政策反应函数模型变量的平稳性检验 ……… (162)

表3—19 巴西中央银行货币政策反应函数 GMM 估计结果 …… (162)

表3—20 2000 年 1 月至 2015 年 3 月巴西 SELIC
利率的变动 ……………………………………………… (166)

表4—1 巴西税负以及在各级政府间的分配，1960—2005 年 …… (173)

表4—2 财政收入和财政总支出单位根检验结果 ……………… (182)

表4—3 财政收入和财政总支出的协整检验结果 ……………… (183)

表4—4　财政收入和财政总支出格兰杰因果关系检验结果 ……… （184）

表4—5　巴西财政赤字和通货膨胀关系单位根检验结果 ……… （191）

表4—6　巴西财政赤字和通货膨胀关系格兰杰因果关系检验 …… （192）

表5—1　2000—2014年巴西汇率制度浮动程度 ……………… （208）

表5—2　汇率变动和通货膨胀的单位根检验 ………………… （214）

表5—3　汇率变动和通货膨胀的格兰杰因果关系检验 ………… （215）

表5—4　巴西汇率传递效应的实证检验 ……………………… （216）

表5—5　巴西开放度风险与通货膨胀单位根检验结果 ………… （228）

表5—6　巴西开放度风险与通货膨胀协整关系检验 …………… （229）

导　　论

　　2015 年 3 月，巴西中央银行最新数据显示，IPCA 累积通货膨胀率①达到 7.7%，成为自 2011 年以来的最高值，并预计 2015 年全年通货膨胀率将达到 7.9%，远高于 6.5% 的通货膨胀目标上限②。而自 2014 年以来，全球经济被通货紧缩阴影所笼罩：欧元区继续低迷，2014 年 CPI 为 -0.2%，远低于 2% 的通货膨胀目标，并且还将继续扩大量化宽松货币政策规模；美国的物价水平虽在 2014 年上半年回升，并一度出现复苏势头，但随着全球其他地区经济放缓，CPI 从 11 月开始下降，2015 年 2 月出现 -0.2% 的负增长；新兴经济体中，中国自 2014 年 9 月起，CPI 一直低于 2%。巴西的通货膨胀率在全球通货紧缩的大背景下逆势上行，使其宏观经济政策面临两难选择。

　　全球金融危机后，巴西经济在 2009 年负增长，随后在 2010 年实现了"V"形反转，增长率达到 7.5%，成为当年经济增速最快的经济体之一。但自 2011 年后，巴西经济步入下行通道，2014 年仅增长 0.2%，是金砖国家成员中经济增长最差的国家。与此同时，巴西的通货膨胀率自 2014 年 6 月起连续数月在中央银行规定的通货膨胀目标上限以上运行，巴西进入"滞胀"区间。2015 年第一季度，加拿大、瑞士等发达国家以及土耳其、秘鲁和印度等新兴经济体的中央银行先后降息，而为控制高通货膨胀，保证通货膨胀目标，巴西中央银行自 2013 年 4 月至 2015 年 4 月已连续加息 14 次，巴西成为全球前三大高利率国家，经济增长因加息受到严重抑制，但市场预期加息过程仍将持续，巴西的货币政策陷入困境。利率

---

① 巴西通货膨胀率的衡量指标，即广义全国消费者价格指数，以累积 12 个月计算。
② 巴西中央银行网站，http：//www.bcb.gov.br/？english。

与通货膨胀率的"双高"成为巴西经济的一大奇特现象。

第一节　选题背景及意义

一　问题的提出

全球金融危机以及 2012 年世界经济"二次探底"使人们深刻感受到金融的强大力量。发达国家深陷高财政赤字泥潭，纷纷祭出非常规货币政策以应对流动性问题。新兴经济体由于在经济大缓和时期（Great Moderation）[①] 成功控制了政府债务和通货膨胀，并且积累了大量的外汇储备，因此在全球金融危机中债务表现出良好的可持续性，未遭遇财政危机。但是全球经济的不稳定性造成贸易条件恶化和资本流动加剧，许多新兴经济体同样面临经济衰退的风险。财政政策空间变小使货币政策重新回归人们的视野，而通胀率、汇率以及利率等货币政策目标之间如何协调成为新兴市场国家最难平衡的问题。

货币政策是国家宏观调控的重要手段之一，即中央银行利用利率、准备金率等政策工具对货币供应量和信用总量进行调控和管理[②]。无论是中央银行单独制定还是由央行与政府其他部门共同决策的货币政策已经成为政府最重要的职责之一。通货膨胀是一种国际性现象，也是宏观经济学中最重要、最复杂的问题之一。价格的稳定，是经济强劲并且可持续增长的基石。在市场经济条件下，将通货膨胀率及其波动率稳定在一个较低的水平，有利于维持经济增长，增进福利。货币政策是影响通货膨胀最直接的因素，在长期中货币政策唯一能影响的宏观经济变量也只有通货膨胀率[③]。不同于财政政策易受法律约束及其自身的多重目标性，货币政策能根据宏观经济环境变化及时调整，因此被认为是实现政府中长期稳定目标

[①]　大缓和是指 20 世纪 90 年代出现的全球范围内通货膨胀和产出波动比过去降低的现象，最早来自 Stock, J. and M. Watson, "Has the Business Cycle Changed and Why?" *NBER Macroeconomics Annual*, 2002。

[②]　刘传哲、聂学峰：《我国货币政策的传递途径——理论与实证研究》，经济管理出版社 2007 年版，第 1 页。

[③]　［美］本·S. 伯南克等：《通货膨胀目标制国际经验》，孙刚、钱泳、王宇译，东北财经大学出版社 2013 年版，第 10—11 页。

最灵活的工具。

20 世纪 70 年代，全世界都面临通货膨胀威胁。当时货币主义提出的"单一规则"有效降低了通货膨胀率，但在此之后货币需求速度变得不稳定。货币供给增速与经济总量增速保持一致使货币供给时常超过货币需求，进而导致高利率和经济易变性。货币政策规则开始由货币供给向通货膨胀目标转移。自新西兰于 1990 年首先采用通货膨胀目标制成功降低本国通胀水平（level）和通胀率波动（volatility）以来，该货币政策操作框架在全球范围内迅速流行。截至 2013 年底，全球共有 23 个国家实行了通货膨胀目标制货币政策。作为新凯恩斯主义货币政策的核心，通货膨胀目标制具有灵活性，中央银行通过公开宣布一个或多个时限内的官方通胀目标（点或区间），并且通过实行政策工具保证该目标是货币政策长期内的首要目标。随着通货膨胀目标制在 OECD 国家以及一些新兴经济体获得成功，越来越多的中央银行以及学术界开始给予这一货币政策框架更多的关注。

拉美地区金融发展脆弱，历史上曾经是货币危机和银行危机的重灾区。地区内国家之间金融危机的相互传导使各国货币政策往往无法独立。拉美各国经济结构畸形，财政负担相对较重，货币发行规模相对较大，再加上位于世界经济的外围区域中，受到汇率浮动和资本流动的冲击，通货膨胀压力一直存在。巴西虽作为拉美经济的龙头，却也自独立以来一直受到通货膨胀的困扰。1999 年，巴西开启了新的宏观经济体制，严格的财政纪律、通货膨胀目标制和浮动汇率制度"三位一体"的宏观经济政策组合实现了经济稳定和通货膨胀率的下降。全球金融危机后，巴西经济增长变得不稳定，而自 2012 年年底以来，巴西国内通货膨胀迅速提高、贸易赤字扩大、资本外流速度加快、货币贬值，经济十分脆弱。由于历史上巴西曾饱尝外部不均衡造成的经济和金融危机带来的损害，巴西央行被迫提高利率，遏制资本外流，防止经济出现不稳定。2013 年 4 月，巴西央行结束此前连续两年的降息举措宣布加息，截至 2015 年 4 月，巴西在这一轮加息周期中已连续提高利率 14 次，SELIC 基准利率达到 13.25%，利率水平在拉美地区仅次于委内瑞拉，在全世界也属于高利率国家①。

————————

① Modenesi 等（2012）分析了巴西通货膨胀目标制实施以来的货币政策规则，2000—2010 年，年均实际利率为 10%，是同时期发展中国家平均利率水平（2.7%）的 4 倍。

但是,加息的稳定通胀作用收效甚微。2013 年,巴西通货膨胀率为 5.91%,比 2012 年的水平高出 0.07 个百分点。2014 年 6—11 月,巴西通货膨胀率一直保持在央行通胀目标上限之上,全年通货膨胀达到 6.41%,逼近 6.5% 的通货膨胀上限值①。巴西国内通货膨胀率自 2010 年 9 月以来已经连续 51 个月高于 4.5% 的通胀目标中间值,而巴西央行采取的持续加息以抑制通货膨胀、维护宏观经济稳定的货币政策似乎根本没有起到应有的效果。通货膨胀压力逐渐加大使得巴西货币政策操作空间变得更加狭窄。与此同时,经济增长每况愈下,2014 年巴西仅实现了 0.2% 的经济增长,成为近十年来的低谷。加息以及经济增速下降本应有助于控制通货膨胀,但最近骤升的通胀率和处于历史高位的利率促使我们重新思考巴西的货币政策和通货膨胀目标制,是否继续有效,又面临何种风险。

此外,国内高通货膨胀和经济衰退使国际资本开始大规模逃出巴西,而美联储计划缩减量化宽松政策造成国际投资者对包括巴西在内的新兴经济体的投资热情明显下降,雷亚尔面临大幅贬值的压力。巴西是"脆弱五国"(Fragile Five)② 成员之一,并且被认为是受美联储量化宽松政策退出冲击最大的国家之一。2013 年 12 月,巴西国际收支逆差为 27.46 亿美元。尽管 2013 年 6 月政府取消了 2010 年开始推出的对购买本国债券的海外投资者征收 6% 的金融交易税的资本管制规定,但雷亚尔贬值的趋势并未结束。2013 年 8 月,巴西央行又推出总和为 600 亿美元的"汇率干预"计划,同时对货币互换市场进行干预,但雷亚尔全年还是贬值 15.49%。资本外流造成的本币贬值反过来又进一步加大了国内的通胀压力。2014 年年初,世界银行曾发出警告,如果美国等发达国家突然退出量化宽松货币政策,国际资本流动将发生大逆转,流入新兴市场的资金将

① 2014 年 12 月末,巴西累积 12 个月的通货膨胀率为 6.41%,位于 6.5% 的上限之下。由于巴西通货膨胀目标制规定,当年年末累积通货膨胀率处于中央银行通货膨胀目标区间内即实现了当年的通货膨胀目标,因此市场认为巴西 12 月的真实通胀率应该高于 6.5%。

② 摩根士丹利于 2012 年提出"脆弱五国"(Fragile Five)这一概念,包括土耳其、巴西、印度、南非和印度尼西亚。这些国家的共同特征是经常账户赤字不断扩大,国内经济增长高度依赖外国资本流入以及国内通货膨胀高企。随着发达经济体宽松政策的退出,外资从这些国家大量流出。

出现最高80%的缩水。因此，为避免资本流动骤停以及雷亚尔继续贬值，影响经济稳定，巴西中央银行的汇率干预计划并未停止，但规模适当缩小。

在上述背景下，本书拟应用统计学方法和计量经济模型对巴西通货膨胀目标制货币政策进行检验，以通货膨胀作为切入点，结合转型时期巴西高通货膨胀的具体情况，围绕巴西的货币政策运行和风险进行相关研究。试图从更加全面的角度对巴西的通货膨胀以及通货膨胀的治理进行回顾，并且定量分析巴西通货膨胀目标制货币政策的有效性以及来自财政、汇率和开放度方面的风险。这些问题主要包括：巴西历史上的通货膨胀惯性；巴西治理通货膨胀的方法及其效果；巴西通货膨胀目标制实施十几年来在不同时间段内应对不同的国际宏观经济环境有何种反应；开放经济条件下巴西通货膨胀受到哪些因素的影响，表现出哪些新特征；频繁变动的利率是否帮助巴西实现了通货膨胀目标；巴西通货膨胀目标制货币政策操作框架受到来自财政和汇率等方面的何种风险。

二　研究的意义

经济理论是实践的基础和前提，理论研究可以为政策制定提供科学的指导，而不同国家的经济政策实践成为理论体系不断发展、深入和完善的动力。本书在巴西通货膨胀率屡破上限、经济停滞甚至出现负增长的情况下对其通货膨胀目标制货币政策的研究具有理论和现实意义。

（一）理论意义

在开放经济条件下，作为新凯恩斯主义货币政策的核心，控制通货膨胀必须考虑国际传递。开放经济条件下货币政策的传导机制增加了汇率渠道，一国经济会同时遭受来自国内国外的冲击。特别是，国外冲击会通过经常账户、资本和金融账户两个渠道传递风险。对于实行通货膨胀目标制的新兴经济体来说，如何利用财政政策、货币政策和汇率政策同时应对国内通胀风险、国外汇率冲击和资本流动变得十分关键。因此，在通货膨胀目标制框架下将财政风险和汇率与开放度风险纳入货币政策选择和执行中对于衡量通货膨胀国际传递风险、丰富新凯恩斯主义货币政策在新兴经济体的实践中有重要意义。

学术界关于货币政策有效性的研究很多[①]，但是对于新兴经济体，尤其是通货膨胀目标制下这些国家的货币政策的研究还有待拓展。本书在新凯恩斯主义框架下，将汇率因素引入标准通货膨胀目标制模型，以巴西为案例讨论开放经济条件下通货膨胀目标制货币政策的有效性，对新兴经济体通货膨胀目标制的特殊性在具体国家的实践进行了延伸。

（二）现实意义

拉丁美洲国家为学术界研究通货膨胀的变化和治理以及稳定化政策提供了最生动的实验室。巴西是拉丁美洲最大的经济体，在历史上有过"经济奇迹"，也多次遭受恶性通货膨胀的冲击，经济增长与通货膨胀并存成为战后以巴西为代表的众多拉美国家经济发展中的一大特点。

新兴经济体普遍面临结构性问题，高通胀和双赤字使中央银行无法利用宽松的宏观经济政策刺激经济，导致国内财政政策和货币政策空间受到一定限制。中国和巴西都是金砖国家，近年来经济发展兼具开放和转型两大特征，当前两国都面临着经济结构性改革、中产阶级队伍扩大、汇率和利率市场化改革等相同的问题。研究巴西的通货膨胀目标制对于作为非储备货币发行国的新兴市场国家，尤其是金砖国家货币政策的制定和选择有重大意义。中国当前货币政策操作框架是货币和汇率分别作为显性和隐性目标，兼顾通胀率[②]。三方面都需要协调必然造成政策冲突，因此研究和中国极为相似的巴西，对中国采取渐进方式过渡到通货膨胀目标制货币政策操作框架显得十分重要。

中国自 1984 年建立中央银行制度以来，货币政策一直采用相机抉择[③]。1984—1995 年我国的货币政策采取双目标形式：追求经济增长和维持币值稳定。但事实证明这一时期我国经济虽然获得高增长，但同时伴随严重的通货膨胀，双重货币政策目标未能同时实现。1996 年，我国货币政策目标转向钉住货币供应量，维持价格稳定成为货币政策最重要的目

---

① 周慕冰（1993）对西方经济学家关于货币政策效果的研究做了分类和总结，大致可以分为四个方面：数量性、时间性、分配性和政治性效果。

② 孔丹凤：《中国现行货币政策框架有效性分析》，《山东大学学报》（哲学社会科学版）2009 年第 3 期。

③ 郭万山：《通货膨胀钉住制度下的最优货币政策规则研究》，博士学位论文，辽宁大学，2004 年。

标。在此之后中国人民银行的货币政策钉住货币供应量、用利率工具进行调控。同时，为维护人民币币值稳定，2005 年 7 月之后我国实行以市场供求为基础、钉住一篮子货币、有管理的浮动汇率制度。但是自 2005 年汇改、尤其是全球金融危机以来，我国经济的平稳性越来越受到国际经济周期的影响。2007 年全球初级产品价格上涨对我国形成巨大的通货膨胀压力，中国人民银行在一年内共加息 6 次，并 10 次提高存款准备金率。2008 年年底我国经济开始迅速反弹，通货膨胀率也随之上升。居民消费价格指数（CPI）的波动区间扩大加剧了社会对未来通货膨胀预期不稳定的担忧。为应对不断上升的通货膨胀，中国人民银行被迫收紧货币政策：将存款准备金率提至历史高位[①]、持续正回购、提高存贷款基准利率[②]、货币掉期以及加强信贷管制。2011 年，中国人民银行提出将抑制通货膨胀作为货币政策的首要任务，这是我国央行首次提出货币政策的通货膨胀目标[③]。由于货币供应量未能在我国起到真正的名义锚作用，需要更加有效的货币政策制度创新。

　　面对经济增长和通货膨胀并存，中央银行的政策选择陷入两难：采取紧缩性货币政策可以控制通胀，但是会加速资产价格泡沫的破裂，影响产出和就业；如果要保证经济发展和避免高失业，通货膨胀率必然会升高，央行的可信度会受到影响。而由于外部经济存在不平衡，汇率成为我国货币政策的中介目标。为保证汇率稳定，我国国内货币供应量目标经常发生偏离。加上国内房地产、股市等资产价格极易受到外部冲击，金融波动风险较高。人民币汇率改革以来，经常账户和资本账户"双顺差"情形未发生逆转，人民币面临单边升值压力。为维护人民币币值稳定，中国人民银行通常会通过购买外国资产等手段对在外汇市场进行干预，这一结果造成我国货币供应量增加，通货膨胀上升。同时，为防止因货币投放造成通

---

　　① 2010 年 1 月—2011 年 6 月，中国人民银行共上调存款准备金率 12 次，每次 0.5 个百分点。大型金融机构的存款准备金率要求达到 21.5%。http://www.pbc.gov.cn/publish/zhengce-huobisi/610/index.html。

　　② 2010 年 10 月—2011 年 7 月，中国人民银行共上调存贷款基准利率 5 次，每次 0.25 个百分点。存款基准利率和贷款基准利率分别由 2.25%、5.31% 提高到 3.5% 和 6.56%。

　　③ 胡晓炼：《抑制通货膨胀是当前稳健货币政策的首要任务》，中国人民银行，2011 年 4 月 19 日。http://www.pbc.gov.cn/publish/goutongjiaoliu/524/2011/20110419144540500655242/20110419144540500655242_.html。

货膨胀,我国会采取冲销性政策,虽然维持了货币总量目标,但基础货币投放渠道和货币供给结构发生改变[1],国内经济发展受到抑制。

因此我国经济面临内部、外部失衡的矛盾:对内钉住货币供应量,实现价格稳定和经济增长;对外实行有管理的浮动汇率[2],维持人民币币值稳定,保持国际收支平衡。当前,全球都面临流动性过剩的风险,我国货币政策必须做出选择,在维持国外均衡的同时,国内日益增大的通货膨胀压力使未来货币政策的取向应避免牺牲国内均衡,通货膨胀目标制是一个可行的方案[3]。对巴西通货膨胀目标制的研究可以为中国提供借鉴,总结经验,吸取教训,提高我国货币政策的有效性。

第二节 相关研究情况

与本书研究思路和内容相关的文献涉及以下几个方面:开放经济条件下利率、汇率与通货膨胀率之间的相互关系是本书的切入点;在对货币政策操作框架争论的历史进行梳理和回顾后,将通货膨胀目标制理论与巴西的实践经验进行了结合;从财政风险和汇率与开放风险等方面对通货膨胀目标制的影响进行了综述。

一 利率、汇率与通货膨胀率相互关系

利率、汇率以及通货膨胀率都是重要的宏观经济变量,三者在经济运行中可以相互影响。对于新兴经济体来说,由于其经济市场化还不完全,容易受到全球经济周期的影响,三个变量的关系存在与发达国家不一样的特殊性。而对于巴西来说,其经济特点也决定了变量之间不同于别国的关系。

---

① 冲销干预在满足售汇企业人民币资金需要的同时使国内信贷渠道投放的货币减少。

② 自 2005 年 7 月 21 日起,我国开始实行以市场供求为基础、参考一篮子货币进行调节、有管理的浮动汇率制度。

③ 关于我国是否应该建立通货膨胀目标制货币政策框架的论述也非常多,较有代表性的有:夏斌和廖强(2001)、吴晶妹(2001)、奚君羊和刘卫江(2002)、尹继志和齐靠民(2004)、杨建明(2004)、陈利平(2007)、卢宝梅(2009)、殷波(2011)、王延军(2012)、郭凯和孙音(2012)。

（一）理论和实证研究

学术界对于利率、汇率和通货膨胀率三个变量之间关系的研究基于发达国家和新兴经济体出现了不同的结果。主要围绕封闭条件下利率对物价的影响、开放经济条件下汇率对价格的传递以及汇率决定等方面展开。

1. 开放条件下利率、汇率和通胀率之间的关系

一般而言，利率变动与通货膨胀率的变动方向相反。魏克塞尔的利率理论对现代经济学的利率观影响深远。他认为利率是物价水平的调节者，主张以利率理论修正货币数量论。希克斯的 IS - LM 模型论证了利率的决定，利率也因此被当成重要的价格调节工具。李晓西（1990）认为中央银行进行公开市场操作，买卖政府债券，改变利率，可以影响金融机构的货币供给和社会的投资需求，进而达到影响物价总水平的目的。

de Mello 和 Moccero（2008）利用 M - GARCH 模型检验了货币政策对通货膨胀和通货膨胀预期的影响，他们发现利率、通货膨胀率和通货膨胀目标之间存在长期稳定的关系，货币政策具有前瞻性（forward-looking）并且可以稳定通胀预期。de Mendonça 和 da Silva（2010）认为利率是中央银行实现通货膨胀目标的有效工具。利率对通货膨胀的传导有两个渠道：首先是产出渠道，利率上升会通过投资和耐用消费品造成总需求下降，产出缺口增大，通过菲利普斯曲线降低通货膨胀；其次是汇率渠道，在无抛补的利率平价下一国利率的上升会造成本币升值，可贸易商品的价格会下降，进而使国内通胀率下降。而 Libanio（2010）发现在开放经济条件下，一国货币升值也会通过净出口的减少造成总需求减少影响国内通货膨胀。

开放经济条件下，本国汇率贬值以及国内利率上升都会影响到以外币计价的本国债务，从而对央行维持通货膨胀目标的可信度造成威胁。Taylor（1993）提出"泰勒规则"，利用通货膨胀率和产出缺口对利率的预测提供了合理途径。Taylor（2000）认为浮动汇率、通货膨胀目标以及货币政策规则可以共存。Svensson（1998）认为开放条件下汇率使货币政策多了一条传导途径，真实汇率通过作用于国内外产品的相对价格影响国内需求，进而影响国内通货膨胀；而国外通货膨胀率和国外利率的冲击都会通过汇率渠道传导到国内。Laurence Ball（1998）认为货币政策的汇率传导对通货膨胀的时滞为一年。de Mello 和 Moccero（2008）对开放经济条件下通货膨胀目标制和浮动汇率制度相结合影响宏观经济稳定的研究发现允

许汇率完全浮动后中央银行可以更有效地维持通胀目标,而不需要硬钉住。

对于一些货币政策透明度高的工业化国家的实证研究也表明实行通货膨胀目标制传递了货币政策相对稳定的信号(Kuttner 和 Posen,1999;Woodford,1999,2004)。Céspedes 等(2004),Morón 和 Winkelried(2005)以及 Cavoli 和 Rajan(2006)认为对于一些国内金融体系脆弱的发展中国家来说,有必要将汇率因素纳入通货膨胀目标制的操作框架中。Pavasuthipaisit(2010)利用 DSGE 模型分析也认为在一定条件下汇率应该进入通货膨胀目标制体系。Mishkin(2004)认为较弱的银行体系不利于通货膨胀目标制的成功,因为银行体系会由于央行提高利率来实现通胀目标而崩溃。脆弱的银行部门会使外部资金流入发生反转和本币贬值,造成通胀压力。而本币贬值在大多数情况下还会造成基础货币的扩张,提高以外币计价的本国债务总额,形成通货膨胀压力。拉美历史上的智利(1982)、墨西哥(1994)和厄瓜多尔(1999)都发生过这样的危机。孙丽(2007)对澳大利亚等 6 个实行通货膨胀目标制的发达经济体的汇率非均衡研究发现这些开放国家的货币政策不会专门对汇率变动进行系统的反应。

2. 新兴经济体的特殊性

开放经济条件下,通货膨胀可以在国际范围内传导。因此,由于易受全球经济周期的影响,相较于发达国家,新兴经济体更加重视汇率、利率对于本国物价稳定的影响,新兴市场国家在利率、汇率和通胀率之间一直存在平衡问题。OECD(1973)指出通货膨胀可以通过价格、需求、流动性以及国际性预期等方式在全球范围内传导。Devereux 和 Lane(2001)指出开放经济条件下新兴经济体利用货币政策抑制通货膨胀的前提条件是降低汇率的传递效应。

Calvo 和 Reinhart(2000)发现绝大部分实行浮动汇率制度的新兴经济体利用货币政策在外汇市场进行干预。Mishkin(1996,1999)认为由于新兴经济体存在"债务美元化"(liability dollarization)现象,本国货币贬值还会造成以美元计价债务的增加以及本国利率的波动。Mishkin(2004)还发现由于新兴市场国家历史上的高通胀以及中央银行可信度较低,汇率贬值会通过贸易条件、外国对本国可贸易品的进口需求以及资本流动影响本国国内的通货膨胀率。de Mello 和 Moccero（2008）研究发现汇率制度的选择对通货膨胀目标的实现非常关键，浮动汇率制下央行可以有更大的空间应对通货膨胀的变化，而不用去实现硬钉住。Tony Cavoli（2008）对小国开放经济体的研究发现，汇率波动在新兴经济体较频繁，货币当局需要保持汇率在合理区间内的同时实现最优通胀目标，不一定非要遵循固定或浮动汇率。Aizenman 等人（2011）认为实行通货膨胀目标制的新兴经济体国内利率政策的选择受到通货膨胀率和实际汇率的双重影响。

实证方面，政府对汇率的过多关注有可能使汇率目标超越通货膨胀目标，影响通货膨胀目标制的有效性。Jonas 和 Mishkin（2003）通过对匈牙利的研究发现 2001 年该国采用通胀目标制的同时将汇率看作另一个货币政策目标，结果造成货币政策透明度下降，通胀目标难以实现。Mishkin（2004）研究 1998 年智利的经济衰退发现正是由于央行对汇率的过多关注导致提高利率而影响到了通胀目标。Moura 和 de Carvalho（2010）以及 Best（2013）通过对墨西哥浮动汇率制度下央行的反应函数估计发现汇率在货币政策的制定中意义重大。但是 Sánchez（2010）对韩国 1996—2010 年的通货膨胀目标制的研究以及 Moura 和 de Carvalho（2010）大样本中对其他拉美国家的研究发现汇率的作用并不大。

（二）关于巴西的实证研究

Bogdansky 等人（2000）研究了巴西利率变动通过产出渠道对通货膨胀的影响，利率变动影响总需求的时滞为 6—9 个月。Mendonça（2005）利用泰勒规则研究了 1999—2004 年巴西中央银行利率的决定因素，发现汇率可以解释相当大一部分 Selic 利率的变动，其中 2004 年巴西利率调整的汇率贡献度为 57%。Belaisch（2003）研究发现长期内巴西汇率变动的 23% 会传递到国内通货膨胀上。因此，由于"害怕浮动"（Calvo 和 Reinhart，2002），巴西的利率调整兼具汇率和通胀率双重目标（Barbosa-Filho，2008；BIS，2010）。Souza 和 Hoff（2006）利用 Calvo-Reihart 害怕浮动指标研究了 1999 年 1 月—2005 年 12 月巴西的汇率变动，他们发现巴西月度汇率变动超过目标区上下 2.5% 的概率为 52%，而拉丁美洲其他国家这一概率只有27%,而亚洲其他新兴经济体①的变动超标概率只有19%。Paula 等人(2011)也认为巴西利率很高的原因是货币政策既需要控制通货膨胀还需要稳定汇率,而 de Faria 等人(2009)认为巴西资本账户的开放实际上同时推升了通货膨胀率以及汇率水平。

Aizenman,Chinn 和 Ito(2008)使用了包括巴西在内共 179 个国家的大样本发现汇率稳定可以提高产出和通货膨胀的稳定性,并且有利于降低通货膨胀率。de Mendonça 和 da Silva(2009)对巴西案例进行研究发现在通货膨胀目标制下,央行为控制通胀率而提高利率会造成公共债务的增加。de Mendonça 和 Souza(2009)通过对巴西的研究认为在控制通货膨胀时,央行利率变动空间的缩小有利于其信誉的增加。de Mendonça 和 da Silva(2010)对巴西和土耳其两个世界上的高利率国家进行了研究,发现两个国家的通货膨胀目标制都是灵活的,巴西的利率决定可以用泰勒规则来解释,土耳其的反通胀措施要更加激进。de Mendonça 和 Veiga(2014)对"非合意财政算法"(unpleasant fiscal arithmetic)框架下巴西金融开放和通货膨胀目标制进行研究发现,金融自由化和开放度的提高有利于实现通货膨胀目标,并且避免由于高利率引起的高债务水平。

二 货币政策操作框架

关于规则和相机抉择的争论最早可以追溯到 19 世纪初期"银行学派"的追随者和"通货学派"关于英格兰银行法的争论(陈雨露、汪昌云,2006)。20 世纪 30 年代,芝加哥学派最先提出规则和相机抉择之争,此后货币经济学家一直围绕货币政策的操作框架争论不休。"时间不一致",即政策可信度问题在 Kydland 和 Prescott(1977)、Calvo(1978)以及 Barro 和 Gordon(1983)等经济学家的著作中有过经典分析,具有行动主义的央行在实际中会存在通货膨胀倾向,而当公众认识并预见到之后,高通货膨胀会在经济体系中形成惯性。

由于相机抉择具有动态非一致性(Dynamic Inconsistency),因此可以避免通货膨胀倾向的"单一规则"被认为是解决该非一致性的有效策略。Taylor 认为货币政策规则是一种紧急性计划,明确规定中央银行在何种情

---

① 包括印度尼西亚、新加坡、泰国和韩国。

势下利用政策工具进行货币政策调控[①]。

（一）相机抉择与单一规则

凯恩斯在 1936 年提出相机抉择，此后凯恩斯学派经济学家都主张政府对经济进行干预，在经济萧条时降低利率，增加货币供给，刺激私人的投资和消费，实现生产发展和失业率下降。相反，在经济过热时政府的宏观经济政策应该紧缩，提高利率以抑制投资和消费。当经济波动时，相机抉择具有更高的灵活性，但也存在政策的动态不一致性缺陷。政府可能会利用政策影响私人预期，待预期形成后改变自己的承诺。"政治经济周期"是政策动态不一致的典型案例，在拉美国家普遍存在。

货币数量规则通过规范货币供应量来熨平宏观经济的波动。货币数量论的创始人是法国重商主义者 Bodin，早期的货币数量学说还包括洛克、孟德斯鸠、休谟和李嘉图等（刘絜敖，2010）。20 世纪初货币数量学说重新获得发展，费雪的交易方程式、马歇尔和庇古的现金余额数量说成为重要代表。20 世纪 50 年代以弗里德曼为代表的货币主义，倡导"新货币数量说"，认为无论经济出现何种波动，中央银行都应保持稳定的货币增长率，即"单一规则"。货币主义认为"单一规则"可以稳定经济主体的预期并且能够避免货币政策受到政治因素的干扰。Friedman 和 Schwartz（1963）认为货币存量的增加会推升价格水平，因此货币数量必须保持固定的增长率。货币主义的实践在 20 世纪 80 年代后集中体现为各种货币规则的产生，McCallum（1984）提出以名义收入规则执行货币政策，基础货币增长率根据名义 GDP 增长率与目标增长率的偏离进行调整。继承单一货币增长规则而兼具灵活性的"泰勒规则"被各中央银行采用并发展。

（二）新凯恩斯主义：通货膨胀目标制

西方关于货币政策规则的争论和探讨经过价格水平目标规则、McCallum 规则和 Taylor 规则之后，通货膨胀目标制规则逐渐成熟，并由 Svensson 于 20 世纪 90 年代中后期正式提出。通货膨胀目标制也成为新凯恩斯主义货币政策的核心。

---

① Taylor, B. J., "Using Monetary Policy Rules in Emerging Market Economies", *Conference Paper*, 2000.

1. 通货膨胀目标制

20世纪末以来，经济全球化和技术创新促使许多国家的宏观经济政策发生变化，货币政策领域最大的变化则是一个全新的货币政策操作框架——通货膨胀目标制开始在全球范围内盛行。通货膨胀目标制诞生于中央银行寻找名义锚的实践而非经典经济学理论，因此这一货币政策框架一直处于发展之中。

任何一种经济政策的选择都离不开经济理论的发展和演进。通货膨胀目标制最早可以追溯到马歇尔和魏克赛尔的自然利率理论。欧文·费雪提出的费雪方程式、凯恩斯的流动性偏好利率理论以及弗里德曼的货币"单一规则"都可以看成通货膨胀目标制的思想演进基础。长期内货币中性、短期货币非中性、货币政策时滞、规则和相机抉择的动态不一致以及新凯恩斯主义提出的不完全竞争和价格黏性模型、新古典综合派提出的最优货币政策规则为通货膨胀目标制的产生奠定了理论基础。Svensson（1999b）把货币政策规则分成工具规则和目标规则，Woodford（2001）则直接建立了通货膨胀目标制的理论分析框架。

从规则和相机抉择角度看，理论界对于通货膨胀目标制属性的界定有两派。最初，通货膨胀目标框架仅设立为一个确切的目标，并不包括其他经济中的相关变量。因此，通货膨胀目标制被定义为一种货币政策操作规则（Policy Rule）。Svensson（1997，1999b）认为通胀目标制是一种最小化期望损失的政策，应当视为一种"目标规则"。Taylor（2000）认为通货膨胀目标制和货币规则共生。Clarida等人（1998）以及Kuttner（2004）也从理论角度证明通货膨胀目标制是一种最优货币政策规则。

随着研究的推进，人们逐渐发现该操作框架的复杂性，将其视为一种货币政策框架（Policy Framework）。Bernanke等（1999）明确指出通胀目标制是一种框架而非规则。Bernanke和Mishkin（1997）认为通胀目标制是一种有限制的自由（constrained discretion），央行并不会轻易偏离其政策框架。Svensson（1999a）提出了"有弹性的通货膨胀目标"，避免过松或过紧造成利率、汇率等其他宏观经济变量的大幅波动。经济全球化推动了各国的经济开放，来自贸易和投资两个渠道的冲击会导致汇率的变动，Freedman（1996）研究加拿大的通货膨胀目标体系时运用MCI指数将汇率因素纳入通货膨胀目标制的分析中。Bernanke和Gertler（1999）研究了资产价格和货币政策的关系，认为有弹性的通货膨胀目标制可以有效地协调中央银行物价稳定与金融稳定目标。

随着理论研究的深入和实践，货币政策框架和货币政策规则之间的界限变得模糊，货币政策规则趋于泛化，开始涉及货币政策的各个方面，包括目标设计、工具选择、技术操作、组织和制度安排以及透明度等。因此，通货膨胀目标制实际上是一种遵循货币政策动态优化规则的制度性安排。

2. 对通货膨胀目标制的评价

随着通货膨胀目标制的理论发展和实践检验，学术界围绕通货膨胀目标制的政策效果进行了多种形式的检验。大多数研究认为通货膨胀目标制成功降低了通货膨胀率的水平和缩小了波动区间，能够降低不确定性，但也有不同的声音。

（1）通货膨胀目标制的有效性

大多数对通货膨胀目标制的研究都认为这一货币政策操作框架有效（Haldane，1997；Johnson，1997；Clifton，2001；Ball 和 Sheridan，2003；IMF，2005；Mishkin，2006），研究的方法包括简单统计分析、附加预期的菲利普斯曲线、普通最小二乘法、双重差分模型、向量自回归模型和脉冲响应函数等。这些实证研究依据通货膨胀率的水平和波动、产出水平或产出缺口、失业率、汇率和利率等变量的时间序列来观察通货膨胀目标制实施前后这些变量的动态变化以及对中央银行行为产生的影响[①]。研究的对象既包括发达国家，也包括新兴经济体。

Ammer 和 Freeman（1995）以及 Willis（1995）利用向量自回归模型研究了加拿大、英国和新西兰的通货膨胀目标制，发现该货币政策有利于控制高通胀。Bernanke 等人（1999）研究了 9 个国家的通货膨胀目标制，认为这些国家把通货膨胀率作为货币政策目标是成功的，能够提高政策透明度并且帮助中央银行在维持长期价格稳定的目标下实行短期内更加灵活

----

① 20 世纪 90 年代后，澳大利亚、新西兰、加拿大和英国等国家都采用了通货膨胀目标制。对工业化国家通胀目标制的研究和文献非常多，可参考 Bernanke 和 Woodford（2005）及参考文献。而 Agénor 等人（2013）对近期通货膨胀目标制货币政策的效果方面的综述做了非常全面的总结。

的操作。通货膨胀目标制可以改变公众预期,相较于纯粹根据经验处理的相机抉择,该货币政策操作框架可以帮助央行使公众相信不利供给冲击的影响会被限制在一次性的价格上涨限度内,而不会造成通胀水平持续在高位运行。

也有很多研究是直接针对新兴经济体通货膨胀目标制有效性展开的。对巴西、智利和墨西哥的实证研究表明在这三个国家通货膨胀目标制有效(Schmidt-Hebbel and Werner, 2002; Minella, 2003; OECD, 2005; de Mello and Moccero, 2006)。Mishkin(2004)通过研究智利和巴西的通货膨胀目标制发现该货币政策操作框架成功地促进了两国宏观经济的稳定,并强调了制度建设成为该框架发展的保证。Vargas(2005)选取哥伦比亚作为研究案例发现1999年实行通货膨胀目标制以来该政策框架成功降低了通货膨胀。Jácome等人(2010)研究了包括巴西在内的5个拉美国家的通货膨胀目标制,认为该货币政策操作框架成功控制了通货膨胀,并且帮助央行树立了可信度。de Mendonça和Souza(2012)研究发现通货膨胀目标制对于发展中国家的高通货膨胀率控制起到了很好的效果。

大部分研究支持通货膨胀目标制,但也有学者持谨慎态度。Bernanke等人(1999)使用牺牲率和菲利普斯曲线将4个实行通货膨胀目标制的OECD国家(新西兰、瑞典、加拿大和英国)与未采用该货币政策框架的国家进行对比发现引入通货膨胀目标制并不能显著降低反通货膨胀的实际经济成本。Kim和Henderson(2002)以及Ball和Sheridan(2005)通过对芬兰、英国、西班牙、加拿大和瑞典等国与OECD中13个国家的数据进行比较,认为实行通货膨胀目标制国家通胀率的下降得益于全球经济的稳定,与政策本身关系不大。Mishkin(2006)也认为,自20世纪90年代以来全球经济进入稳定期,发达经济体内采用通货膨胀目标制的国家在实现宏观经济稳定方面的绩效并没有明显优于未采用这一政策框架的国家。"欧元之父"蒙代尔认为货币政策盯住通货膨胀率不可取,尤其是本身金融市场就不发达的新兴市场国家(向松祚,2013)。de Mendonça等人(2012)认为通货膨胀目标制的有效性在发达国家层面的体现并不明显。

总之,通货膨胀目标制为制定货币政策提供了一个有用的操作框架,可以有效引导和降低通货膨胀预期、增强货币政策透明度和中央银行的信誉度。但是众多国家的案例表明通胀目标制的重点在于具体执行，包括目标的选取、与公众的沟通方式以及保证央行独立性的制度补充。

（2）通货膨胀目标制与通胀预期不确定性之间的关系

20 世纪 60 年代预期被引入通货膨胀的理论研究之中，开启了现代西方通货膨胀理论的研究之门。经济理论一般认为通货膨胀最大的危害性在于通货膨胀不确定性（苏梽芳，2010），而通货膨胀目标制可以通过提高货币政策的透明度和执行可信度成功抑制通胀预期，降低通货膨胀的不确定性（Alves 和 Areosa，2005）。Bernanke 等人（1999）利用短期和长期利率发现德国和瑞士两国的通胀预期惰性较大；而通货膨胀目标制对于新西兰、澳大利亚、英国和意大利四国中期通胀预期起到了很好的稳定作用。Kontonikas（2004）利用对称、非对称和成分 GARCH 模型对英国 1972—2002 年通货膨胀不确定性进行了衡量，发现通货膨胀目标制对于降低不确定性效果显著。苏梽芳（2010）认为预期最本质的特征是其本身的不确定性，因此有效控制通胀预期的不确定性对于降低通货膨胀至关重要。Broto（2011）对拉美地区实行通货膨胀目标制的国家和未采用该货币政策框架国家的通货膨胀不确定性进行了对比研究，实证结果表明，除哥伦比亚外，巴西、智利、墨西哥和秘鲁四国通货膨胀的不确定性在实行通货膨胀目标制后有显著下降。

理论研究也有例外，Johnson（2002）通过对 5 个通胀目标制国家和 6 个非通胀目标制国家的比较证实通胀预期在实行通货膨胀目标制的国家显著下降，但是用通货膨胀预测误差来衡量的通胀不确定性却没有降低。Miles（2008）使用加拿大的数据进行了类似的检验发现通货膨胀目标制降低了通货膨胀的持续性，但通货膨胀不确定性却上升了。因此，通货膨胀目标制货币政策框架对于有效降低通货膨胀不确定性的研究还需要更多的实证进行支持和拓展。

3. 新兴经济体的通货膨胀目标制的特殊性

自 20 世纪 90 年代以来，一大批发展中国家①相继采用了通货膨胀目标制货币政策框架，学术界的相关研究也日益丰富起来（Blejer et al.,

---

① 这些国家遍布全球，包括：巴西、智利、哥伦比亚、墨西哥、秘鲁、捷克、匈牙利、以色列、菲律宾、波兰、南非、韩国、泰国以及土耳其等。

2000;Caballero 和 Krishnamurthy,2003;Mishkin,2004;Truman,2003;Jácome et al.,2010)。OECD(2008)研究了 6 个有代表性的新兴经济体通胀目标制运行情况发现这一货币政策框架有效,在通货膨胀的治理和树立宏观经济政策的可信度方面发挥了重要作用。但是,在实施过程中该货币政策框架受到来自财政和汇率方面的压力。

新兴市场国家和发达国家在很多方面存在差异,因此在制定宏观经济政策时需考虑的因素也存在差异。Calvo(2001)认为制度环境方面的脆弱性使采取通货膨胀目标制的新兴市场国家容易受到宏观经济不稳定的不利影响。Mishkin(2004)认为尽管新兴市场国家实行通货膨胀目标制的环境十分复杂,通胀目标制也不是万能药,但如果能有其他相关稳定政策的补充,通胀目标制将有利于宏观经济的稳定。智利和巴西制度保障的先后顺序不同却都获得了成功。智利在采用通货膨胀目标制前国内财政赤字得到有效控制、有一定的银行业和金融监管措施;巴西未进行相关财政和货币制度改革就引入该框架,但同时通过财政责任法和浮动汇率制度体现出政府承诺的可信度,实现了对货币政策操作框架的补充。通胀目标制允许货币当局采取相对灵活的货币政策工具应对国内和国外冲击(Mishkin,2004),而对于新兴市场国家来说,遭受更大外部冲击的可能性使得其灵活性范围需要更加广阔(Goldfajn 和 Minella,2003)。Calvo 和 Mishkin(2003)认为脆弱的制度环境和金融体系、政府缺乏宏观审慎监管框架、货币政策权力机构低可信度、货币替代和债务美元化以及面对资本流动的脆弱性是新兴市场国家相对于发达国家更需要重视的五大方面。Mishkin(2004)通过对巴西 2002 年危机的考察认为脆弱的财政和货币制度会影响通货膨胀目标制的有效性,巴西两次改变年度通胀目标为新兴市场国家央行操作灵活性提供了成功的范例。IMF(2005)对新兴市场国家实行通货膨胀目标制的前提进行了 4 点概括:首先,中央银行必须独立且能抵御与其制定的通胀目标产生冲突的财政压力;其次,中央银行必须具备衡量通胀预期的能力和程序;再次,国内不应存在价格管制且美元化程度较低;最后,国内金融体系需完善,银行体系和资本市场应足够发达。Sar-wono(2008)研究了印度尼西亚的通货膨胀目标制,他认为亚洲金融危机之后该国的财政主导(fiscal dominance)和金融市场的欠发达在浮动汇率制度和完全资本流动下对货币政策的实施产生了负面影响。Aizenman

等人（2011）认为由于新兴市场国家在制度层面，尤其是中央银行的信誉和独立性方面有所欠缺，历史上多次出现过高通胀和宏观经济不稳定，再加上贸易条件冲击和金融市场发展的滞后，这些国家的通货膨胀目标制会与发达国家之间产生不同。

三　巴西的通货膨胀目标制

自 1999 年以来，巴西的通货膨胀目标制已经运行了 15 年，巴西经济也正好经历了一个完整的经济周期。全球金融危机后，巴西通货膨胀率出现屡次突破中央银行通胀目标上限的情况，金融稳定成为货币政策的又一风险。

（一）巴西的通胀目标制货币政策操作框架

学术界对巴西通货膨胀目标制货币政策的研究集中在两个方面，首先是国内通货膨胀率的降低，其次是中央银行独立性和信誉的提高。

Minella 等人（2003）研究了巴西通货膨胀目标制面临的挑战，认为该货币政策操作框架在改变预期方面十分有效。Bevilaqua 等人（2008）研究了巴西的货币政策，他们认为通货膨胀目标制实现了更加稳定的、可预测的宏观经济环境，通货膨胀的不确定性也有所降低。Libanio（2010）认为由于存在货币政策的长期中性，巴西采用通胀目标制意味着央行将重点放在货币政策的通货膨胀效应上。Jácome 等人（2010）回顾了巴西等 5 个拉美国家的通货膨胀目标制，认为该货币政策操作框架提供了更大的灵活性，为汇率目标以及传统货币政策名义锚提供了补充。Aleem 和 Lahiani（2010）对包括巴西在内的 6 个东亚和拉美的中等收入国家的通货膨胀目标制进行了 VARX 实证发现，对于巴西来说，汇率的传递系数从之前的 0.24 下降到采用通货膨胀目标制之后的 0.14。Segura-Ubiergo（2012）通过对巴西 1980—2009 年的研究发现，之所以其利率水平较高是因为该国的通货膨胀目标高于其他采用通货膨胀目标制的国家。

Modenesi（2008）估计了巴西央行 2000—2007 年在采用通货膨胀目标制之后的反应函数，发现巴西中央银行对于通货膨胀的反应具有非对称性：当通货膨胀率升高时央行对 Selic 的提高幅度大于合适值，而通胀率降低时央行并不会马上降低利率，并且利率下降的幅度大大低于上升时期。Libanio（2008）利用向量自回归模型证实了巴西货币政策的顺周期性和非对称性，认为巴西实行通货膨胀目标制的货币政策、浮动汇率政策以及完全开放的资本账户后，利率有上行偏倚（upward bias），结果造成总需求萎缩，不利于经济增长。Libanio（2010）又对 1999—2006 年巴西货币政策和经济增长的关系进行研究发现在通货膨胀目标制框架下巴西中央银行的货币政策表现出严重的非对称性和顺周期性①，利率的上行偏倚造成对总需求的下行偏倚（down bias），对经济增长和就业造成不利影响。de Mendonça 和 Galveas（2013）使用 VAR 模型、OLS 模型和 GMM 模型对巴西央行的透明度和通货膨胀进行研究发现，通货膨胀目标制帮助巴西中央银行成功控制了国内的通货膨胀预期。

对巴西通货膨胀目标制货币政策的评价也并非全是积极的。de Mendonça（2007）认为在巴西采取通货膨胀目标制后运用利率手段进行的货币政策调控并不利于加强央行的信誉。Vernengo（2008）认为巴西通货膨胀目标制货币政策解决了政策的动态不一致性，但是从收入分配情况来说，通货膨胀目标制的效果并不明显，工资在收入分配中的份额在下降。此外，当前通货膨胀目标制还造成了制造业部门的萎缩。

（二）全球金融危机之后对巴西通胀目标制的研究

美国次贷危机引发的全球金融危机使发达经济体陷入经济衰退之中，而新兴经济体则面临极大的不确定性。经济学家开始考虑是否将维持金融稳定纳入货币政策的范畴之中。Agénor 等人（2013）研究了包括巴西在内的上中等收入国家（upper middle-income countries，MICs）全球金融危机之后的通货膨胀目标制和金融稳定，他们发现货币政策和宏观审慎政策在很大程度上是互补的。相互协调的通货膨胀目标制（integrated IT，IIT）需要综合考虑汇率、债务以及通货膨胀目标和国内的金融稳定。Céspedes 等人（2012）认为全球金融危机后巴西采取的提供流动性措施仍然在通货膨胀目标制的货币政策框架中，并未表现出其他货币政策的替代趋势。和发达国家采取的非常规货币政策工具类似，巴西央行对其货币政策操作框架进行了扩展和延伸。

Jácome 等人（2010）认为更为灵活的通货膨胀目标制帮助包括巴西

---

① Libânio 的研究表明巴西央行在经济衰退期间的货币政策更紧，而经济高涨时期货币政策并没有相应的放松。

在内的 5 个拉美国家的中央银行有力地应对了 2007—2008 年的食品和原料价格上涨带来的不利供给冲击以及 2008 年以来的全球金融危机。Jácome 等人（2012）对拉美包括巴西在内的 16 个国家全球金融危机后的货币政策进行分析，认为这些国家向金融体系注入流动性的做法应该更加谨慎，防止通货膨胀升高引发货币危机。

四　财政政策与通货膨胀关系的理论与经验研究

现代货币主义者认为通货膨胀永远只是货币现象，中央银行可以独立实现价格稳定。现代财政主义者则认为当政府采取非李嘉图财政政策时，通货膨胀也可以变成财政现象。

（一）财政稳定与通货膨胀关系的理论和实证研究

货币主义者认为均衡价格水平仅由货币政策决定，只要财政政策不影响货币政策的制定和执行，为达到价格稳定无须关注财政政策。凯恩斯主义者则认为财政政策对价格水平的稳定和通货膨胀的控制有重要作用，财政稳定是控制通货膨胀和实现通货膨胀目标的基础性前提。

Sargent 和 Wallace（1981）关于"非合意货币主义算法"（unpleasant monetarist arithmetic）理论以及 Woodford（1994，1995）价格层面的财政理论都认为无约束的财政政策会对货币当局施加货币化赤字的压力，结果便是货币供给激增以及高通货膨胀。Friedman（1994）研究发现，扩张性的财政政策可以对货币政策产生方向一致的作用力，推高通货膨胀，因此财政不平衡也会引发银行和金融危机而造成控制通货膨胀的压力。Bernanke 等人（1999）认为巨额财政赤字会对通货膨胀目标制形成掣肘。Mishkin（2004）认为旨在提高政府透明度以及控制政府赤字的财政改革有利于防止通货膨胀目标制的崩溃。Agénor 等人（2013）认为财政不平衡是全球金融危机之后实行通货膨胀目标制的中等收入国家面临的一大问题。此外，Abo-Zaid 和 Tuzemen（2012）对包括发达国家和发展中国家在内实行通货膨胀目标制的样本国家 1980—2007 年经济绩效进行的研究发现，通货膨胀目标制帮助这些国家改善了财政纪律。

研究方法方面，随着基于新古典真实经济周期模型（RBC）的动态随机一般均衡模型（DSGE）与新凯恩斯主义相结合，世界各国中央银行和西方经济学家逐渐利用这一模型结合本国的实际情况分析财政政策的宏观经济效应。RBC 模型假设经济主体的理性预期和价格弹性，市场完全竞争且总处于出清状态；新凯恩斯主义则坚持价格黏性和垄断竞争，更好地模拟经济现实。具有微观基础的结构化模型是 DSGE 的优点，可以有效地避免"卢卡斯批判"，DSGE 成为宏观经济学的主流分析工具。我国学者对财政政策的宏观经济效应分析则沿袭了 IS－LM 模型和向量自回归（VAR）分析方法。IS－LM 模型是静态模型，无法刻画某一冲击后的各个变量的动态反应，而 VAR 模型只是一种非结构化的计量方法，缺乏相应的微观基础。

实证方面，众多学者利用 DSGE 模型对美国的财政赤字和通货膨胀进行了检验后发现，财政政策在价格稳定和控制通胀方面作用明显（Woodford，1996，2001；Kim，2003；Daving 和 Leeper，2005），但也有学者认为价格水平的财政理论不完全成立，需要很强的前提假设（Niepelt，2004；Evans 和 Honkapohjia，2004）。Agenor 和 Montiel（1996）对 8 个中等收入发展中国家的财政赤字和实际利率的关系进行分析发现在泰国、巴西和韩国这两个变量正相关，而在其他 5 国相关关系较弱。Mishkin 和 Savastano（2001）通过对拉美国家货币政策的研究发现，大规模的财政赤字会促使政府没收财产，尤其是国有化银行部门中的财富。阿根廷危机时期，银行发生了偿付危机，造成经济大幅衰退和通货膨胀的高企。Șahin-beyoğlu（2008）通过对南非的研究发现，高政府债务会影响中央银行在短期内利用利率工具进行通货膨胀调节的作用效果。Porcile 等人（2011）在后凯恩斯主义模型分析框架下分别从通胀钉住和汇率钉住两个渠道研究了小型开放的发展中国家外部债务的危机，两种情形下实际汇率的变动都会造成外部不稳定，而在国内外利率不存在失衡的条件下，汇率钉住比通货膨胀钉住对于经济的稳定更有效。Carvalho 和 Valli（2011）利用 DSGE 模型在开放经济条件下，比较了巴西三类财政政策对经济产出的实际效应。

（二）巴西的财政政策与通货膨胀

学术界对于巴西财政赤字和通货膨胀关系的研究主要集中在 20 世纪，当时巴西因财政赤字引起高通胀。Cardosa（1992）通过对巴西的研究发现，巨额外债是造成通货膨胀的首要原因。Begg（2002）对包括巴西在内的众多拉美国家宏观经济政策制定进行研究，认为没有财政方面的承诺而实行通货膨胀目标制，效果会大打折扣。Bernanke（2005）认为，包括巴西在内的几个拉美大国高通货膨胀有政治原因，政治压力使财政支出规模过大是高通胀根深蒂固的一个重要原因。Muinhos 和 Alves（2003）构建了巴西经济的中期结构模型，他们发现实行通货膨胀目标制以后，当经济衰退时造成政府债务上升并通过国家风险和名义汇率的变动最终影响到公众的通货膨胀预期，造成货币政策的紧缩，使经济更加萧条。OECD（2008）认为巴西采用通货膨胀目标制时国内财政赤字严重，但是并未产生明显的负面效应。Cerisola 和 Gelos（2009）通过研究 1999 年以来巴西的通货膨胀预期，发现用初级财政盈余占 GDP 的比例衡量的财政政策具有稳定通货膨胀预期的作用。

Tourinhoa 等人（2013）利用 DSGE 模型研究了 1991—2009 年巴西公共债务的可持续性，数值模拟结果显示政府的控制债务与通货膨胀目标制货币政策相一致，如果 2010 年年底降低利率，公共债务的可持续性还会加强。

五　开放经济中的货币政策风险

经济全球化和金融一体化浪潮开启了开放经济的研究。各国宏观经济政策会产生政策溢出，同时也会受到别国的影响。对于通货膨胀目标制来说，开放经济条件下主要受到汇率稳定和汇率目标、国际通货膨胀的传导以及资本流动等方面的影响。

（一）克鲁格曼三角与巴西货币政策有效性

很多国家利用汇率稳定、货币政策独立以及资本完全流动，来实现本币币值和国内经济的稳定。国际经济学中的"三元悖论"（Trilemma）或"克鲁格曼三角"[①] 这一概念起源于 20 世纪初商业周期的国际传导理论。此后凯恩斯在《货币论》一书中提出，固定汇率和资本流动会限制一国货币政策的作用。英国经济学家詹姆斯·米德在其名著《国际收支》中最早提出了固定汇率制下的内外均衡冲突问题。弗莱明（1962）根据"米德冲突"将 IS－LM 模型扩展到开放经济中，认为货币政策在浮动汇

---

① 三元悖论和克鲁格曼三角是两个有区别的概念，前者是后者的基础，后者是前者的扩展。具体区别可以参考周晴（2008）。

率制下更有效。后来蒙代尔（1963）和弗莱明（1962）提出了开放经济条件下的蒙代尔—弗莱明模型，论证了不同汇率制度和资本是否可以自由流动对一国宏观经济的影响。克鲁格曼（1998）在亚洲金融危机之后提出"克鲁格曼三角"：资本自由流动的前提下固定汇率制度和货币政策的独立性无法同时共存。于是出现了大量关于这一理论和国别检验的后续研究（Edison 等，2002；Prasad 等，2003；Frankel 等，2004；Obstfeld 等，2005，2009，2010；Henry，2006；Aizenman，Chinn and Ito，2008，2011；Aizenman 和 Ito，2012）。

"克鲁格曼三角"涉及一国的通货膨胀、经济增长以及通胀和产出的波动。很多学者在进行各国实证的时候将巴西包括在内。Shambaugh（2004）研究了含有 155 个国家的样本，其中巴西数据从 1973—2000 年，他发现在巴西确实存在三元悖论，货币政策的独立性会因为维持浮动汇率而减弱。Frankel 等（2004）通过对 18 个工业化国家以及 28 个发展中国家的案例研究发现，尽管一些先进大国可以在长期内自主选择利率，绝大多数浮动汇率国家在长期内还是根据世界利率进行本国利率的调整，但是在短期内，实行浮动汇率制的国家具备一定的货币政策独立性。Obstfeld，Shambaugh 和 Taylor（2005）研究了包括巴西在内的多个国家在布雷顿森林体系后的情形发现，这些国家在制定宏观经济政策时将三元悖论当成依据。Aizenman，Chinn 和 Ito（2008）使用了包括巴西在内共 179 个国家和地区的大样本发现，货币政策独立性的提高有抬升通货膨胀率的倾向，而金融开放有利于控制通货膨胀。Aizenman 和 Ito（2012）认为新兴市场国家会面临三项政策的冲突，拥有大量外汇储备的新兴经济体会选择有管理的浮动汇率制度、一定程度的货币政策独立性以及并不开放的资本和金融账户。

（二）国际资本流动对新兴经济体的政策溢出

亚当·斯密、李嘉图和凯恩斯都对国际资本流动进行过研究。"布雷顿森林体系"崩溃后经济学家们对影响国际资本流动的因素进行了集中分析。Mundell（1964）、Fleming（1962）以及 Dornbush（1976）创建了"蒙代尔—弗莱明—多恩布什模型"，成为分析汇率、利率与资本流动的主要工具。

发展中国家的宏观经济政策通常有顺周期性的特点，并且很容易受到国际资本流动的影响（Ffrench-Davis，2003；Ocampo，2003）。20 世纪 90 年代，众多发展中国家遭遇的金融和货币危机（墨西哥金融危机，1994；亚洲金融危机，1997；俄罗斯金融危机，1998；巴西金融动荡，1999；阿根廷金融危机，2001）表明，资本流动周期对这些国家国内宏观经济政策的制定以及产出和通胀稳定具有决定性影响。20 世纪末开始的迅速金融自由化浪潮将这些国家融入国际资本市场的同时，也带来了风险（Caballero 和 Krishnamurthy，2003）。

OECD（2008）通过对 6 个实行通货膨胀目标制国家的案例研究发现全球化引起的资产价格波动给这些国家的政策制定者带来了不小的压力。国际货币基金组织总裁拉加德 2013 年在一次研讨会上表示，截至 2013 年 8 月，美国非常规货币政策的影响都是正面的，量化宽松的货币政策在全球可能出现衰退时对经济产生了刺激作用。但是，她也承认非常规货币政策带来了全球资产价格上涨和资本流量增大，对一些新兴市场国家产生压力①。Barroso 等（2013）认为全球金融危机后，美联储采取的量化宽松货币政策对巴西经济产生了强烈的溢出效应，雷亚尔在短期内升值，资本市场和信贷市场均出现过热。

王爱俭等（2011）认为，美国的量化宽松政策为全球金融市场注入大量美元并且给发展中国家带来一定风险。向松祚（2013）认为货币政策并非万能，向经济体无限注入流动性的非常规做法并不必然能实现经济的复苏，因此量化宽松政策给全球经济带来巨大风险，输入性通胀威胁到几乎所有新兴经济体。李健和邓瑛（2014）认为，全球金融危机之后发达经济体②的量化宽松政策加剧了全球范围内的流动性过剩，造成全球金融风险的财政化和货币化，并且加剧了世界范围内的通货膨胀压力。

（三）国际通货膨胀的汇率和利率传导

在开放经济中，一国价格水平内部、外部的稳定是实现其宏观经济稳定的重要内容。第二次世界大战后，通货膨胀开始变得国际化。Einzing（1935）很早便指出，汇率变动会影响价格水平。Lidless 和 Parking

---

① http：//www.imf.org/external/chinese/np/speeches/2013/082313c.pdf。
② 美国自 2008 年以来已经实行了四轮量化宽松政策，日本、英国以及欧洲央行也有类似的量化宽松政策。

（1995）认为，通货膨胀是价格持续上涨的过程，也是货币不断贬值的过程。因此一国价格水平与货币对外价值之间有较强的相关性。

凯恩斯主义经济学家利用扩展的菲利普斯曲线分析国外的通货膨胀。由于外国需求水平升高增加了对国内商品的需求，引发国内通胀。Friedman（1963）认为固定汇率制会传导通货膨胀。Hamada 和 Sakurai（1978）研究了两国模型的菲利普斯曲线，他们发现固定汇率制和浮动汇率制下通货膨胀都能通过工资—价格机制在国家之间传导，而固定汇率制下国际收支也是通货膨胀国际传导的一个重要渠道。而货币主义者则认为通货膨胀始终是一种货币现象，因此他们的研究更多关注了资本流动。Mundell（1971）和 Johnson（1973）认为固定汇率制下一国货币政策的变动会使其国际收支和资本流动发生变化，通过影响全球的货币供应将该国的通货膨胀传递出去。Browne（1984）在研究了固定汇率制下大国对小国货币政策的溢出后认为，拥有货币主导权的大国可以影响小国的资本流动，并通过影响小国国内基础货币的构成而传导通货膨胀。

不同汇率制度下通货膨胀的传导程度不同。Romer（1993）认为固定汇率制下资本流动和通货膨胀正相关，而浮动汇率制下资本流动对通货膨胀的影响较小。Steel 和 King（2004）的研究也证实了一国由固定汇率制转为浮动汇率制后，汇率传导效应会减弱。

实证方面，Haussmann 等（1999）利用超过 40 个国家样本对汇率的通货膨胀传导效应进行了估计，结果显示 G7 国家的汇率传导效应只有5%，对新兴经济体而言，传导系数达到 50% 以上。Goldfajn 和 Werlang（2000）利用 1980—1998 年 71 个国家的面板数据对汇率贬值和通货膨胀之间的关系进行了研究，实际汇率、初始通货膨胀水平、经济开放度以及产出的周期性变动是决定传导系数大小的主要因素。

六 对现有文献的评论

当前，无论是理论研究还是实证检验，对新兴经济体通货膨胀目标制的特殊性的研究并不完善。开放经济条件下，全球经济周期的同步性加强，作为外围的新兴经济体遇到前所未有的新挑战。国外对于巴西通货膨胀目标制货币政策有效性的研究集中在全球金融危机之前，并且基本上形成了通货膨胀目标制成功帮助巴西实现经济和物价稳定的一般结论。虽然有研究表明，2003年以来巴西雷亚尔大幅升值是其成功控制高通货膨胀的一大因素，但实证方面仍有所欠缺。2008年全球金融危机后，巴西面临的国际宏观经济形势发生变化，依靠大规模出口初级产品积累外汇储备以及积极吸引外资流入的发展模式不可持续，通货膨胀形势出现恶化，因此对这一时期巴西通货膨胀的研究还有待扩展。此外，不同学者对巴西货币政策有效性的研究选取的时间区间存在较大差异，并没有在一个相对完整经济周期内（1999—2014）对其货币政策有效性的系统研究。

国内对通货膨胀目标制和我国是否应过渡到这一货币政策操作框架的研究已经基本成熟，但是对于巴西通货膨胀的研究还停留在20世纪，鲜有文献对拉美金融以及拉美地区国家通货膨胀的研究。

第三节　主要内容与研究方法

本书的研究内容，首先，从通货膨胀以及通货膨胀目标制的一般理论，到新兴经济体通货膨胀目标制货币政策的特殊性展开理论分析。其次，结合巴西通货膨胀的历史及相关治理措施进行梳理。再次，对新形势下巴西通货膨胀的成因、通货膨胀目标制的经济绩效以及通货膨胀目标制货币政策的有效性进行实证检验，在此基础上模拟巴西中央银行的反应函数。最后，从财政和汇率两个角度对巴西通货膨胀目标制的风险进行衡量得出结论。研究方法方面，本书的计量经济方法基本遵循多种模型，加强了理论和实证研究的一致性。

一　研究思路和主要内容

本书的研究从小型开放经济体的利率、汇率和通货膨胀率三个宏观经济变量之间的相互关系入手，结合巴西的实际情况进行分析。面对"价格难题"，即开放经济条件下，存在财政赤字的新兴经济体紧缩性货币政策和高通货膨胀形成螺旋，从多个角度进行理论和实证分析。研究的思路如图0—1所示。

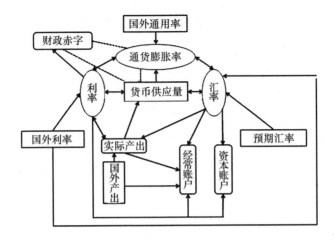

图 0—1　研究思路

　　本书的研究遵循"通货膨胀基本理论—通货膨胀目标制基本理论和扩展—新兴经济体通货膨胀目标制货币政策的特殊性—巴西通货膨胀目标制的实证检验—巴西通货膨胀目标制的财政和汇率风险"这一逻辑展开,研究的技术路线如图 0—2 所示。

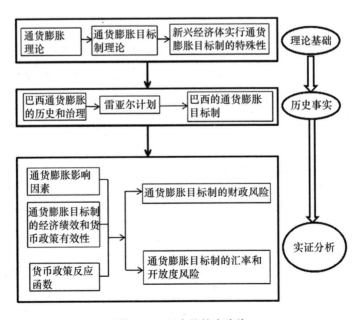

图 0—2　研究的技术路线

全书共分六章，四个部分，主要内容如下。

第一章作为本书的第一部分，对通货膨胀理论和新凯恩斯主义下通货膨胀目标制的一般理论模型进行系统阐述，并在标准模型的基础上进行了扩展，对新兴经济体实行通货膨胀目标制的特殊性和困难进行概括。

第二章是本书的第二部分，首先，回顾了巴西共和国成立到雷亚尔计划之前通货膨胀的特征、成因以及各种治理方法。其次，对以汇率锚定、高利率和高汇率为基础的雷亚尔计划进行详细分析。最后，重点分析通货膨胀目标制货币政策操作框架在巴西的理论和实践。

第三、第四和第五章构成本书的第三部分，即实证研究部分。通过统计学和计量经济学方法的应用，对巴西通货膨胀目标制理论、货币政策的绩效和有效性以及财政和汇率与开放度风险等，在定性研究基础上进行定量研究。

其中第三章是本书的重点，首先，利用自回归移动平均模型（AR-MA）和动态最小二乘法（DOLS）拟合出扩展的菲利普斯曲线，对巴西实行通货膨胀目标制以来通货膨胀的动态变化以及影响因素进行计量检验；其次，再利用统计分析方法、向量自回归模型（VAR）等计量经济方法对巴西通货膨胀目标制的效果和货币政策的有效性进行检验。最后，在前瞻性货币政策反应函数分析框架下，基于泰勒规则利用广义矩估计方法（GMM）对开放条件下巴西中央银行的货币政策反应函数进行分析。在原始泰勒规则的基础上引入利率平滑机制、货币因素以及有效汇率等影响因素，对巴西的货币政策反应函数进行了模拟。

第四章则从财政角度阐述巴西通货膨胀目标制的影响因素以及风险。巴西历史上的高通货膨胀是由于巨额财政赤字造成的，开放经济条件下，由于要实现通胀目标，央行不得不对利率进行调整，利率上升会造成政府债务的增加，因此财政风险依然是通货膨胀目标制面临的主要风险之一。尤其在当前情况下，中央政府庞大的支出和转移支付造成社会需求膨胀，带来了价格上涨的压力。

第五章从汇率和开放度角度对开放经济条件下巴西通货膨胀目标制的影响因素和风险进行实证研究。经济开放程度的变化会通过贸易和资本流动两个渠道对汇率产生冲击，并影响国内的价格水平。国际通货膨胀会通过这两个渠道对一国通胀水平和通胀目标带来冲击，经济开放度会同向放大冲击的力度，贸易开放度和金融开放度对通货膨胀率的影响方向相反。

最后一部分（第六章）是结论与启示。通过对巴西通货膨胀目标制的全方位检验和风险衡量，提出了当前巴西面临的开放经济条件下的"价格难题"。如何在财政赤字不断扩大的情况下平衡紧缩性货币政策与高通货膨胀率，是未来巴西中央银行和政府应该解决的首要问题。此外，虽然中国尚不具备建立通货膨胀目标制的条件，但是将货币政策目标单一化以及明确化有利于提高我国货币政策的有效性。

二　研究方法

本书的研究中定性与定量并重，突出定量分析。在新凯恩斯主义的分析框架下，采用规范分析和实证分析相结合的研究方法，对开放经济条件下巴西通货膨胀动态特征和通货膨胀目标制货币政策操作框架的有效性，进行深入的实证研究。

首先，本书坚持理论分析与实证分析相结合。对通货膨胀目标制的理论，尤其是新兴市场国家实行通货膨胀目标制的特殊性分析是本书的重点。在全面分析了通货膨胀目标制理论和标准模型之后，结合巴西1999年以来的通货膨胀目标制货币政策框架进行实证分析。本书余下部分，在开放经济条件下对巴西货币政策的反应函数和面临的财政以及汇率风险进行的研究中，也将理论和实证分析贯穿始终。

其次，定性分析和定量分析相结合。经济学本身具有很强的逻辑性，需要在定性分析的基础上进行定量的实证检验，从而为定性分析的结论提供微观基础。本书的定性分析体现在：巴西通货膨胀目标制货币政策理论框架的建立、货币政策的制定、通货膨胀目标制的绩效以及财政和汇率风险等方面。利用各种统计学和计量经济学方法，对巴西通货膨胀目标制货币政策进行全方位的评价和风险模拟。

最后，比较分析法。本书对巴西通货膨胀目标制经济绩效的分析部分，通过对拉美地区其他采取该制度的国家以及未采用通货膨胀目标制国家宏观经济绩效进行比较，力求在相同基础和假设条件前提下进行分析归纳和抽象概括，对巴西通货膨胀目标制的绩效进行更深刻的分析。对巴西通货膨胀目标制货币政策的有效性分析部分，将1999年以来的整体时间段进一步细分成四个阶段，对不同阶段不同政策的效果进行了比较分析。

第四节　创新与不足

一　创新点

第一，新凯恩斯主义货币政策的核心是通货膨胀目标制。本书在新凯恩斯主义的"新共识宏观经济学"理论体系下，对巴西通货膨胀目标制的基本理论模型和实践进行详细梳理，对开放经济条件下的巴西特征进行分析，充分考虑财政因素、汇率和资本流动对通货膨胀目标制带来的压力，对新兴经济体通货膨胀目标制的理论体系和实践经验进行扩展。

第二，学术界关于新兴经济体，特别是拉美国家货币政策的研究相对较少。国内对于巴西通货膨胀的研究大多集中在 20 世纪后半期，尤其是巴西经济高通胀时期。目前，国内还没有人系统分析过 1999 年巴西采用通货膨胀目标制后的货币政策效果。2003 年全球经济进入"大缓和"时期，得益于贸易条件的改善以及全球对初级产品的大量需求，巴西和其他拉美国家一样进入"黄金增长期"，学术界对拉美地区的关注集中于增长、贸易以及中拉关系。而对拉美地区本就脆弱的货币汇率政策以及通货膨胀惯性缺乏系统的研究。21 世纪以来，巴西在财政责任法、浮动汇率制度和通货膨胀目标制"三位一体"的宏观经济体系下，恰好经历了一个相对完整的经济增长周期，研究这一周期内巴西通货膨胀目标制货币政策的经验和教训，可以为当前巴西经济进入"技术性衰退"提供一些经验。

第三，将财政因素和汇率与开放度因素看作巴西通货膨胀目标制的风险进行研究，突出这两方面在巴西通货膨胀及其治理历史中的地位和作用，并将这两个因素有机结合。由于 1999 年之后，财政赤字和货币贬值现象已经不再是造成巴西通货膨胀的主要原因，因此本书不再单独强调财政赤字和货币贬值对通货膨胀的影响，而更注重其在货币政策框架中的风险。

第四，本书将影响通货膨胀率的货币供给因素扩展到超额货币供给，利用动态最小二乘法将两个因素纳入影响巴西通货膨胀成因的模型中进行研究，对新形势下的通货膨胀原因进行系统分析。此前，对巴西通货膨胀成因主要集中在财政赤字和货币供给方面。21 世纪以来全球宏观经济形势发生深刻变革,巴西通货膨胀目标制后通货膨胀的成因必然发生变化。

二 不足之处和未来研究方向

本书从经济学角度对巴西实施通货膨胀目标制以来的理论和实践进行了全面研究,当前通货膨胀的成因已经和 20 世纪大为不同,治理方式也存在差异。尽管近些年来通货膨胀目标制遇到一些压力,但其积极的政策效果还是帮助巴西实现了经济稳定。通货膨胀不仅是经济现象,更有着深刻的社会深层次的原因,因此从社会角度对巴西通货膨胀和通货膨胀目标制进行解读成为未来的研究方向。此外,本书还存在以下不足,未来可以进一步对此进行深入研究。

第一,数据计算方法和频率选择。虽然对于货币政策的制定和检验来说,信息集较大,但经济总量和产出缺口是主要的经济指标。因此本书对巴西产出缺口的估计方面存在进一步的精确空间。本文选取最常见的 HP 滤波方法对巴西的产出缺口进行了估计①,而 BP 滤波、CF 滤波以及卡尔曼滤波均为估计产出缺口的方法。此外,线性趋势法、二次趋势法以及未知变量的 Harvey-Clark 模型也是估计产出缺口的有效方法。

对于数据的频率选择来说,本书各模型基本都是选取了月度数据,数据选择的高频性能有效刻画巴西通货膨胀目标制货币政策实施以来的宏观经济情况以及通货膨胀的变动,使变量的趋势性更加精确。但对于 GDP 数据来说,高频数据也许会使季节属性变得不明显。

第二,新兴经济体通货膨胀目标制的特殊性。首先,开放经济条件下通货膨胀目标制标准模型的扩展方面的理论表述还有待丰富。Taylor(2000)证明浮动汇率制和通货膨胀目标制的相容性,而货币政策操作模式也可以将国际金融市场上的套汇以及受到汇率影响的利率平滑条件纳入模型中。其次,汇率传递与汇率目标是新兴经济体实行通货膨胀目标制最大的风险。此外,债务美元化与货币错配、中央银行独立性和政策可信度等均会对新兴经济体稳定通货膨胀的货币政策形成冲击。本书重点研究了

---

① 根据巴西中央银行 *Working Paper*, No.1 的结论,使用 HP 滤波方法估计出的产出缺口更符合巴西实际情况。

汇率风险和资本流动风险，未来可以在其他特殊性方面进行扩展。

第三，巴西通货膨胀目标制的原因和风险。由于财政因素一直是巴西通货膨胀产生的主要原因，当前巴西陷入"价格难题"也是由于政府财政政策空间因财政赤字增加而缩小，因此本书的分析将财政因素看成通货膨胀目标制的重要风险进行研究。尽管这样的处理方式可以突出财政的重要性，但是对于新形势下巴西通货膨胀具体成因的分析存在不足。第四章的结论表明，1999 年以来财政赤字不再是巴西通货膨胀产生的原因，因此第三章第一节中扩展菲利普斯曲线并没有将财政赤字包括在内是合理的，但自 2014 年出现财政赤字以来巴西的现实告诉我们，财政失衡依旧是值得关注的焦点。此外，在开放度对通货膨胀目标制的影响分析中，未来可以进一步对资本和金融账户进行细化，分析每一个具体环节对通货膨胀的传导。因此，如何处理好货币供给、财政赤字、外部通货膨胀的传导等因素的相互作用，将成为未来的研究中应解决的问题。

第 一 章

通货膨胀目标制货币政策

通过建立货币政策的"名义锚"可以稳定物价和通货膨胀。历史上，汇率、货币供应量等"名义锚"的实践失败后，建立在利率调节基础上的通货膨胀率作为名义锚在发达国家和新兴经济体的实践，自 20 世纪 90 年代起被证明是有效的。长期的名义锚定和短期的弹性，是通货膨胀目标制货币政策框架的特点[①]。本章对通货膨胀和新凯恩斯主义下的通货膨胀目标制理论进行研究，并对开放经济条件下新兴经济体实行通货膨胀目标制的特殊性进行了论述。

第一节　通货膨胀理论

长期以来，实现货币供求平衡与价格稳定是各国货币政策的最终目标之一。但是，自纸币流通以来，货币供求失衡和通货膨胀时有发生，开放经济条件下还出现通货膨胀的国际传导等特征。不同经济学流派对通货膨胀的成因和定义存在差异[②]，因此对通货膨胀的治理和预防也存在不同的政策导向。

一　通货膨胀的定义和类型

通货膨胀是一个相当复杂的经济现象，在主流经济学中一直是被广泛

---

① Feenstra, C. R., and A. M. Taylor, in *International Macroeconomics*, USA: Worth Publisher, 2008.

② 《大英百科全书》："不存在一个唯一的被普遍接受的关于通货膨胀的定义。"

深入研究的问题。不同的理论派别对通货膨胀的成因和治理方式持有不同的意见，通货膨胀的衡量指标也存在多种形式。

（一）通货膨胀的定义

不同经济学派别对通货膨胀的理解存在差异。凯恩斯主义从需求和供给角度切入，认为总需求超过总供给会引起通货膨胀，而轻微的通货膨胀对经济发展有益[1]。货币主义[2]从货币供给角度入手，认为通货膨胀是由于货币供给超过需求而导致物价总水平的持续上涨。弗里德曼提出，"通货膨胀始终是一种货币现象，如果货币数量的增长速度超过能够买到的商品和劳务的增加速度，就会发生通货膨胀"。英国剑桥学派代表琼罗宾逊夫人从成本推动角度解释通货膨胀，认为经济活动同质但工资报酬率不同会引起物价水平上升，造成通货膨胀。新古典综合派代表萨缪尔森认为"通货膨胀一个是物品和生产要素价格普遍上升的时期"。

不同学派对于通货膨胀的定义虽存在差异，但大多数经济理论认为，通货膨胀是指在纸币流通前提下，因其发行量超过了流通中所需的货币量，引起纸币贬值以及一般物价水平的持续上涨。因此，纸币流通和物价持续且显著上涨是通货膨胀的两个必备因素。

（二）通货膨胀的成因和类型

在西方经济学理论中，根据通货膨胀率的高低可以将通货膨胀划分为温和型（10%以下）、奔腾型（10%—100%）和恶性通货膨胀（100%以上）[3]。而根据具体通货膨胀的成因又可以将其划分为需求拉上型、成本推动型、供求混合型以及结构型四种类型。

需求拉上型通货膨胀是指经济中的总需求超过总供给引起一般价格水平的上涨。投资膨胀、消费膨胀、财政赤字和国民收入逆差，是造成过度需求的主要原因。凯恩斯主义和新凯恩斯主义均认为超额需求可以抬高物价，通货膨胀由于高需求而产生。

---

① Gona, R. B., "Impact of Inflation Targeting on Inflation Variability: An Empirical Analysis", in *The Economic and Social Issues of Financial Liberalization: Evidence from Emerging Countries*, Editors, Bookwell, 2013.

② 货币主义否认了不同类型通货膨胀的差异性和特殊性。

③ 萨缪尔森将通货膨胀分为：低通货膨胀（通胀率为个位数）、急剧通货膨胀（通胀率为两位数）和恶性通货膨胀（通胀率为三位数）。

成本推动型通货膨胀是指在经济中货币工资在劳动生产率和价格水平提高之前就已经先行上升,或者由于垄断力量导致生产投入品或要素价格的上升而引起的价格上涨。成本推动型通货膨胀又可分为工资推进型、利润推进型和惯性通货膨胀等具体类型。新剑桥学派、结构主义、后凯恩斯主义以及非均衡经济学理论均为成本推动型通货膨胀的支持者,弗里德曼则认为成本推动型通货膨胀成立的前提是存在货币量的增加[①]。

供求混合型通货膨胀将通货膨胀看成需求和供给的共同作用结果。短期通货膨胀是由货币需求水平和工会组织、议价机构组织等共同作用的结果;长期通货膨胀则是由于经济达到充分就业水平,劳动生产率增长和成本下降均趋于停滞,产生分配中的不平等,进而造成物价持续上涨。

结构型通货膨胀从产业结构出发,将整个经济活动分为工业部门和服务业部门,两个部门的生产增长率不同,但工资增长率趋于一致。由于两个部门存在不一样的价格弹性和收入弹性,工资价格存在刚性,当一个部门工资提高时,另一个部门的工资也有被提高的趋势,因此会造成"工资—价格螺旋",形成通货膨胀。

(三) 通货膨胀的衡量指标

通货膨胀,即物价总水平的上涨,以通货膨胀率表示。物价上涨幅度则由物价指数的变化来反映。经济统计学中用拉氏指数(Laspeyres Index,LI)和派氏指数(Paasche Index,PI)对通货膨胀进行衡量[②]。拉氏指数以基期数量为权数,能消除不同时期权数变动的影响,但假定数量不变会高估价格水平;派氏指数则以报告期的数量加权,不能消除权数变动的影响,并且会低估一般价格水平。

$$LI = \frac{\sum_{i=1}^{n} P_i^t Q_i^0}{\sum_{i=1}^{n} P_i^0 Q_i^0} \times 100\% \qquad PI = \frac{\sum_{i=1}^{n} P_i^t Q_i^t}{\sum_{i=1}^{n} P_i^0 Q_i^t} \times 100\%$$

图 1—1　拉氏指数(LI)和派氏指数(PI)

根据不同价格指数的计算方式可以得出两类通货膨胀的衡量指标。消

---

① 李晓西:《现代通货膨胀理论比较研究》,中国社会科学出版社 1990 年版,第 98 页。

② 宋宪华:《经济统计学》,山东大学出版社 2003 年版。

费者价格指数（CPI）、生产者价格指数（PPI）、批发价格指数（WPI）是拉氏指数的应用，以基期数量为不变权数，考察报告期消费品价格与基期消费品价格的变化幅度；国内生产总值平减指数（GDP Deflator）是派氏指数的应用，以数量为权数，利用不同时期国内生产总值衡量通货膨胀。

CPI 根据家庭消费的有代表性的商品和劳务价格变动编制，与居民生活最为密切。其优点是搜集资料容易，公布次数频繁，可以及时反映社会公众生活费用的变动情况。但是，因为包含范围窄，无法涵盖资本品和进出口产品价格的变动趋势。此外，CPI 还无法反映通货膨胀对经济群体中不同消费水平阶层的实际影响。

PPI 是反映生产企业购买物品和劳务总费用的指标。WPI 则是根据制成品和原材料的批发价格编制的指数，包括除劳务以外所有生产资料和消费品的全部商品的批发价格在内。这两个指数能在最终产品价格变动之前获得工业投入品和非零售消费品的价格变动信号，因此可以判断其价格变动最终进入流通的零售商品价格变动的影响。由于企业最终将会通过产品定价将生产成本传递给消费者，因此以 PPI 或 WPI 衡量的通货膨胀率可以作为 CPI 指数的先导指标。

GDP 平减指数以报告期的数量为权数，用报告期价格计算的国内生产总值与按基期价格水平计算的报告期国内生产总值的比值来衡量通货膨胀。由于其包括的范围广，GDP 平减指数可以准确反映一般物价水平的变动，除消费品和劳务外，还覆盖了资本品以及进出口商品。但由于资料统计相对繁琐，计算的频率低，一般一年只公布一次，对物价变动的反应相对较慢。

二　通货膨胀的成本与治理

通货膨胀率高、波动率大被认为是造成经济不稳定、阻碍经济增长的重要原因，而恶性通货膨胀则会造成经济崩溃和政局动荡。通货膨胀预期会产生持有货币的成本，这种成本可以看作加剧经济摩擦的交易税。通货膨胀较严重情况下，企业和工人将会根据价格的变动不断改变工资要求以及重新签订劳动合约。当存在固定的税收减免时，通货膨胀还会造成经济的扭曲。而预料之外的通货膨胀将在债权人和债务人之间造成不利于债权人的再分配效应，导致借贷风险提高，利率和投资成本飙升（Mankiw，2007）。由于通货膨胀的成本较高，各国在治理通货膨胀的过程中积累了丰富的经验和教训。

首先，治理通货膨胀最直接的方式是采取紧缩性的财政和货币政策。紧缩性财政政策主要是通过削减财政支出、增加税收以及平衡财政预算等方式治理通货膨胀。其中，削减生产性和非生产性支出是削减财政支出的两个主要内容。紧缩性货币政策主要是指中央银行通过减少流通中货币存量的方法，提高货币的购买力，具体政策工具包括中央银行的"三大法宝"，即通过公开市场业务出售政府债券、提高贴现率和再贴现率，以及提高商业银行的法定存款准备金率。此外，窗口指导和道义劝告也是补充性措施。紧缩性财政政策会造成企业和个人税负的上升，影响国家的税收和转移性支出，使经济大幅降温；而通过控制货币供给量的紧缩性货币政策则会使企业资金运行遇到困难，造成货币信用危机。一旦供给下降大于需求下降而使供需缺口进一步扩大，通货膨胀将会加剧，因此需要有相应的抑制最终需求的紧缩性财政政策相配套。

其次，指数化政策成为发展中国家最常用的治理通货膨胀的方式。指数化的具体做法是，根据一定的指数对包括各类工资收入、储蓄存款、银行贷款和公共债券在内的所有有价证券进行货币纠正，即这些有价证券的名义价值将随着物价总指数的变化而不断调整，以保持实际价值的稳定，补偿存款人、信贷发放者和有价证券持有人不受到因通货膨胀造成的损失。实行指数化可以降低通货膨胀带来的不确定性，同时降低公众对通货膨胀的预期，进而降低实际经济中的通货膨胀率，针对恶性通货膨胀尤其有效。但是，长期来看，指数化会造成市场机制的扭曲，结果只能是延长和加速通货膨胀，最终导致劳动力和产品分配使用更加不当。此外，如果指数化直接造成政府开支的扩大，则其负面影响将更严重。亨利·赫兹里特（1978）认为指数化在实行过程中困难较多，并且只会使通货膨胀越来越严重[①]。米尔顿·弗里德曼（1974）也认为单靠指数化并不能减轻或

---

① ［美］亨利·赫兹里特：《通货膨胀危机》，段承璞译，时事出版社1981年版，第3页。

使通货膨胀放缓，强制指数化还会导致失业和商品过剩①。

此外，在某些极端情况下，当通货膨胀率升高并演变成恶性通货膨胀而使政府无法控制时，为改变公众预期，可以通过发行新币种取代旧币种的方式达到降低通货膨胀的目的。但这只是暂时性的措施，治标不治本。

第二节　通货膨胀目标制理论

在通货膨胀目标制被广泛使用之前，货币供给量目标和汇率目标是各国央行普遍采用的货币政策"名义锚"，在历史的特定情况下均起到稳定物价和汇率、刺激经济增长的作用。20 世纪 70 年代的金融创新浪潮使货币流通的不稳定性增加（Carlin 和 Soskice，2006），通货膨胀和货币供应量之间的关系被弱化。20 世纪 90 年代，东南亚一些国家，俄罗斯、巴西和阿根廷等新兴经济体国家连续发生的金融危机，使汇率钉住被放弃。随着"新共识宏观经济学"（New Consensus Macroeconomics）② 的产生和发展以及新西兰等国家实践的成功，以利率作为中介目标、钉住通货膨胀率的制度化货币政策逐渐被各中央银行采纳，并成为各自的行动准则。

一　货币政策的名义锚

货币理论表明，长期以来包括货币供给量、利率、价格水平变化率和汇率在内的所有变量之间，都是相互关联的（Feenstra 和 Taylor，2008）。政策制定者为实现长期的价格稳定或将通货膨胀率控制在一定范围之内，可以选择不同的"锚"作为目标，通过制约某个可控制的名义变量实现其稳定目标。中央银行也可以利用这一"名义锚"提高信誉和货币政策的有效性。货币政策的"名义锚"就是在货币政策的实施过程中，通过对中间变量的操作实现货币政策的最终目标。在现实中存在汇率目标、货币供给目标和利率目标三种主要"名义锚"③，不同的"名义锚"形成不

---

① Shanahan, E. and M., Friedman, *Indexing and Inflation*, Washington: American Enterprise Institute for Public Policy Research，1974.

② Arestis（2007）和 Arestis & Sawyer（2008）对新共识宏观经济学有详细描述。

③ 名义收入目标也是货币政策钉住的方式之一。

同的货币政策目标制。

(一) 汇率锚

从金本位时代开始,"汇率锚"[①] 一直是各国货币政策的首选。20 世纪 70 年代布雷顿森林体系瓦解后,钉住特定国家货币的汇率目标制在发展中国家盛行。将本国货币与 "锚" 定国家货币保持固定比例,通过控制国内货币总量,稳定币值和通货膨胀预期是汇率目标制货币政策的主要内容。在现实中,又分为硬钉住和软钉住两种类型:硬钉住是指完全的美元化或实行以美元储备为基础的货币局制度;软钉住则是指爬行钉住等具有一定弹性的固定汇率制。

根据相对购买力平价和加入通货膨胀因素的抛补利率平价理论,名义汇率贬值率等于国内外通货膨胀率的差额。因此,汇率的贬值程度就是锚变量。汇率目标制的一个简单原则就是把货币贬值率设为常数,固定汇率制下这一常数为零,浮动汇率制下常数不为零,但是可以设定波动空间实现 "有限弹性"。而一旦将汇率固定或实行 "有限弹性",外国的通货膨胀就会输入本国。

一般而言,小型开放经济体倾向于采用汇率目标制。首先,通过汇率钉住可以保持币值稳定,避免汇率波动对经济带来的冲击。其次,实行汇率锚定可以防止汇率波动造成资本大规模流动和本币升、贬值压力,降低或者消除因汇率变动而调节国内利率对本国造成的投资抑制,因此有利于国内的金融深化。再次,通过汇率锚定可以将本国可贸易品价格与被钉住国的商品价格相挂钩,打破在钉住国内部存在于非贸易商品上的通货膨胀惯性,稳定通货膨胀预期,解决货币政策实施中的动态不一致性问题(Mishkin 和 Savastano,2001)。最后,实行汇率钉住制简单清楚,易被大众理解,有助于保证财政和货币政策纪律。

但是,将汇率固定作为维持物价稳定的长期锚具有内在缺陷:第一,在中长期,经济开放和资本完全流动使本国货币政策的独立性降低,中央银行无法同时通过汇率和利率的变动对国内外冲击进行调控(克鲁格曼三角形);第二,当一国外汇储备有限、金融市场不完备时,实行 "汇率锚定" 容易受到外国通货膨胀传递的影响;第三,采用 "汇率锚定" 易

---

① 所有金属本位制和布雷顿森林体系都属于汇率准则。

爆发金融危机，历史上欧洲汇率危机（1992）、亚洲金融危机（1997）、巴西金融动荡（1999）以及阿根廷金融危机（2001）等均与"汇率锚定"有关；第四，中央银行在"汇率锚定"之后将丧失最后贷款人的角色，金融市场将会无序化，金融危机的恶果将被放大（Mishkin，1999；Eichengreen，2006）。

（二）货币供给锚

货币主义提出固定货币数量增长率的"单一规则"后，自20世纪70年代起，美国和日本等国家实行钉住货币供应量的货币供给目标制货币政策。该理论以货币数量论为基础，在产出基本稳定、货币流通速度保持不变的情况下，钉住货币总量，引导公众预期，采取明确的相关机制防止货币总量目标对中期目标的系统性偏离。相较于汇率目标制，中央银行既可以关注国内价格稳定，又能及时对外国冲击做出反应（Mishkin 和 Savastano，2001）。

根据货币数量论公式：$M^d = f(r, YP, h, \pi^e, u)$，货币需求受到有价证券收益率 r、永久性收入 YP、人力资本对非人力资本的比率 h、预期的通货膨胀率 π^e 和其他因素 u 的影响。将该公式简化并进行加总，假设短期内利率不变，经济体的总体货币需求可以表示成：

$$M^d = \overline{L} \times PY \Rightarrow \frac{M^d}{P} = \overline{L} \times Y \qquad (1.2.1)$$

（1.2.1）式中，M^d 是经济体的总体货币需求，即政府和存款机构之外所有经济主体持有的货币总量；$\overline{L}$ 是一个常数，表示对名义收入产生的货币需求幅度；PY 是名义收入。经过变化之后，$\frac{M^d}{P}$ 是实际货币需求，Y 则表示实际收入。

根据绝对购买力平价 $E = P/P_f$ 和（1.2.1）式，可以得到汇率的货币理论方程：

$$E = \frac{P}{P_f} = \frac{\dfrac{M^d}{\overline{L} \times Y}}{\dfrac{M_f^d}{\overline{L} \times Y_f}} = \frac{\dfrac{M^d}{M_f^d}}{\dfrac{\overline{L} \times Y}{\overline{L_f} \times Y_f}} \qquad (1.2.2)$$

把（1.2.2）式中的各个变量用变化率表示，可以得到 $\dot{\pi} = \dot{\mu} - \dot{g}$，其

中 $\dot{\pi} = \pi - \pi_f$，$\dot{\mu} - \mu_f = \dfrac{\Delta M}{M} - \dfrac{\Delta M_f}{M_f}$，$\dot{g} = g - g_f = \dfrac{\Delta Y}{Y} - \dfrac{\Delta Y_f}{Y_f}$。这一结果表明，当货币供给增速超过实际产出增速时，会出现通货膨胀。

相对于汇率锚，货币供给目标给中央银行带来一定的独立性，可以自主决定利率水平和货币供应量以及有效应对一些暂时性的产出变动和外部冲击。但随着虚拟经济的发展，金融业规模扩大，大量金融资产、金融产品和金融衍生品出现，货币需求出现波动[①]。此外，金融部门不断发展深化使各个层次的货币供应量之间的界限变得模糊，统计口径不一致造成"货币供给锚"的可测度下降以及货币流通速度不稳定。由于货币供给的内生性，货币乘数具有不稳定性，中央银行无法完全控制货币供应量，投资和消费将因此产生非对称效应，货币政策的传导机制被破坏，有效性降低。Friedman（1996）、Friedman 和 Kuttner（1992）以及 Thoma（1994）均认为货币供应量和物价之间并不存在协整关系，也无长期均衡关系。此外，中央银行无法同时控制影响货币供应量的所有因素，因此会出现货币供给目标无法实现的结果，影响货币政策的执行力度。

二　利率规则和通货膨胀锚：通货膨胀目标制

20 世纪 90 年代开始，金融自由化和金融衍生品的发展以及金融全球化趋势的不断加强，货币政策钉住货币供给量和汇率的有效性下降，越来越多的中央银行在 Taylor 规则的引导下采取了利率作为中介目标、钉住通货膨胀率的货币政策。Clarida，Gali 和 Gertler（1997）认为在不确定条件下，通过利率调节的通货膨胀目标优于固定汇率目标。通货膨胀目标制将灵活性（flexibility）和可信度（credibility）结合，是一种"有限的相机抉择"。因此，其制度形式对于保证通货膨胀目标的实现和可信性的建立至关重要。中央银行可以集中考虑国内的各种因素而不受汇率变动、货币流通速度等因素的干扰。

（一）通货膨胀目标制的主要内容

由于通货膨胀目标制的理论研究滞后于具体实践，而各国具体的实践

---

① 具体可参见 Goodhart（1989），Bernanke 和 Mishkin（1992），Estrella 和 Mishkin（1997）。

又存在各自的特点，因此这一货币政策的理论框架并未得到一致的定义①。尽管不同学者对通货膨胀目标制的主张存在差异，但是 Mishkin（2000）以及 Mishkin 和 Savastano（2000）的研究在一定程度上得到学术界的公认。通货膨胀目标制是一种货币政策规则，中央银行提前制定通货膨胀目标，然后利用政策工具实现目标，因此价格稳定是货币政策的首要目标。根据这一定义，其主要内容包括公开公布通货膨胀率的具体目标、将实现价格稳定作为中央银行的首要目标、利用多种信息集以及高透明度等。此外，中央银行的相对独立性、财政纪律以及货币政策对于利率和汇率变动进行调整的灵活性，则被认为是实行通货膨胀目标制的重要前提②。

1. 政策引入和目标选取

经济学理论和具体国家的实践经验表明，财政政策影响一国经济的短期波动，而货币政策是长期内经济稳定的影响因素。货币政策在经济处于巨大压力下时才会进行重大调整，因此遭遇恶性通货膨胀冲击是开启通货膨胀目标制的最佳时机。追求长期的价格稳定是通货膨胀目标制的主要目标，被钉住的通货膨胀率是指价格随时间变化的比率，而不是价格水平。从长期看，货币政策唯一能影响的宏观经济变量只有通货膨胀率（Bernanke et al.，1999）。

为了防止出现通货紧缩，没有国家将通货膨胀目标设为零。实行通货膨胀目标制的国家一般将其通货膨胀目标设为 2%—3%，这一目标可以实现低通货膨胀下的最大收益。一般情况下，货币供给量和汇率不会进入货币政策决策函数中，但是对于某些新兴经济体，汇率通常是货币政策的第二个目标。

2. 钉住对象和政策灵活性

大多数研究将通货膨胀目标制看作"受约束的相机抉择"，因此有时偏离或调整之前宣布的通胀目标是合理的，政策灵活度是通货膨胀目标制

---

① 牛筱颖：《通货膨胀目标制：理论与实践》，社会科学文献出版社 2007 年版，第 11 页。

② Amato，D. J. and S. Gerlach，"Inflation Targeting in Emerging Market and Transition Economies: Lessons after a Decade"，Hong Kong Institute for Monetary Research，*Working Paper*，No. 13，2001.

的优势之一。一些国家采用整体通货膨胀（headline inflation），而另一些国家则采用扣除如能源和食品等项目之后的核心通货膨胀（core inflation）作为钉住对象，还有一些国家两者兼顾（Bernanke et al.，1999）。对于一些历史上深受恶性通货膨胀困扰的新兴经济体来说，采用整体通货膨胀作为钉住对象可以提高政策的可信度，尤其在确立通货膨胀目标制初期（Bogdanski et al.，2000）。Svensson（2003）对严格的和灵活的通货膨胀目标制进行了区别：严格的通货膨胀目标制（strict inflation targeting）忽略货币政策在短期和中期的实际效应，仅关注对通货膨胀的控制；灵活的通货膨胀目标制（flexible inflation targeting）则将价格稳定看作货币政策的一个重要目标，但同样关注对经济周期的平衡。

钉住点目标还是区间目标是通货膨胀目标制的又一重要内容，区间目标可以为中央银行的货币政策操作提供更大的空间，而相比一个较宽的通货膨胀率变动区间来说，窄区间更能传达央行对实现通货膨胀目标的承诺，提高政策可信度。

3. 透明度

透明度是通货膨胀目标制的重要优势，也是其获得成功的基本条件。在实行通货膨胀目标制的国家，中央银行制定简洁、明确和容易理解的政策，与政府随时进行沟通，并向公众公布其政策内容。公开货币政策的内容主要有：通货膨胀目标的制定方式和时间、具体通货膨胀目标和变动区间以及中央银行将采取何种政策工具实现既定的通货膨胀目标。此外，通过定期发布《通货膨胀报告》，向公众报告过去通货膨胀的具体情况以及未来通货膨胀的走势和公众预期，也是实现政策透明度的有效途径。提高货币政策的透明度，加强与公众的沟通可以降低货币政策的不确定性，减轻利率和通货膨胀率的波动，提高私人部门的投资效率以及增加中央银行长期决策的自由度。

4. 相关制度保障

在制度设计和保障层面，传统的通货膨胀目标制中只有短期名义利率是中央银行的货币政策调控工具。而在更加灵活的通货膨胀目标制中，中央银行可以使用"审慎信贷控制"（prudential credit controls）等措施，限制银行系统的过度信贷扩张，避免频繁变动利率造成的国内投资不稳定。此外，实行通货膨胀目标制的国家还可以通过一些收入政策达到控制通货膨胀的目的①。通货膨胀目标制并不能保证财政纪律，因此为了避免政府财政赤字扩大以及财政赤字货币化，还应该通过规定财政纪律等方式作为通货膨胀目标制实现的相关制度保证②。

（二）通货膨胀目标制的优劣

相对于货币供应量和汇率锚，通货膨胀目标制能够仅以通货膨胀率作为货币政策的唯一目标，也能兼顾其他目标，因此可以有效应对来自国内和国外的冲击，是中期最有效的货币政策。1990 年以来，通货膨胀目标制在各国的实践也充分说明这一货币政策操作框架在成功控制通货膨胀、降低经济波动方面的良好效果。

第一，在通货膨胀目标制货币政策下，中央银行具有一定的独立性，能够针对国内经济形势采取相应策略。第二，中央银行向公众公开钉住目标以及实现形式，政策透明度提高，有利于形成市场合理预期，有效解决货币政策的动态不一致性。第三，作为灵活的货币政策，中央银行可以在钉住通货膨胀率的同时，将产出、就业以及汇率等变量的波动纳入考虑范围。第四，当经济遭受供给冲击时，中央银行还将允许通货膨胀目标偏离，保证政策的灵活性。

尽管通货膨胀目标制在发达国家和新兴经济体都取得了不错的成绩，但仍然有学者认为由于货币政策工具存在时滞，因此采用通货膨胀目标制并不会有效控制通货膨胀，过度的相机抉择将导致产出水平下降，不稳定性提高。这一问题对新兴经济体来说尤为关键，汇率波动引起的金融不稳定性成为通货膨胀目标制被质疑的焦点。因此，通货膨胀目标制并不是万能药（Taylor，1985；Mishkin，1999；Masson，1999；Altig，2003）。此外，通货膨胀目标制获得成功，需要有财政纪律、经济制度以及通畅的货币政策传导机制作为基础，因此其效率在新兴经济体受到一定限制。

---

① 在拉美国家控制通货膨胀的历史实践中，墨西哥使用收入政策和"汇率锚"成功控制了高通胀，而巴西和阿根廷则由于缺乏相应收入政策的补充，在 20 世纪 80 年代受到恶性通货膨胀的冲击。

② Masson，P.，Savastano，M.，Sharma，S.，"The Scope for Inflation Targeting in Developing Countries"，*IMF Working Paper*，97/130，1997.

三 通货膨胀目标制货币政策的标准模型

新凯恩斯主义最优货币政策理论的核心内容是依靠独立的中央银行实现通货膨胀目标①。该模型通过引入价格名义黏性，对通货膨胀的成本进行了解释，分别证明了通胀稳定与产出稳定、提高经济主体福利之间的一致性，提出了低通货膨胀的货币政策有益于经济的稳定发展，从而为通货膨胀目标制奠定了坚实的基础。

（一）新凯恩斯主义最优货币政策

新凯恩斯主义理论的一个重要政策含义是价格水平的稳定可以缩小产出缺口，保证经济在潜在经济增长率上下的较小区间范围内波动。当存在价格名义黏性的前提下，货币政策的目标是防止黏性价格使资源配置无效化。

1. 货币政策目标

凯恩斯主义认为，工资和价格增长率的波动与产出和就业的波动相关，但其政策建议却并未将价格稳定作为货币政策的首要目标。此后，新凯恩斯主义在垄断竞争和价格名义黏性的基础上表明，一般价格水平的波动会造成相对价格的扭曲，中央银行应将稳定一般价格水平作为重要的政策目标之一。新凯恩斯主义通过将工资和价格黏性引入一般均衡模型，证明了通货膨胀的成本，中央银行稳定物价抑制通货膨胀有利于增进经济主体的福利水平。因此给通货膨胀目标制提供了理论支持。

（1）价格稳定与经济福利

新凯恩斯主义认为，一般价格水平的波动会造成相对价格扭曲，从而通过影响厂商决策导致资源的无效配置。Calvo（1993）利用交错定价模型推导出新凯恩斯主义的菲利普斯曲线，假设经济在每期中均有一些商品的价格存在刚性，并假设任一时期任意商品价格调整的概率固定，独立于商品的当前价格以及时间间隔。由于并非所有商品的价格都能及时调整，因此一般价格水平的波动只会体现在可以自由调价的商品上，结果是经济

---

① 王健:《新凯恩斯主义经济学》，经济日报出版社 2005 年版，第 122 页。

中相对价格的扭曲和资源的无效配置[①]。Mankiw 和 Reis（2002）假设经济在每期中只有一部分随机的厂商可以获得完全信息，这些厂商以固定概率更新信息集并进行价格调整，而每一时期所有厂商均会根据其自身信息集调整价格，因此只有获得完全信息的厂商可以对冲击做出及时的反应，结果是一般价格水平的波动体现在这些厂商的价格调整中，整个经济的相对价格被扭曲[②]。

（2）价格稳定与产出缺口

新凯恩斯主义货币政策的目标是消除工资和价格名义黏性对资本配置产生的影响。如果货币政策能够保持一般价格水平的稳定，经济达到均衡时，即使价格可以自由变动，厂商也不会产生变动价格的倾向。

标准的新凯恩斯主义菲利普斯曲线为：

$$\pi_t = \alpha E_t \pi_{t+1} + \beta y_t \qquad (1.2.3)$$

其中，π 是通货膨胀率，y 是产出缺口，即实际产出超过潜在产出的百分比；$0 < \alpha < 1$ 代表家庭的贴现因子，E 是数学期望，$\beta > 0$，取值由经济结构决定。为了简便，（1.2.3）式中没有随机项，但潜在产出反映了所有的实际扰动，包括技术冲击、政府支出以及偏好等。基于以上假定，如果保持产出缺口 y_t 为零，经济体的价格总水平将实现稳定。因此，产出缺口目标为零可以使相机抉择下不存在通货膨胀偏差，实现最优均衡[③]。

2. 货币政策规则

中央银行制定货币政策时对货币政策工具的系统性设定行为方式被称作货币政策规则，具体分为工具规则和目标规则两种类型。工具规则直接规定利率等政策工具如何被决定，而目标规则注重对货币政策目标的制定。

---

① Calvo, G., "Staggered Prices in a Utility-Maximizing Framework", in *Journal of Monetary Economics*, Vol. 12, No. 3, 1983, pp. 383 – 398.

② Mankiw, N. G., and R. Reis, "Sticky Information versus Sticky Prices: A Proposal to Replace the New Keynesian Phillips Curve", in *Quarterly Journal of Economics*, Vol. 117, No. 4, 2002, pp. 1295 – 1328.

③ King, M. A., "Change in UK Monetary Policy: Rules and Discretion in Practice", in *Journal of Monetary Economics*, Vol. 39, No. 1, 1997, pp. 81 – 97.

（1）平均通货膨胀倾向：规则和相机抉择

关于货币政策规则和相机抉择的传统研究集中在中央银行的目标和能力等方面。由于信息不完全以及多数情况下政策选择不足以最大化社会福利，相较于相机抉择，货币政策规则被认为相对有效[①]。在存在平均通货膨胀倾向的政策前提下，规则和相机抉择孰优孰劣取决于中央银行损失函数具体形式的设定。根据 de Mendonça（2007）的研究，为简便起见，假设中央银行的政策目标是经济中不存在通货膨胀，并且保持一定的低失业率。同时，假设通货膨胀率最主要的决定因素是货币供应量，而失业率与非预期到的货币增长率高度相关。因此，中央银行的目标函数可以通过货币供给量的变化以及非预期到的基础货币量的增加来表示：

$$L_t = \frac{a}{2} \Delta M_t^2 - b \left(\Delta M_t - \Delta M_t^e \right) \qquad (1.2.4)$$

其中，M_t 是货币供应量，e 代表预期，参数 a，$b > 0$，中央银行的货币政策目标就是在 t 时期将损失函数最小化。假设公众对于货币供给量的变化持有理性预期，即

$$\Delta M_t^e = E_{t-1} \Delta M_t \qquad (1.2.5)$$

因此，当存在平均通货膨胀倾向的前提下，比较规则和相机抉择就是对 ΔM_t 的值进行估计。当中央银行采取货币政策规则时，公众对货币供应量的预期形式为适应性预期，即 $\Delta M_t^e = \Delta M_t$，于是（1.2.4）式变为：

$$L_t = \frac{a}{2} \Delta M_t^2 \qquad (1.2.6)$$

使目标函数损失最小化的一阶条件为：$\frac{\partial L_t}{\partial M_t} = a \Delta M_t \times \Delta M_t$，因此对于任意时刻 t，$L_t = 0$ 成立。这一结果表明，在货币政策规则下，中央银行不会随意扩张货币供给。

另一方面，如果中央银行进行相机抉择，那么可以在任意时刻选择合意的 ΔM_t。在多期条件下，考虑中央银行的决策进行到第 t 期，ΔM_t^e 在 $(t-1)$ 期的期末被决定，目标函数在 t 期的一阶条件变为：

[①]　陈雨露、汪昌云主编：《金融学文献通论：原创论文卷》，中国人民大学出版社 2006 年版，第 143—156 页。

$$\frac{\partial L_t}{\partial M_t} = a\Delta M_t - b \Rightarrow \Delta M_t = \frac{b}{a} \qquad (1.2.7)$$

相机抉择条件下，（1.2.7）式的结果仅适用于第 t 期。对于第（$t+1$）期的目标函数：

$$L_{t+1}\frac{a}{2}\Delta M_{t+1}^2 - b\ (\Delta M_{t+1} - \Delta M_{t+1}^e) \qquad (1.2.8)$$

同样可以得到最小化目标函数的一阶条件为 $\Delta M_{t+1} = \frac{b}{a}$。将这一结果代入式（1.2.4），可以得到：

$$L_t = \frac{b^2}{2a} > 0$$

因此，相机抉择条件下中央银行的损失大于采取货币政策规则时的损失。

（2）通货膨胀目标规则

通货膨胀目标规则最早由 Svensson 提出，中央银行被假定通过使损失函数最小化进行货币政策操作。损失函数中的变量就是央行的目标变量，目标规则就是实现各个目标变量之间特定关系的具体规定。通货膨胀目标制是一种灵活的规则，可以看作规则下的相机抉择[1]。在这一规则下，中央银行重点关注通货膨胀的稳定，同时尽力将经济增长率稳定在潜在增长率水平。货币政策制定者在特定时刻公布未来一段时期内的通货膨胀目标，通过利率调控实现这一目标，当通货膨胀预测值大于目标值时，提高利率，抑制通货膨胀，反之亦然；而当两者基本持平时，货币政策保持不变。他认为通过制定通货膨胀目标并向公众公布，具有内生性和前瞻性，可以加强货币政策的有效性，降低通货膨胀率。

新凯恩斯主义框架中，中央银行的损失函数被定义为：

$$L_t = \sum_{\rho=0}^{\infty}\beta^\rho E_t\ (\pi_{t+p}^2 + \lambda y_{t+p}^2) \qquad (1.2.9)$$

其中，y_t 表示产出缺口，π_t 是通货膨胀率。假设中央银行的目标是 $lim y_t = 0$，通过调节利率使损失函数最小化。根据新凯恩斯主义的标准菲

---

[1] Svensson E. O. L., "Inlation Targeting as a Monetary Policy Rule", in *Journal of Monetary Economics*, Vol. 43, 1999, pp. 607－654.

利普斯曲线:

$$\pi_t = \beta E_t \pi_{t+1} + \gamma y_t \qquad (1.2.10)$$

可以求得损失函数最小化问题的一阶条件:

$$\pi_{t+p} = \frac{\lambda}{\gamma} \left(y_{t+p} - y_{t+p-1} \right) \qquad (1.2.11)$$

根据这一简单模型,损失函数就是中央银行的广义目标规则,通货膨胀率和产出缺口是目标变量,而(1.2.11)式是中央银行的狭义目标规则,刻画出两个目标变量之间的特定关系。通货膨胀目标制兼具稳健性和灵活性两个特征,是相机抉择与规则的收敛解[1]。

(二) 通货膨胀目标制理论模型

通货膨胀目标制的理论模型以中央银行的二次损失函数为具体形式,在限定性条件下求解通货膨胀目标。开放经济条件下,汇率成为国家间宏观经济政策相互影响的传导渠道,一国货币政策的效果将受到影响。

1. 封闭经济下的标准模型[2]

假设货币政策对经济中各个变量的影响存在滞后效应,菲利普斯曲线以及相关变量的决定可以写为:

$$\pi_{t+1} = \pi_t + a_y y_t + \varepsilon_{t+1} \qquad (1.2.12)$$

$$y_{t+1} = \beta_y y_t + \beta_x x_t - \beta_r \left(i_t - E_t \pi_{t+1} \right) + \eta_{t+1} \qquad (1.2.13)$$

$$x_{t+1} = \gamma x_r + \theta_{t+1} \qquad (1.2.14)$$

其中,π_t 是用价格的对数形式表示的年度通货膨胀率,y_t 是产出缺口,x_t 是外生变量向量,参数 α_y,β_y,$\beta_r > 0$,$0 \leqslant y \leqslant 1$。此外,$t$ 时期对 $(t+1)$ 时期的通货膨胀预期可以写为 $E_t \pi_{t+1} = \pi_t + a_y y_t$。

将预期因素的具体表达式代入(1.2.13)式,同时令 $\beta_y = \beta_y + \alpha_y \beta_r$,可以得到经济的总需求为:

$$y_{t+1} = \beta_y y_t + \beta_x x_t - \beta_r \left(i_t - \pi_t \right) + \eta_{t+1}$$

中央银行的损失函数由通货膨胀率和产出缺口决定,其一般形式为:

---

[1] 蔡洋萍:《通货膨胀目标制下基于模型不确定性的最优货币政策研究》,博士学位论文,湖南大学,2010 年。

[2] 本部分理论模型的推导参考雷国胜编著《货币政策动态优化与调整》,四川大学出版社 2013 年版,第 78—81 页。

$$E_r \sum_{T=t}^{\infty} \delta^{T-t} L\ (\pi_t,\ y_t) \qquad (1.2.15)$$

其中，δ 是贴现因子，$0 < \delta < 1$。将损失函数的具体形式假定为二次形式，π^* 代表通货膨胀目标，则：

$$L\ (\pi_t,\ y_t)\ = \frac{1}{2}\ [\ (\pi_t - \pi^*)\ + \lambda y_t^2],\ \lambda \geqslant 0$$

通货膨胀预期可以进一步表示成：

$$E_t \pi_{t+1} = \pi_t + \alpha_y y_t = \pi^* + \frac{\lambda}{\lambda + \delta \alpha_y^2 k}\ (\pi_t - \pi^*) \qquad (1.2.16)$$

货币政策的多期决定是一个动态最优化过程，可以通过限定条件下的损失函数最小化进行求解。首先，假设通货膨胀影响的滞后期为一年，考虑离散时间，构造贝尔曼方程为：

$$V\ (\pi_t)\ = \underset{y_t}{\mathrm{Min}}\ \{\frac{1}{2}\ [\ (\pi_t - \pi^*)^2 + \lambda y_t^2]\ + \delta E_t V\ (\pi_{t+1})\}$$

$$st \pi_{t+1} = \pi_t + \alpha_y y_t + \varepsilon_{t+1} \qquad (1.2.17)$$

对于这个动态最优化过程，产出缺口 y 是控制变量，将间接损失函数设定为：

$$V\ (\pi_t,\ x_t)\ = k_0 + \frac{1}{2} k\ (\pi_t - \pi^*)^2 \qquad (1.2.18)$$

根据贝尔曼方程对 y_t 求导可以得到：

$$\lambda y_t + \delta E_t V_{\pi}\ (\pi_{t+1})\ a_y = \lambda y_t + \delta \alpha_y k\ (E_t \pi_{t+1} - \pi^*)\ = 0$$

该方程的两个解分别是：

$$E_t \pi_{t+1} - \pi^* = -\frac{\lambda}{\delta \alpha_y k} y_t\ 或\ y_t = -\frac{\delta \alpha_y k}{\lambda}\ (E_t \pi_{t+1} - \pi^*)$$

将这一结果代入预期通货膨胀的表达式（1.2.16），可以得到：

$$y_t = -\frac{\delta \alpha_y k}{\lambda + \delta \alpha_y^2 k}\ (\pi_t - \pi^*)$$

根据（1.2.18）式，对 π 求偏导，可以得到：

$$V_{\pi}\ (\pi_t)\ = k\ (\pi_t - \pi^*) \qquad (1.2.19)$$

根据贝尔曼方程再对 π_t 求偏导可以得到：

$$V_{\pi}\ (\pi_t)\ = (\pi_t - \pi^*)\ + \delta k\ (E_t \pi_{t+1} - \pi^*)\ = (1 + \frac{\delta \alpha_y k}{\lambda + \delta \alpha_y^2 k})$$

$$(\pi_t - \pi^*) \qquad (1.2.20)$$

比较（1.2.19）式和（1.2.20）式这两个结果，可以推知 $k = 1 + \dfrac{\delta\alpha_y k}{\lambda + \delta\alpha_y^2 k}$，解这个一元二次方程，可以得到：

$$k = k\ (\lambda)\ = \frac{1}{2}\left\{ 1 - \frac{\lambda\ (1 - \delta)}{\delta\alpha_y^2} + \sqrt{\left[1 + \frac{\lambda\ (1 - \delta)}{\delta\alpha_y^2} \right]^2 + \frac{4\lambda}{\alpha_y^2}} \right\} \geq 1$$

均衡通货膨胀预期为 $E_t\pi_{t+1} = \pi_t + \alpha yy_t = \pi^* + \dfrac{\lambda}{\lambda + \delta\alpha_y^2 k}\ (\pi_t - \pi^*)$。

在之前的分析中，假设通货膨胀存在一期滞后的影响，接下来将这一假定放松，分析多期损失函数的最小化情形：

$$\mathrm{Min} E_t \sum_{T=0}^{\infty} \delta^T L\ (\pi_{t+T},\ y_{t+T})$$

损失函数的具体形式、经济总需求以及菲利普斯曲线和之前的假设形式相同，此时的贝尔曼方程发生变化：

$$V\ (E_t\pi_{t+1})\ = \mathop{\mathrm{Min}}_{E_t y_{t+1}}\ \left\{ \frac{1}{2}\ \left[\ (E_t\pi_{t+1} - \pi^*)^2 + \lambda\ (E_t y_{t+1})^2 \right]\ + \delta E_t V\ (E_{t+1}\pi_{t+2}) \right\}$$

解这一方程可以得到：

$$E_t\pi_{t+2} = \pi^* + \frac{\lambda}{\lambda + \delta\alpha_y^2 k\ (\lambda)}\ (E_t\pi_{t+1} - \pi^*)$$

令 $c\ (\lambda)\ = \dfrac{\lambda}{\lambda + \delta\alpha_y^2 k}$，$c\ (\lambda)\ \in\ [0,\ 1]$，上式变为 $E_t\pi_{t+2} = \pi^* + c$ $(\lambda)\ (E_t\pi_{t+1} - \pi^*)$，此时，有

$$i_t - \pi_t = - \frac{1}{\beta} E_t y_{t+1} + \frac{\beta_y}{\beta_r} y_t + \frac{\beta_x}{\beta_r} x_t \qquad (1.2.21)$$

将这一结果进行化简，可以得到

$$i_t - \pi_t = f_\pi\ (\lambda)\ (\pi_t - \pi^*)\ + f_y\ (\lambda)\ y_t + f_x x_t \qquad (1.2.22)$$

其中，$f_\pi\ (\lambda)\ = \dfrac{1 - c\ (\lambda)}{\alpha_y\beta_r}$，$f_y\ (\lambda)\ = \dfrac{\beta_y + 1 - c\ (\lambda)}{\beta_r}$，$f_x = \dfrac{\beta_x}{\beta_r}$。当通货膨胀目标是严格形式时，$\lambda = 0$，$c\ (\lambda)\ = 0$，$k\ (\lambda)\ = 1$，中央银行应使用政策工具保证之后两期的通货膨胀预期等于通货膨胀目标。因此两期的条件通货膨胀预期成为货币政策的中间目标。

通货膨胀目标制通过锁定通货膨胀率，可以稳定公众预期，避免政策不一致性。在实践中，还存在严格与灵活之分。严格的通货膨胀目标制是指中央银行目标函数中只有通货膨胀率一个变量，而灵活的通货膨胀目标

制则意味着中央银行除了重点关注通货膨胀率外，还会注意利率、汇率、产出缺口等变量的稳定。具体而言，为了避免出现钉住通货膨胀率而造成其他经济变量的波动，所有国家均采取了渐进的方式，即灵活的通货膨胀目标制[①]。

2. 开放条件下标准模型的扩展

封闭经济条件下，将货币政策目标规定为通货膨胀率，可以有效稳定公众预期。而在开放经济条件下，国家间宏观经济政策的效应可以通过实体经济和虚拟经济两个渠道进行相互影响。因此小型开放国家的货币政策制定将受到来自国外的冲击。

假设国际金融市场存在套汇交易[②]，利率和汇率之间的关系遵循无抛补的利率平价[③]，即 $i_t = i_t^f + \varepsilon_t - E_t \varepsilon_{t+1}$，并且假设中央银行的通货膨胀制度是严格的，经济存在 3 期，为避免实际汇率大幅波动影响政策效果，$(t+2)$ 期的通货膨胀预期应该为零。

此时，将菲利普斯曲线的具体形式设定为：

$$E_t \pi_{t+2} = E_t \pi_{t+1} + (1-\gamma) \alpha E_t y_{t+1} - \gamma (E_t \varepsilon_{t+1} - \varepsilon_t) \qquad (1.2.22)$$

将无抛补的利率平价代入（1.2.22）式，根据假设，$E_t \pi_{t+2} = 0$，整理可得：

$$\gamma (i_t^f - i_t) = E_t \pi_{t+1} + (1-\gamma) \alpha E_t y_{t+1} \qquad (1.2.23)$$

根据菲利普斯曲线和一般形式的 IS 曲线，可以得到：

$$E_t \pi_{t+1} = \pi_t + (1-\gamma) \alpha y_t - \gamma (\varepsilon_t - \varepsilon_{t+1}) \qquad (1.2.24)$$

$$E_t y_{t+1} = -\beta i_t - \delta \varepsilon_t + \gamma y_t \qquad (1.2.25)$$

将（1.2.24）式和（1.2.25）式代入（1.2.23）式，可以得到：

$$\frac{[-\gamma + \alpha\beta (1-\gamma)] i_t + [\gamma + \alpha\delta (1-\gamma) \varepsilon_t]}{\alpha (1-\gamma) (\beta+\delta)} = \frac{\pi_t + \alpha (1-\gamma) (1+\lambda) y_t + \gamma\varepsilon_{t-1} + y i_t^f}{a (1-\gamma) (\beta+\delta)}$$

令 $\omega = \dfrac{-\gamma + \alpha\beta (1-\gamma)}{\alpha (1-\gamma) (\beta+\delta)}$，上式结果可以简化为：

---

① 关于灵活的通货膨胀目标制优于严格的通货膨胀目标制的理论模型，参见［美］卡尔·瓦什《货币理论与政策》（第三版），彭兴韵、曾刚译，格致出版社 2012 年版，第 240 页。

② 这里只考虑存在套汇交易的情形，对于开放经济条件下多种情况的具体分析以及具体推导过程，可以参考雷国胜编著《货币政策动态优化与调整》，四川大学出版社 2013 年版，第 149—153 页。

③ 这一形式与第三节中形式一致，用波动的形式刻画了对未来汇率的预期。

$$\omega i_t + (1-\omega)\,\varepsilon_t = \frac{\pi_t + \alpha\,(1-\gamma)\,(1+\lambda)\,y_t + \gamma\varepsilon_{t-1} - \gamma i_i^f}{\alpha\,(1-\gamma)\,(\beta+\delta)} \qquad (1.2.26)$$

根据（1.2.26）式，ω 的大小取决于实际利率变动对通货膨胀的直接效应 $\alpha\beta\,(1-\gamma)$ 和间接效应 $-\gamma$ 的大小，当 $-\gamma > \alpha\beta\,(1-\gamma)$ 时，提高利率将造成通货膨胀率的上升，这将逆转紧缩性货币政策的效果。

第三节　新兴经济体通货膨胀目标制的特殊性

自 20 世纪 90 年代初新西兰首先采用通货膨胀目标制后，越来越多的新兴经济体通过实行通货膨胀目标制货币政策成功控制了国内的高通货膨胀，稳定了市场预期[1]。但对于这些新兴经济体来说，由于存在众多特殊性，如何平衡汇率目标和通货膨胀目标成为通货膨胀目标制实行过程中的一大难题。

一　开放条件下的经济变量

开放经济条件下，利率、汇率以及通货膨胀率之间的关系和相互影响变得更加复杂，一国货币政策的独立性也受到采用何种形式的汇率制度影响。此外，随着金融全球化程度加深，资本流动成为影响金融稳定和国内通货膨胀的重要因素。

（一）开放经济与通货膨胀目标制

与封闭经济相对应，开放经济是指进出口部门以及资本流动均被纳入经济活动的范围。此时，经济政策目标不仅仅局限于维持内部总需求和总供给之间的平衡，还包括经济的外部平衡，即国际收支平衡。国际宏观经济学著名学者 Feenstra 认为，汇率是宏观经济学的核心内容，是一个封闭经济体与一个开放经济世界之间的关键区别。曲昭光（2002）认为，开放经济是指一国经济通过贸易和金融两个渠道同其他国家经济存在相互联系、相互依存性的经济形态。开放经济模式在 20 世纪 90 年代随着市场经济体制在全球范围内的确立而迅速发展[2]。有时，开放经济也与全球化相

---

① 至今已有 30 多个国家加入了钉住通货膨胀货币政策的行列，其中近 2/3 为新兴经济体。

② 曲昭光:《开放经济宏观经济政策导论》，经济科学出版社 2002 年版。

联系。欧洲中央银行副行长 Lucas Papademos（2006）认为，全球化是全球经济的日益一体化过程，各国经济因此相互依存，信息技术、思想和文化以及经济资源跨境交流广泛和频繁。IMF 则将全球化定义为商品、服务和金融资产国际贸易增长的速度大大超过国内贸易的增速。Arestis 等（2011）认为，开放经济就是汇率在经济系统中的作用被提升。

在综合前人对开放经济的各种定义和描述之后，本书所指的开放条件是指一国在世界经济体系的融入。主要包括贸易和金融两个方面。贸易方面是指一国可以和世界上的其他国家进行贸易往来，尽管存在一些贸易壁垒，但不是完全封闭；金融方面是指资本在本国和世界其他国家之间可以自由流动，尽管存在一定程度的资本管制，同时，FDI 可以自由流入或流出。

经济开放对通货膨胀的直接影响则表现在相互之间部分抵消的两个方面：首先，全球范围内的投资机会和熟练劳动力将变得更加充裕，通过工资、成本等渠道可以降低全球通货膨胀压力；其次，相对于全球需求而言，资源类商品将变得更加稀缺，造成这一类商品进口国物价的上升。此外，经济开放影响了全球的潜在经济增长率以及资本和流动性的跨境流动，影响通货膨胀水平的短期趋势和长期发展。

卢卡斯（1988）认为，新兴经济体在宏观经济的一般特征方面和发达市场经济国家存在差异，因此基于发达市场经济国家基础的经济理论对新兴经济体未必适用。开放经济条件下，各国经济都会受到汇率和国际资本流动的影响。相对于发达经济体，新兴市场国家的资本市场开放时间晚，制度建设方面存在诸多不完善的地方，容易受到不利冲击的传染和影响。此外，由于新兴市场国家面临的资本流动规模相对于其自身的资本市场来说往往较大，这些经济体容易受到"非对称金融融入效应"（asymmetric financial integration）的影响（Greenville，2000；Studart，2002）。通货膨胀目标制基于前瞻性的通货膨胀预期，通过调整利率实现通货膨胀目标，意味着央行不能利用利率工具同时实现多重目标。因此，新兴经济体汇率波动、资本流动等问题的解决都将影响到通货膨胀目标制的实施效果。

（二）汇率、利率和通货膨胀率之间的关系

在开放经济条件下，对外贸易和国际资本流动成为国家间经济联系的两个重要途径。一国利率和通货膨胀率的决定都将通过汇率渠道受到其他国家利率和通货膨胀率的影响。在传统国际金融理论中，汇率与利率的关系通过利率平价理论来表现，即短期内货币资金供求数量的变动通过影响资金的价格（利率）来决定汇率的均衡。而通过费雪方程式（Fisher Equation），我们可以将通货膨胀率加入利率平价理论中，形成汇率、利率和通货膨胀率的相互关系（Melvin 和 Norrbin，2012）。

1. 无抛补的利率平价

首先从无抛补的利率平价开始定义利率与汇率之间的关系。这一汇率决定方式的前提是资本在国际间可以充分自由流动，投资者根据自己对未来汇率变动的预期承担一定的汇率风险进行套利交易，最终使全球金融市场上按照不同币种计价的风险相同的资产具有趋于一致的收益率。

假定投资者是风险中性[①]的，不考虑远期交易对风险进行规避，投资者利用对未来汇率的预期计算未来的投资收益。汇率采用直接标价法[②]，时间期限假定为一年，设定以下变量：

i = 本国国内利率，

i_f = 外国利率，

S^e = 期限末期的预期汇率，

S = 期限初始的即期汇率。

假设资本完全流动，不存在交易成本和税收，在外国金融市场进行投资的最终收益为 $\dfrac{S^e}{S}(1+i_f)$。如果这一收入与投资者在本国金融市场按照相同成本投入的收益存在差异，投资者会在不同市场上进行套利交易，最终结果是相同投入在不同金融市场将获得一致的收益。于是，当市场处于平衡状态时，有下式成立：

$$1 + i = \frac{S^e}{S}(1 + i_f) \qquad (1.3.1)$$

用 ΔS 表示国内货币贬值的比率，那么 ΔS^e 则表示目前对未来的预期贬值比率，则可以定义：

① 即投资者对收益相同而风险不同的资产不加区分。

② 如无特别说明，本书中的汇率均使用直接标价法。

$$\frac{S^e}{S} = 1 + \Delta S^e \qquad (1.3.2)$$

将（1.3.2）式代入（1.3.1）式，则有：

$$1 + i = （1 + \Delta S^e）（1 + i_f）= 1 + i_f + \Delta S^e + \Delta S^e \times i_f \qquad (1.3.3)$$

（1.3.3）式中，外国利率和预期贬值比率的乘积 $\Delta S^e \times i_f$ 是一个二阶小量，可以忽略不计，于是最终可以得到无抛补利率平价的基本表达式：

$$i = i_f + \Delta S^e \qquad (1.3.4)$$

（1.3.4）式的含义是国内利率高于（或低于）国外利率的差额等于国内货币预期贬值（或升值）的幅度。

2. 抛补的利率平价

在无抛补的利率平价中，投资者被假定风险中性，而在抛补的利率平价理论中，投资者可以通过买入远期合约规避未来汇率变动的不确定性[①]。在这里，其他假设和前一部分相同，用 F（远期汇率）来代替 S^e，于是有：

$$1 + I = （1 + i^f）\frac{F}{S} \qquad (1.3.5)$$

同样，可以对（1.3.5）式进行整理，可得：

$$\frac{1 + i}{1 + i_f} = \frac{F}{S} \Rightarrow \frac{i - i_f}{1 + i_f} = \frac{F - S}{S} \qquad (1.3.6)$$

（1.3.6）式中，根据 $\lim_{i_f \to 0}（1 + i_f）= 0$，可以将上式近似表示成：

$$i - i_f = \frac{F - S}{S} \qquad (1.3.7)$$

（1.3.7）式就是抛补利率平价的标准表达式，即国内利率高于（低于）国外利率的差额等于本国货币远期汇率贴水（升水）的幅度。

3. 加入通货膨胀因素的抛补利率平价

通货膨胀率通过本国利率的决定进入抛补利率平价的汇率决定理论。名义利率是市场上实际存在的利率，而经过通货膨胀调整之后的利率则为实际利率。即名义利率包含了通货膨胀效应，这一效应称为费雪效应，通货膨胀和利率之间的关系通过费雪方程式表示：

---

① 投资者通过远期市场锁定汇率，可以防范不利冲击造成的损失，但同时也丧失了价格朝有利防线变动带来收益的机会。

$$i = r + \pi \qquad (1.3.8)$$

其中 i 为名义利率，r 是实际利率，π 是通货膨胀率。

如果将 (1.3.8) 式和 (1.3.7) 式联系起来，就可以将利率、汇率和通货膨胀率关联在一起。首先分别得到国内和国外的费雪方程式：

$$i = r + \pi$$
$$i_f = r_f + \pi_f$$

如果实际利率在各国相同，则 $r = r_f$，那么名义利率仅随通货膨胀率而变动。于是可以得到：

$$i = i_f = \pi - \pi_f = \frac{F - S}{S} \qquad (1.3.9)$$

根据 (1.3.9) 式，利率、通货膨胀率和汇率是相互联系的，而无摩擦的国际经济环境下，一国经济变量也会受到外国经济变量变化的冲击。这一等式还说明名义汇率的贬值率等于两国间通货膨胀的差额，也等于利率的差额。

(三) 金融稳定与通货膨胀

金融稳定的定义非常广。对于中央银行来说，系统性风险、对内和对外的支付能力、汇率变动以及资本流动都是影响一国金融稳定的重要因素。同时，外汇储备对于实现金融稳定至关重要。央行可以利用外汇储备保证金融系统的流动性，从而避免动荡[1]。

进入 21 世纪之后，初级产品价格上涨对各国造成的通货膨胀压力因全球金融危机的爆发而减弱，但带来的货币政策如何同时应对资产价格泡沫与金融稳定问题的讨论一直延续至今 (de Gregorio，2010)。根据"丁伯根法则"[2]，政策工具的数量至少应与政策目标的数量一样多。因此，仅仅使用利率同时调节国内通货膨胀率和汇率往往会造成中央银行货币政策目标的失衡。换句话说，单独的利率政策无法兼顾价格稳定和金融稳定。Ho 和 McCauley (2003) 认为 20 世纪 80 年代资本账户自由化浪潮之后，一国通过货币政策同时影响国内短期利率以及汇率的效果受到严重制

---

[1]　Calvo，G.，"Inflation Targeting in Hard Times"，in *Perspectives on Inflation Targeting*，*Financial Stability and the Global Crisis*，*BIS Papers*，No. 51，2010.

[2]　关于丁伯根法则的具体论述可参考 Tinbergen (1956)。

约，利用货币政策抵御对汇率的不利冲击会影响通货膨胀目标的实现。

经济全球化和金融一体化程度不断加深，国际资本流动日益活跃，其内容也随着金融自由化的推进从经常账户扩展到资本账户下不同期限间资金的流动。国际资本的自由流动有利于资本在全球范围内的有效配置，但同时给新兴经济体带来了风险，资本的大进大出会引发流动性风险，甚至造成金融危机。经济利好时期资本大量进入新兴经济体，而随着全球新兴经济体结构性风险的矛盾日趋激化以及美联储量化宽松政策的退出，大规模资本从新兴经济体流出，这些国家的货币贬值，通货膨胀压力加大。全球金融危机后，许多国家的中央银行成立金融稳定委员会，负责维持金融稳定，防范风险。资本流动周期性造成的资本流入骤停（sudden stops）以及危机的外溢性成为当前国际间金融风险蔓延的两大重要渠道①。虽然通过积累外汇储备可以降低风险，但是这一举措的成本较高，容易造成债务规模扩大以及国内通货膨胀压力加大。

二　开放经济条件下新兴经济体的特殊性

20 世纪 90 年代新兴经济体连续爆发的几场金融危机使"汇率锚定"的货币政策受到冲击，而通货膨胀目标制在新西兰等发达国家成功的实践经验促使新兴经济体开始考虑采取这一货币政策框架，替代无法实现内外均衡的固定汇率制。但是，与发达国家不同，新兴经济体往往在通货膨胀压力较大、通货膨胀率偏离其稳态值较远时引入通货膨胀目标制。根据 Fraga 等（2004）的研究，采取通货膨胀目标制时，新兴经济体的平均通胀率为 13%，而发达经济体为 4%。初始通货膨胀压力不同造成新兴经济体实行通货膨胀目标制的现实基础与发达国家存在差异。此外，根据 Teles 和 Zaidan（2010）的研究，发达国家一般不会发生恶性通货膨胀，因此预期因素在发达国家和发展中国家也存在明显的差别。新兴经济体实行通货膨胀目标制的特殊性主要体现在以下几个方面。

第一，对于小型开放经济体来说，汇率变动对通货膨胀率的传递效应较大，存在货币政策的汇率目标倾向。Edwards（2006）认为尽管鲜有承

---

① Aizenman, J., "The Impossible Trinity—from the Policy Trilemma to the Policy Quadrilemma", *Working Paper*, 2011, p. 12.

认,执行泰勒规则的中央银行很多都将汇率纳入货币政策制定的过程中。新兴经济体大多具有恶性通货膨胀的历史,本币贬值会影响到国内通货膨胀,而币值的强弱也会影响到国家的综合国力,因此这些国家的中央银行往往会限制本币贬值的幅度①。Hausmann(2002)研究了20世纪90年代不同国家的汇率传递系数,新兴经济体为0.33,其中拉美达到0.47,而发达经济体只有0.1。因此,Céspedes和Soto(2005)指出,新兴经济体稳定通货膨胀政策体系中,如何控制好汇率传递成为重要任务之一。此外,货币贬值会造成本国制造业竞争力下降,经常项目赤字增加,进一步加剧资本外逃。当存在较大程度的汇率传递时,贬值对国内价格的影响大于对产出的影响②。在放弃固定汇率制后,汇率目标与通货膨胀目标理论上可以共存,但汇率目标必须清晰明确,并且当两者冲突时,通货膨胀目标应处于优先地位。但是,大多数新兴经济体面临不均衡的外部环境时,还是会将汇率稳定放在政策目标集中的重要位置,甚至会超过国内价格稳定目标。Gona(2013)认为,新兴经济体执行通货膨胀目标制货币政策遇到的最大困难是全球化进程中如何坚持自身的独立性,当国内通货膨胀高于国外,采用固定汇率制的国家将受到冲击。

第二,新兴经济体的资本流动具有强顺周期性。资本流动的顺周期性是指当一国经济形势较好时,海外资本大量流入,本币升值,融资利率下降;而当经济出现衰退时,资本会争先退出该国,加剧经济萧条(Kaminsky et al.,2004)。20世纪末开始的资本项目开放浪潮给新兴经济体的货币政策带来了严峻挑战,虽然新兴经济体的资本流动规模距离发达经济体还有一定差距,但资本流动的顺周期性强,发生资本逆转的概率较大。顺周期的资本流动会影响新兴经济体的国内消费和产出,造成货币政策效果减弱。当经济衰退时,中央银行会采取扩张性的货币政策,降低利率,刺激国内投资和需求,而顺周期的资本流动会影响长期利率的下降趋势,扩张性货币政策的效果被降低。

---

① 对于相对发达的欧洲来说,欧洲中央银行业非常重视欧元币值的稳定,欧元贬值被认为是严重的政治问题。欧洲中央银行甚至在通货膨胀预期尚未达到通胀目标上限时就被要求采取紧缩性的政策。

② Eichengreen, B., "Can Emerging Markets Float? Should They Inflation Target?", Central Bank of Brazil, *Working Papers*, No. 36, 2002.

由于新兴经济体金融市场发展不完全，宏观经济政策效果较差以及债务美元化程度较高，除了面临资本流动的顺周期性外，还会出现国际资本逆转的现象。当全球或一国经济形势恶化时，国际资本，尤其是短期资本大规模流入的情形会突然停止，甚至变成资本流出。20 世纪 90 年代墨西哥、印度尼西亚、泰国和韩国等新兴经济体发生的 8 次货币危机中，金融账户净值变动规模占 GDP 的比例高达 20%[①]。当资本流入发生逆转时，新兴经济体的货币政策将会面临非常严峻的冲击，利率和汇率都会受到影响，中央银行不得不提高利率遏制通货膨胀压力，实行通货膨胀目标制将受到威胁[②]。

第三，新兴经济体的债务美元化和货币错配程度较高。债务美元化是指一国的债务多以外币计价，而当债务同样将由美元偿还，收入却来自本币时，就会产生货币错配问题。经济全球化和资本的国际化使货币错配问题不可避免，而对于新兴经济体来说，金融机构和市场主体均存在货币错配，依靠本币在国际金融市场借款的能力受到限制，这将会促使中央银行更加注重币值的稳定。在新兴经济体国家，无论是政府、银行还是企业，债务的美元化程度均较高。

当存在债务美元化和货币错配时，全球经济形势恶化将造成新兴经济体的汇率贬值，而实际汇率贬值对经济造成的紧缩将被扩大化，汇率大幅波动，造成国内产出和消费的不稳定，资本流动规模被进一步扩大，发生资本流动逆转的概率被增加。债务美元化程度较高的国家会采用提高利率的政策工具稳定汇率，市场预期将会被打破，因此如果实行通货膨胀目标制货币政策，此时中央银行钉住通货膨胀率的信誉将受损[③]。

第四，同发达国家相比，新兴经济体的中央银行独立性和政策可信度较低。具有恶性通货膨胀历史的新兴市场国家往往利率较高，国内存在"财政主导"（Fiscal Dominance）现象：政府收入基础有限，国内货币发

① Edwards, S., "Thirty Years of Current Account Imbalances, Current Account Reversals and Sudden Stops", *NBER Working Papers*, No. 10276, 2004.

② Fraga, A., "Inflation Targeting in Emerging Market Economies", *NBER Working Papers*, No. 10019, 2003.

③ Mishkin, F., "Inflation Targeting in Emerging Market Economies", in *American Economic Review*, Vol. 90, No. 2, 2000.

行的铸币税高昂;公共部门存在向中央银行和金融系统借债的倾向;国内
金融市场发展不充分,存在一定程度的金融压抑,公共债务的可持续性不
高,等等。因此中央银行的独立性会受到影响。在通货膨胀目标制下,中
央银行主要用利率工具实现货币政策目标。当通货膨胀率升高时,中央银
行提高利率,这会造成政府公共债务利息增加,债务支出上升,结果是财
政赤字的增加和通货膨胀压力的增大。利率提高还会造成汇率升值,进口
增加,出口减少。进出口变动后,经常账户赤字增加,国际收支平衡要求
资本流入弥补经常账户赤字,而资本对回报率的高要求造成利率的进一步
提高。此外,利率上升会对国内投资产生抑制作用。因此,在"财政主
导"体制下,利率工具货币政策会造成负效应,打破"财政主导"是实
行通货膨胀目标制的重要前提。

此外,由于存在众多不确定性和技术困难,通货膨胀率的预测在新兴
经济体存在较大的变数。因此,这些国家的货币政策可信度受到影响,尤
其是在变换货币政策操作框架初期。因为在这一时期,新的预测方法和模
型还未建立,旧框架下通货膨胀的预测方法会因货币政策的改变而受到宏
观经济环境和通货膨胀影响因素变化的冲击,政策的可信度降到最低。

第四节　本章小结

本章对通货膨胀理论、新凯恩斯主义视角下的通货膨胀目标制理论以
及开放经济条件下新兴经济体实行通货膨胀目标制的特殊性和面临的风险
进行了研究和论证。

首先,不同经济学流派对通货膨胀的定义、成因和类型的分析存在差
异,因此在对通货膨胀的治理方法选择方面也存在分歧。但是不同学派均
认为高通货膨胀将会影响经济稳定,造成社会福利损失。

其次,通过对历史上主要的货币政策锚定目标进行总结和分析发现,
由于货币流通速度不稳定以及资本流动规模的逐步扩大,锚定通货膨胀率
并按照利率规则进行操作的通货膨胀目标制货币政策成为当前开放经济条
件下各中央银行的通常选择。通货膨胀目标制可以降低通货膨胀率的水平
和波动程度,解决货币政策的动态不一致性,实现社会福利的最大化,而
提高政策的透明度则成为通货膨胀目标制的一大特点。

　　最后，开放经济条件下，汇率、利率和通货膨胀率等宏观经济变量之间存在复杂的相互影响关系。由于存在高汇率传递、货币政策目标和汇率目标冲突、资本流动波动程度较大，以及债务美元化和货币错配等因素的影响，新兴经济体的通货膨胀目标制具有特殊性，应该实行更加灵活的通货膨胀目标制。

第 二 章

巴西的通货膨胀和通货膨胀目标制

可以毫不夸张地说，通货膨胀问题贯穿于巴西独立后的全部经济史中。巴西成为治理通货膨胀最生动的实验室，而通货膨胀也成为巴西人民生活的一部分。雷亚尔计划成功控制了恶性通货膨胀，巴西经济稳定下来。但由于雷亚尔计划存在内外均衡之间的矛盾，最终被汇率浮动所打破。浮动汇率制下，巴西货币政策过渡到通货膨胀目标制，再加上严格的财政纪律，巴西宏观经济实现了初步稳定。

第一节 雷亚尔计划之前的通货膨胀及其治理

自巴西建立联邦共和国以来，通货膨胀一直是困扰其经济发展的一大难题。但是在进口替代工业化战略开始之后，通货膨胀才表现出对经济的负面影响。政府以牺牲通货膨胀的方式换取经济高增长，币值高估、信贷宽松、财政赤字和赤字货币化以及公共账户的失衡，是造成通货膨胀的主要原因。1982 年拉美债务危机后，巴西采取了一系列非正统的稳定化计划治理恶性通货膨胀，货币政策不再以增长为目标，但均以失败告终，通货膨胀问题变得根深蒂固。1960—1995 年，巴西是世界上通货膨胀率最高的国家[①]。

---

① Kakwani, N., M. Neri, H. H. Son：《益贫式增长、社会政策与劳动力市场关联：巴西近年来的经验》，载吴忠民主编《有条件现金转移支付、公共服务与减贫》，中国农业出版社 2011 年版，第 66 页。

一　多年顽疾

巴西通货膨胀虽然由来已久，但是从 1930 年进口替代工业化开始之后才变得严重起来①。1915—1940 年近 25 年时间里，通货膨胀率只在其中 5 个年份超过 2 位数②。在实行进口替代工业化战略的 50 年（1930—1980）中，根据汇率衡量的巴西货币从 1930 年 1 美元可以兑换 8 米尔雷斯贬值到 1980 年 1 美元可以兑换 52.7 克鲁塞罗，巴西货币兑美元的平均贬值幅度为每年 19.2%③。

20 世纪 80 年代的一系列稳定化计划未能帮助巴西实现经济稳定，通货膨胀问题一直未得到彻底解决，反而变得根深蒂固。巴西国内月度通货膨胀率从 80 年代初的 2%—3% 上升至 90 年代初的 80% 以上。而同期巴西国内生产总值的增长却只有 22.2%，制造业增长仅为 8.3%。

（一）　共和国成立至 1982 年债务危机期间巴西的通货膨胀

19 世纪末期，金融投机活动十分普遍，刚刚成立的巴西联邦共和国大量铸造钱币，导致财政失衡和通货膨胀。据估计，1822—1913 年巴西平均每年的物价上涨幅度为 3.4%④。第一次世界大战期间（1914—1917 年）巴西的年均通货膨胀率为 8%。随后全球经济经历了"大萧条"，巴西在 1927—1933 年的年均通胀率为 −2.5%。随着世界经济走出低谷，发达国家大幅增加的进口需求推高了全球原材料的出口价格，巴西依靠咖啡等初级产品的出口实现了短期的经济繁荣。但随后，国际经济形势发生变化，咖啡的价格和出口量双双下跌⑤，巴西国内财政赤字上升，外汇储备

---

① Bethell, L. (ed.), *The Cambridge History of Latin America* (Volume IX), New York : Cambridge University Press, 2008, p.291.

② 通货膨胀率分别是：1917 年（10.3%）、1918 年（12.8%）、1920 年（10.1%）、1923 年（10.3%）和 1924 年（16.7%）。

③ 米尔雷斯是巴西 1926 年颁布使用的货币，当时规定 1 米尔雷斯可兑换 5.969 个便士。1942 年巴西按照 1:1000 的比例用克鲁塞罗替换了旧货币米尔雷斯。1967 年 2 月 13 日，由于货币持续贬值，巴西又发行了新克鲁塞罗，1 新克鲁塞罗 = 1000 旧克鲁塞罗。

④ ［美］斯·罗博克：《巴西经济发展研究》，唐振彬、金懋昆、沈师光译，上海译文出版社 1980 年版，第 174 页。

⑤ 1929 年年底，圣托斯 4（Santos 4）咖啡价格从每磅 11 便士下降到不足 7 便士，1930 年和 1931 年继续下降为 4 便士左右的最低价。

下降，通货膨胀率上升。巴西在 1933—1939 年和 1939—1946 年两个时期内的年均通货膨胀率分别为 7% 和 15%[①]。第二次世界大战期间，巴西国内对耐用消费品的需求由于战争受到限制，食品和能源等产品的生产也无法满足大众需求，通货膨胀日益严重。

第二次世界大战后，巴西的通货膨胀开始出现恶性发展趋势。战后到债务危机前，根据巴西通货膨胀的特点可以划分为三个时期：首先是战后到 20 世纪 50 年代中期，通货膨胀开始起步，保持中速增长；其次是 50 年代中期开始到 1973 年经济奇迹结束，通货膨胀率先升后降，经济增长率先降后升；最后是 1974 年到债务危机之前，通货膨胀波浪式回升，经济增长率跳跃式大幅下降。

20 世纪 50 年代，巴西的通货膨胀水平开始急剧上升。1953—1956 年间，巴西生活费用的年增长率基本在 14%—23%[②]。1959 年开始，巴西出现了恶性通货膨胀，当年通货膨胀率达到近 40%，成为自 1890 年以来通货膨胀率的最高纪录。此后 5 年之中，通货膨胀率呈现出持续上升的趋势。1958 年，儒塞利诺·库比契克政府制定了巴西战后第一个反通胀计划——"货币稳定计划"，希望通过严格的货币政策控制物价，但未能真正实行。1964 年军事政变后，卡斯特洛·布兰科总统经济政策的首要目标就是控制通货膨胀。通过控制财政赤字和实施指数化，通货膨胀率从当年的 91% 下降到 1967 年的 28%，此后进一步下降至 1973 年的 15%。但是受到 1974 年国际石油价格上涨[③]以及全球通货膨胀的影响，通货膨胀率又开始上升，这一年物价总指数上升 35%，1979 年已升至 77.2%，1982 年突破 100%。

从第二次世界大战后到债务危机之前，巴西经济最大的特点是高通货膨胀率与高经济增长率并存（见表 2—1）。其中，1947—1961 年，年均

①　马建堂：《机制与政策：拉美通货膨胀的基本成因、治理政策及启示》，《经济研究参考》1992 年第 Z6 期，第 27 页。

②　Bethell, L. (ed.), *The Cambridge History of Latin America* (Volume Ⅸ), New York : Cambridge University Press, 2008, p. 329.

③　巴西国内石油的生产直到 20 世纪 80 年代初期才逐渐成熟，在此之前一直是主要的石油进口国，1978 年 80% 的石油来自国外，占当年进口总额的 1/3。

GDP 增长率达到 7%，成为世界上增长率最高的国家之一①。

表 2—1　　　1957 年至债务危机前巴西经济增长和通货膨胀的关系

时间（年）	特点	经济增长率	通货膨胀率
1957—1961	经济迅速增长，通货膨胀加剧	上升，战后第一个经济高速增长期，年均 8.3%	上升，分别为 7%、24.1%、39.4%、30.6%、47.7%
1962—1967	生产停滞，通货膨胀居高不下	年均 3.7%，波动大	猛增，分别为 51.4%、81.3%、92%、34.5%、38.2%、24.9%
1968—1973	生产迅速增长，通货膨胀趋于稳定	年均 10.1%，"经济奇迹"时期	下降并稳定，分别为 25.5%、20.1%、19.3%、15.7%、15.5%
1974—1979	生产增长，通货膨胀回升	增速放缓，跳跃式，年均 6.8%，但 1978 年和 1979 年均不足 5%	上升，分别为 35.4%、27.8%、40.4%、40.6%、38.9%、55.4%

资料来源：根据张宝宇《巴西现代化研究》，世界知识出版社 2002 年版，相关内容总结得到。

（二）失去的十年与高通货膨胀

20 世纪 70 年代巴西经济指数化以及一连串外部冲击推高了通货膨胀。80 年代初期，年均通货膨胀率已经超过 100%。1980—1989 年，巴西年通货膨胀率有 3 年为两位数、5 年为 3 位数、2 年为 4 位数，通货膨胀呈现出不断加剧的态势，表现出一种"民粹主义"的通货膨胀，通货膨胀率从 100% 上升到 1700%。与此同时，巴西的宏观经济波动幅度巨大，经济增长趋于停滞，经济年均增长率仅为 2.2%。虽然在此期间的几届政府均采取了以解决高通货膨胀为首要目标的正统的改革措施或非正统的稳定化战略，但全部失败。通货膨胀率在 1990 年 3 月达到最高值，月

---

① ［美］斯·罗博克：《巴西经济发展研究》，唐振彬、金懋昆、沈师光译，上海译文出版社 1980 年版，第 179 页。

度通胀率超过 80%。此后，通货膨胀率一直高企，直到雷亚尔计划的实施[①]。图 2—1 是 1982—1993 年利用不同物价指数衡量的巴西年度通货膨胀率的变动趋势，可以看出从 1986 年开始，通货膨胀进入恶性区间，1991 年通货膨胀率下降后又迅速发展成为恶性通货膨胀。

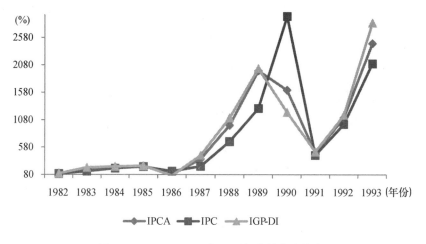

图 2—1　1982—1993 年巴西年度通货膨胀率

说明：IPCA 是广义消费者物价指数，IGP–DI 是产品物价总指数，IPC 是消费者物价指数。

资料来源：巴西中央银行，http：//www.bcb.gov.br/? INDICATORS。

"失去的十年"期间，巴西经济发展分为三段具体时期。

1980—1985 年是债务危机、经济衰退和高通货膨胀阶段。由于受到 1973 年国际石油危机影响，美元利率升到最高点，前期负债发展战略造成巴西外部债务负担十分沉重，通货膨胀率开始上升。1979 年起，巴西经常账户恶化，逆差增大，外债也不断增加。1980 年年底巴西采取了预先制定通货膨胀目标的做法，通过削减工资、压缩信贷和提高税收等方法限制国内需求，但年通货膨胀率在 1981 年年中飙升至 120%。1982 年 8 月墨西哥债务违约之后不久，巴西在当年 11 月也向 IMF 申请了援助。此

[①]　Bethell, L. (ed.), *The Cambridge History of Latin America* (Volume IX), New York：Cambridge University Press, 2008, p. 397.

后巴西实行了一系列控制通货膨胀的传统策略，包括提高利率、选择性信贷控制、削减政府支出以及缩减工资等。1982 年开始的连续三年，巴西经济增长停滞，并且陷入衰退，外债增加，失业率上升。通货膨胀率在 1983—1984 年分别达到 211% 和 224%。

第二个阶段是 1986—1989 年萨尔内总统执政时期，政府采取了一系列稳定化计划，但均以失败告终，这一时期巴西经济的基本形势是高通胀、低增长。

1985 年文人政府重新执政，通货膨胀率达到 400%，萨尔内总统采取了紧缩性的财政和货币政策，冻结物价、控制政府雇员数量、削减财政支出。此后巴西进行了一系列政策试验，从降低通胀惯性入手，以期解决高通胀，但效果甚微。以控制物价上涨为主要目标的"克鲁扎多计划"初期的主要内容包括币制改革、冻结物价、调整工资，第二期进行了财政和货币政策的调整。该计划在执行初期取得暂时性成功，1986 年 3 月的通货膨胀率降至 0.1%，至 7 月，月通胀率基本在 1% 以下。随着巴西民主运动党在 1986 年 11 月的选举中获得胜利，第二阶段的克鲁扎多计划得以实施，燃料、电力、通讯和邮政等公共服务品的价格上涨。巴西经济随即表现出过热迹象，通货膨胀重新抬头。1987 年初巴西的月通胀率达到 17%，5 月则达到 23.21%，成为 1945 年以来月度通货膨胀率的最高值[1]。政府最终放弃物价管制，重新采取价格指数化，通货膨胀率反弹至两位数[2]。

克鲁扎多计划失败后[3]，从 1987 年年中至 1990 年 3 月，萨尔内政府先后实施了三个经济稳定计划："布雷塞尔计划"（1987）、"豆饭计划"（1988）和"夏季计划"（1989），但每个计划都是刚刚推出便很快失败。1987 年 6 月布雷塞尔计划宣布将减少财政赤字、治理通货膨胀惯性作为计划的主要目标之一。计划刚刚宣布后，通货膨胀率从 1987 年 6 月的

---

① 吕银春：《对巴西"克鲁扎多计划"的回顾与反思》，《拉丁美洲研究》1988 年第 2 期，第 36 页。

② Bethell, L. (ed.), *The Cambridge History of Latin America* (Volume IX), New York：Cambridge University Press, 2008, pp. 408 – 410.

③ 实际上，在克鲁扎多计划实行过程中，政府先后进行了六次调整，最初的计划内容早已面目全非。关于该计划的具体调整可参见吕银春（1988）。

26.1%下降到 7 月的 3.1%和 8 月的 6.4%。但由于缺乏民众支持以及物价管制政策被放松,通货膨胀率从 1987 年 9 月开始迅速上升,12 月已经升至 14.1%。1988 年政府推出豆饭计划,通过冻结公共部门的工资等途径削减公共赤字,月度通货膨胀率降至 20%以下。但由于农业歉收、贸易盈余增加以及外债证券化,通货膨胀压力从 1988 年下半年开始增加,7月的月通货膨胀率为 24%,10 月达到 27%[①]。1988 年 10 月巴西颁布新宪法,实行财政分权。但是中央政府没有处理好与州、市级地方低层级政府之间进行转移支付和财政授权的关系,造成软预算约束,财政调整变得十分困难。再加上 1988 年巴西通过请求 IMF 协助与债权人签署协议降低超级通货膨胀风险的尝试失败,当年 11—12 月的通货膨胀率分别上升至26.9%和 28.88%。至此,豆饭计划失败,年通货膨胀率从 400%增加到1000%,国内生产总值出现萎缩。1989 年初,萨尔内政府推出了其任期内的最后一项稳定计划:夏季计划。该计划首先通过更换货币稳定通胀预期,并取消了所有形式的指数化,价格被不定期冻结。但是由于政府可信度越来越低,指数化取消之后通货膨胀的反弹速度比以往任何时期都快,夏季计划很快便失败了。月度通货膨胀率在 1989 年 2 月降至 3.6%,3 月就反弹到 6.1%。在萨尔内总统任期的最后一个月(1990 年 3 月),巴西月度通胀率超过 80%。

第三个阶段从 1990 年到 1992 年,在这三年中,政府通过改革,相继推出几项稳定化计划,但还是没能获得成功,通货膨胀逐渐失去控制。1990 年 3 月,科洛尔总统上台,随即推出两个经济稳定计划("科洛尔计划Ⅰ"和"科洛尔计划Ⅱ")[②],但全部失败。第一个科洛尔计划的内容包括削减财政赤字和货币改革两个主要方面,冻结物价和工资,同时开启贸易自由化和国有企业私有化,但国内通货膨胀依旧没有得到有效控制。1990 年 5 月的月通胀率升至 7.7%,8 月又涨到 13%,而在 1991 年 1 月已经达到 20%。1990 年巴西经济负增长,达到创纪录的 -4.3%后,政府

---

① Bethell, L. (ed.), *The Cambridge History of Latin America* (Volume Ⅸ), New York : Cambridge University Press, 2008, pp. 411 –413.

② 科洛尔计划的模板是前联邦德国在 1948 年实施的"艾哈德计划",目的是将经济中的过度储蓄耗尽。

于1991年初推出科洛尔计划Ⅱ，冻结物价和汇率，工资则按照12个月的平均值进行转换。此外，该计划还全面修订了指数化规则，并通过征税延长国内债务的到期时间，稳定预期。计划出台之后月通胀率从20%降至7%，但3个月后通货膨胀重新上升。1991年5月，两次科洛尔计划均失败，科洛尔总统也被弹劾。1991年巴西通货膨胀率为472.7%，1992年上升至1119.1%，通货膨胀在巴西重新奔腾起来[1]。

二　对巴西通货膨胀成因的解释

对于巴西通货膨胀成因的解释，结构主义、货币主义和新结构主义等学派观点不同。但是，巴西通货膨胀历史以及各个政府采取的治理通货膨胀的战略和措施表明，巴西通货膨胀的成因不是单方面的，具有多元性[2]。

（一）三大理论

货币主义、结构主义和新结构主义是第二次世界大战后在拉美地区曾产生过较大影响的通货膨胀理论。这三个理论从多个方面对巴西高通货膨胀成因进行解释，在不同的时期，适用性不同。

1. 结构主义理论[3]

结构主义通货膨胀理论由联合国拉美经委会提出，从拉美国家经济结构内部的缺陷和矛盾入手，探究通货膨胀的成因。该理论的适用范围是20世纪50—60年代的通货膨胀。结构主义理论认为货币供应量过度增长是产生通货膨胀的必要条件而不是根本原因，通货膨胀的根源在于经济中的结构矛盾。

从经济结构角度看，结构主义理论认为农产品的供给刚性、外汇短缺、市场垄断、财政赤字、出口结构单一和贸易条件的不断恶化，均是造成巴西通货膨胀压力的结构性障碍。其中农产品供给缺乏弹性是最主要的原因，造成对外部门失衡和国内农产品价格的上涨。经典的结构主义理论

---

① de Paula, L. F., "*Financial Liberalization and Economic Performance：Brazil at the Cross-roads*", Routledge, 2011, p.32.

② 对于三大理论的具体分析可以参考陈舜英、吴国平和袁兴昌（1990）。

③ 结构主义的代表人物有：劳尔·普雷维什、欧热尼奥·古丁、马里奥·西蒙森和罗贝托·坎波斯。

认为，巴西的通货膨胀主要原因是农业供应与城市人口增加之间的结构性失衡。因此，在农产品商业化过程中的市场力量是造成 20 世纪 50—60 年代巴西通货膨胀的主要因素①。巴西经济学家伊格纳西奥·兰热尔认为，巴西通货膨胀的根源来自买方和卖方的垄断，由于垄断因素的存在，造成了产品供给刚性，价格出现上涨趋势。

在治理方式上，结构主义理论的观点认为货币和信贷的增长是对不同经济部门的价格上涨做出的反应，是通货膨胀的后果而不是原因，因此紧缩的货币政策无效，即使通过货币和信贷紧缩将经济的总需求压缩也无法消除业已存在的结构性失衡②。结构主义的政策主张强调任务的长期性，认为治理通货膨胀的政策应该是总体发展政策的一部分，生产方式、经济社会结构和收入政策都应进行改革。

2. 货币主义理论③

货币主义通货膨胀理论的代表是国际货币基金组织，20 世纪 60 年代中期以后被推广到拉美国家。该理论认为通货膨胀归根结底是一种货币现象，而预算赤字和货币、信贷扩张是造成通货膨胀的主要原因。公共开支赤字通过增加货币存量而引起价格总水平的上涨，而维持实际工资的压力又增加了对劳动者报酬调整的需要和对基本无价水平的控制。

1957—1961 年是第二次世界大战后巴西第一个经济高速增长时期，GDP 年均增长率为 8.3%，而通货膨胀率则分别为 7%、24.1%、39.4%、30.6% 和 47.7%。当时的库比契克政府坚持认为"微弱的通货膨胀对于经济发展是有益的"，因此政府以增发货币和扩大银行贷款来支持公共部门和私人部门，造成年均货币发行量增速达到 34.7%，而 1959 年流通中的货币量比 1956 年增加了一倍④。从 20 世纪 70 年代开始，巴西军政府大力投资于公路、核电站、水利措施以及钢铁企业，这一举措造成巨额财政

---

① Bethell, L. (ed.), *The Cambridge History of Latin America* (Volume IX), New York : Cambridge University Press, 2008, p. 344.

② 张元生、程建林、王远鸿等：《通货膨胀研究——分析与模型》，中国物价出版社 1993 年版，第 295 页。

③ 货币主义的代表人物有：塞尔索·富尔塔多和若奥·马加良斯。

④ 张宝宇：《巴西的通货膨胀与反通货膨胀经验》，《拉丁美洲研究》1995 年第 3 期，第 8—14 页。

赤字，政府不得不大量举借外债并在国内发行公共债券以及将赤字货币化。在债务危机后巴西采取的各项治理通货膨胀的计划中，低通货膨胀间歇期内的超额货币供给量增速过快是这些措施失败的原因①。

根据货币主义的理论，只有通过对货币供应量的控制才能从根本上抑制通货膨胀，而压缩公共开支、提高利率、紧缩信贷、货币对外贬值以及市场和价格自由化是控制通货膨胀的主要手段。

3. 新结构主义理论

20 世纪 80 年代，巴西通货膨胀出现了新的特点：公众合理预期引起通货膨胀惯性、债务危机和偿债压力增加使财政赤字加剧、出口价格下降以及资本外流造成国际收支恶化。因此，高通货膨胀已经不仅仅是生产结构不平衡和供给缺乏弹性的结果，也不是扩张性的财政和货币政策造成的经济过热和货币现象。非正统的通货膨胀理论，即新结构主义理论应运而生。新结构主义理论坚持了结构主义的主要观点，重点研究农牧业部门、工业部门和公共部门，将通货膨胀预期和惯性通货膨胀理论与结构主义理论进行了有机的结合。该理论承认供给刚性和生产成本的上升都会引起物价上涨，认为财政赤字既是通货膨胀的主要原因也是结果，并且认为企业、工会和国家的垄断权力是造成通货膨胀的根源。与结构主义不同的是，新结构主义将通货膨胀预期和通货膨胀惯性引入通货膨胀的成因分析框架中。

新结构主义坚持通货膨胀惯性论，认为先前通货膨胀会影响当期的通货膨胀，农业生产发展滞后、进出口产品结构不合理、生产要素无法自由流动以及税收体制不健全均为惯性通货膨胀产生的原因。一旦出现惯性通货膨胀，经济活动中的各个主体都倾向于提高其产品的价格，以保证收益不会降低。因此解决的办法就是废除指数化，对物价、工资和外汇进行管制，必要时冻结物价。此外，还需要进行货币改革，稳定汇率以及调整长期内的税收和收入政策。

（二）巴西通货膨胀的具体原因

虽然三大理论对巴西通货膨胀成因的解释存在分歧，但是具体来看，

---

① Albuquerque, H. P. and S. Gouvea, "Canaries and Vultures: A Quantitative History of Monetary Mismanagement in Brazil", in *Journal of International Money and Finance*, Vol. 28, No. 3, 2009, pp. 479 – 495.

经济发展战略造成的经济结构失衡、长期推行赤字财政政策和赤字货币化，以及外债压力等来自需求和成本方面的因素，是造成巴西历史上高通货膨胀的具体原因。此外，经济指数化则造成了巴西通货膨胀的自动加速和永久性特征。

1. 经济发展战略与自身实际脱节

巴西的通货膨胀是长期推行有计划的进口替代工业化战略的必然结果。经济落后国家普遍希望在短期内改变本国的落后情况，实现工业化和对发达国家的经济赶超。因此，盲目追求经济增长高速度，投资膨胀，牺牲通货膨胀。在巴西，年均 15%—20% 的通货膨胀率被认为是可以接受并且为经济发展所需要。第二次世界大战后的历届政府都将经济高速增长作为政策的首要目标。例如，第二次世界大战后巴西经济第一个高速增长期是 1957—1961 年，通过大规模举借外债和高通货膨胀政策抵偿经济增长。为支持高经济增长而增发的货币以及扩大的银行贷款，形成了巨大的通胀压力。再如，1973 年石油危机造成发达国家经济陷入严重衰退，而当时巴西政府仍不顾国际形势，盲目追求高增长。盖泽尔政府第二个发展计划（1975—1979 年）推出的超过自身经济潜在能力的长期工程项目[1]，造成短期内政府支出增加。投资的大规模膨胀拉动了需求的增长，造成通胀率上升以及外债负担加重。盲目追求经济高增长的扩张性发展战略造成巴西经济结构失衡，是通货膨胀不断高企的深层次原因。

2. 经济结构失衡

在长期进口替代工业化战略的指导下，巴西形成了以初级产品出口作为国民经济支柱的产业和出口结构。这一模式造成国内经济结构失衡，也容易使巴西经济受到国际经济周期的影响而形成外部失衡。

首先，巴西工农业发展严重不平衡。单一或几种经济作物出口模式造成巴西粮食生产能力不足，政府长期忽视农业生产，农产品供给无法满足国民经济发展的需要。1970—1979 年巴西出现人口增速超过粮食增长幅度的现象[2]，农产品供应不足造成价格上涨，从而推动整体物价水平的上

---

[1] 如总投资为 180 亿美元的 8 个核电站、总投资 180 亿美元的伊泰普水电站和总投资为 80 亿美元的图库鲁伊水电站同时进行。

[2] 邱崇明：《发展中国家地区通货膨胀比较研究》，中国发展出版社 1998 年版，第 39 页。

升。农业落后还造成农村人口向城市迁徙，减少了农业劳动力的供给，使农业增长雪上加霜；而城市人口的激增又加剧了粮食和其他消费品供需之间的矛盾，引起消费资料价格的上涨。

其次，贸易结构不平衡。巴西的对外贸易结构一直是少数几种初级产品占很大比重，进口资本货、先进技术和燃料。这一贸易结构容易受到国际经济周期和贸易条件变动的影响，脆弱性高。一旦国际经济形势恶化，初级产品的出口价格会下降，而实行贸易保护主义又会造成巴西出口量下降，国际收支恶化。出口结构的低层次性还造成本国创造的价值外流，动摇巴西货币币值的稳定。

最后，国内能源生产和消费结构脱节。巴西在历史上一度是石油进口国。20 世纪 60 年代国际石油市场价格较低时期，巴西增加了石油在能源消费中的比重，从 1966 年的 32.8% 提高到 1973 年的 50% 以上。这一结构脱离了本国石油供给少、进口依赖度高的国情。因此两次石油危机造成巴西石油进口总额提高[1]，国内生产成本和物价整体水平上升。

3. 长期实行赤字财政政策和大量举借外债

为了实现较高的经济增长速度和大规模的发展计划，巴西历届政府均依靠扩张性的财政政策和举借外债来弥补国内的资金不足。1952 年财政赤字率为 -0.4%，1987 年则上升到 -5.4%。为弥补财政赤字，政府不得不扩大货币发行量。巴西直到 1964 年才建立起中央银行，但刚刚成立的中央银行依旧是政府的分支，独立性差。此外，1986 年之前，巴西最大的商业银行——巴西银行（Banco do Brasil）可以在毫无存款基础限制的前提下发放贷款，而资金缺口全部由巴西中央银行发行货币自动弥补，结果导致巨大的财政赤字和货币供给的激增[2]。

巴西是典型的实施负债发展战略的国家，外债规模一直较大[3]。在进口替代工业化时期，由于国内储蓄不足，无法满足进口资本货物和技术的需要，依靠大量举借外债弥补资本不足的限制。但由于在外债管理政策上

---

① 巴西进口石油的费用从 1973 年的 7.7 亿美元上升到 1980 年的 100 亿美元以上。

② da Fonseca, A. R. Manuel, "Brazil's Real Plan", in *Journal of Latin American Studies*, Vol. 30, No. 3, 1998, pp. 619 – 639.

③ 史晋川、罗卫东：《经济增长与反通货膨胀的国际比较研究》，杭州大学出版社 1997 年版，第 168 页。

出现失误,债务总量高,债务结构不合理①,再加上国际经济形势恶化,巨额外债最终转变为债务危机。首先表现为借债规模过大,负债率较高。1965 年巴西外债总额为 29.3 亿美元,1980 年为 588 亿美元,1985 年上升到 958.57 亿美元,债务率超过 30%。1989 年巴西外债总额突破一千亿美元,达到 1111 亿美元,成为外债最多的第三世界国家②。其次,债务期限结构不合理。短期债务比重达到 75%。最后,外债使用领域不当。巴西外债中 76% 来自外国私人银行贷款,此类贷款被用于投资周期长和见效慢的大型项目,偿还能力弱。

由于外债规模不断扩大,再加上两次石油危机后巴西出口收入下降和美国的高利率政策,巴西最终爆发了债务危机。由于依靠货币发行弥补赤字,巴西国内货币发行增多,庞大的债息负担还造成国内供给下降,物价上升。为偿还外债,政府还采取了严格的限制进口政策,大批企业停工,在建项目停滞,经济发展受阻,财政收入萎缩,财政赤字增加。

4. 其他因素

巴西国内超前消费模式、高度城市化和经济指数化也是高通货膨胀产生的原因。巴西效仿西方大国的消费模式,出现"消费早熟"现象。结果是全社会消费增速超过资本积累增长速度,产生需求拉上型通货膨胀。巴西城市化速度过快,城市人口规模扩大速度过快,造成城市消费、社会福利开支和城市基础设施建设支出的压力。巴西利用经济指数化治理通货膨胀,但由于指数化本身加剧了工资—价格螺旋,成为使通货膨胀自动加速的原因之一。

三 巴西通货膨胀的治理③

第二次世界大战后,拉美国家实行进口替代工业化战略发展民族经济过程中盛行的各种经济发展理论对各国的反通货膨胀政策产生了深刻的影

---

① 巴西外债中,从外国私人银行借入的高利率中短期贷款所占比例过高,而从国际货币基金组织等国际金融机构获得的低息长期贷款少。

② 史晋川、罗卫东:《经济增长与反通货膨胀的国际比较研究》,杭州大学出版社 1997 年版,第 168 页。

③ 有关巴西二战后到雷亚尔计划前具体的通货膨胀治理措施,可参见张宝宇(1999)。附录 1 对 1961—1992 年巴西各个政府治理通货膨胀的主要措施进行了总结。

响。这些治理模式包括 20 世纪 50 年代发展起来的货币主义理论、60 年代的结构主义理论和 80 年代的新结构主义理论。巴西在 80 年代之前对通货膨胀的治理方面兼具货币主义和结构主义的特征。微观上实行紧缩政策，控制信贷、物价和工资上涨的幅度；宏观上则重视经济的增长效应，重视长期内的效果。而随着新结构主义理论的发展，以及通货膨胀表现出的新特点，这一理论的治理模式被采用。为稳定通货膨胀预期，治理高通货膨胀，巴西政府在新结构主义通货膨胀理论的指导下，先后采取了多种稳定计划，但没有一个获得成功。

巴西对通货膨胀的治理积累了丰富的经验和教训。紧缩性的政策对于治理需求拉动的通货膨胀有效，但面对成本冲击时，无论是紧缩货币还是紧缩财政都会造成有效需求不足，加速经济衰退。因此区分通货膨胀的具体成因是采取适当治理模式的前提。历史事实证明，财政赤字是造成巴西通货膨胀较高的主要原因之一。因此，不减少公共开支和削减财政赤字，就难以防止因赤字货币化造成的基础货币供给上升造成的通货膨胀。

（一）多种治理措施

虽然结构主义、货币主义以及新结构主义理论对通货膨胀的治理各不相同，但总体来看，控制财政赤字、实行紧缩性的财政货币政策以及指数化成为众多政府治理通货膨胀的政策选择。

1. 价格管制

价格管制是短期内控制通货膨胀的有效手段，可以有效解决工资—价格螺旋，打破通货膨胀惯性，为进一步根除通货膨胀赢取时间。

新结构主义理论指导下的各项稳定计划均采取了价格管制措施。以"克鲁扎多计划"为例，该计划初期规定从 1986 年 2 月 28 日起一年内冻结所有商品和服务的价格。期间只有联邦有关机构可以根据实际情况进行必要的调整①。联邦政府还成立"特别物价监督委员会"，对私自提高价格的企业进行惩罚。但 1986 年 11 月第二个克鲁扎多计划就解除了价格管制，重新恢复指数制。由于通货膨胀从根本上说是一种货币现象，物价上涨只是通货膨胀的一种表现形式，因此冻结物价而忽视货币和公债的发

---

① 吕银春：《对巴西"克鲁扎多计划"的回顾与反思》，《拉丁美洲研究》1988 年第 2 期，第 34—38 页。

行，无法制止通货膨胀。

据统计，1979 年 12 月—1986 年 2 月，巴西基础货币供应量增长 126 倍①，而 GDP 的增速只有 17.5%。基础货币供应量增长速度大幅超过经济增速，结果是巴西流通中的货币量超过需求量，最终造成供求失衡，通货膨胀加剧。克鲁扎多计划实施初期，虽然连续 8 个月将通货膨胀率控制在很低的水平，但这只是通过对价格的普遍冻结来实现的。当物价在 1986 年 11 月被解冻之后，通货膨胀率迅速飙升。

从长期看，价格管制会加剧社会经济矛盾②。在一个存在不均衡因素的市场上，相对紧缺的商品由于价格被管制而造成扭曲，生产规模进一步缩小，短缺变得更加严重。当政府因为短缺而实行配给制时，将出现黑市交易，市场秩序变得更加混乱。软预算约束下，政府对国有企业的补贴又会造成财政负担加重，进一步恶化通货膨胀。克鲁扎多计划后，企业由于低利润而不积极生产，造成供给跟不上。工资在提高之后被冻结，而物价被冻结在原来水平，形成过剩需求，最终加剧了供需之间的矛盾③。

总之，尽管短期内价格管制能抑制物价上涨，但长期却会造成价格体系的扭曲，削弱供给能力。而由于社会压力，价格管制的执行时间会受到约束，一旦政府重新放开价格，将会出现更大幅度的反弹。

2. 紧缩的财政和货币政策

当通货膨胀出现恶性趋势，货币政策和财政政策一般会双双收紧。采取紧缩性的财政立场可以制止超高通货膨胀，但是紧缩本身并不能克服遭受通货膨胀困扰的国家物价上涨的惯性④。但是，这些国家还是可以通过名义物价与货币供给量或者汇率挂钩来巩固稳定。

面对共和国成立初期由于滥发货币引起的通货膨胀，坎波斯·萨莱斯总统实行过十分严格的紧缩性稳定政策，使巴西经济产生了明显的衰退

---

① 吕银春：《对巴西"克鲁扎多计划"的回顾与反思》，《拉丁美洲研究》1988 年第 2 期，第 34—38 页。

② 邱崇明：《反通货膨胀中两种收入政策的比较》，《价格月刊》1992 年第 11 期，第 15—16 页。

③ 张宝宇：《巴西的通货膨胀与反通货膨胀经验》，《拉丁美洲研究》1995 年第 3 期，第 8—14 页。

④ 陶文达：《通货膨胀与经济发展》，《教学与研究》1995 年第 2 期。

（Franco，1983；Fishlow，1972）。若昂·古拉特政府时期，著名经济学家塞尔索·富尔塔多主持的"三年规划"认为，公众过度消费导致的超额需求是造成通货膨胀的主要原因。因此，该计划通过采取削减财政赤字的方法降低通货膨胀率，目标是 1963—1965 年将公共赤字削减 60%。1964 年巴西军事独裁时期的首任总统温贝特·卡斯特罗·布兰科总统的通货膨胀治理政策，也规定了削减财政赤字的目标，国会、州、市的经费都实现了下降。阿图尔·达科斯塔·席尔瓦政府对赤字的削减取得了不错的效果：联邦公务员开支占总消费的比重从 1963 年的 32% 下降到 20 世纪 70 年代初的 18%；对公共交通的转移支付占总支出的比例几乎下降了一半；州和市一级政府消费占联邦税收的比例从 20%（1963—1964）下降到 10%（1968 年年底）①。1967—1973 年席尔瓦和梅迪西两届政府时期通过严格控制公共支出，财政赤字稳步下降，1973 年出现财政盈余，而这一时期也实现了巴西"经济奇迹"。

债务危机爆发后，巴西在 IMF 中期贷款协议的支持下于 1983 年实行稳定方案，重点是削减预算赤字，计划将经常账户逆差缩小一半，并且于 1984 年底将通货膨胀率降到 40%。稳定性方案施行后，预算赤字占 GDP 的比重从 1982 年的 8.3% 降低到 1984 年的 2.7%，经常账户逆差从 1982 年占 GDP 的 8.9% 降到 1983 年的 3.7%，而在 1984 年成功实现顺差。但是巴西的年通货膨胀率却没能实现下降，1984—1985 年达到 200%。巴西的这段历史说明大幅度削减预算赤字并不能保证降低通胀。

紧缩性的货币政策是货币主义通货膨胀理论最基本的政策主张。实际利率的调整在紧缩性货币政策中起到关键性作用。实际利率上升，投资减少，社会总需求下降，价格水平降低。

温贝特·卡斯特罗·布兰科总统执政期间，经济战略的核心是货币的稳定。这一时期，信贷过度扩张被认为是造成通货膨胀的主要原因之一。因此，1964—1966 年，政府规定了货币扩张的上限②。虽然这些目标没能实现，但是却加强了经济的稳定性。此外，1967 年第一季度巴西还采取

---

① Bethell, L. (ed.), *The Cambridge History of Latin America* (Volume Ⅸ), New York: Cambridge University Press, 2008, pp. 354 – 372.

② 1964—1966 年，货币扩张的目标分别为 70%、30% 和 15%。

了信贷紧缩政策。1967 年巴西国内货币供应量年增长率为 45.7%，1970 年降到 25.8%，同期信贷总额增长率从 57.2% 下降到 32%[1]。埃内斯托·盖泽尔政府也对信贷进行了限制。1980 年年底，巴西放弃了预先制定通货膨胀目标的做法，抑制信贷，但不包括与出口、能源和农业相关的生产活动。此外，巴西还通过提高利率来限制流动性。

3. 经济指数化措施

指数化也被称为纠正货币法（Correção Monetária）[2]，即按照通货膨胀率对货币资产和收入的名义价值进行调整，以保证企业和个人资产的价值不受通货膨胀的侵蚀，抵消通货膨胀造成的收入分配不公平现象。20 世纪 60 年代初，巴西国内通货膨胀不断加剧，对经济产生严重影响。由于银行利率受到限制，不断升高的通货膨胀率使实际利率变为负值，定期储蓄和长期信贷急剧下降，企业资产折旧基金严重亏损，生产性投资活动萎缩，投机猖獗。1964 年巴西政府首次推行了指数化措施，对大部分资产账务、金融票据、税收、信贷和储蓄实行指数化。此后，巴西历届政府均或多或少地实行了指数化措施，应对高企的通货膨胀率。虽然巴西在 1986 年废除了全面指数化制度，但是工资与物价同步增长的指数化机制仍被多次使用[3]。

巴西被认为是推行指数化最广泛和颇有成效的国家，鼓励了国民和企业积极进行储蓄，抑制了资本外流，吸引外资流入，基本上起到了抑制通货膨胀的作用。但是从根本上说，作为民粹主义的通货膨胀战略，指数化造成了工资和价格的不断贬值，形成通货膨胀惯性和自我加速的周期循环，无法解决通货膨胀和融资匮乏问题。第一，工资的调整速度往往赶不上价格的变动速度，工人工资的实际购买力呈绝对下降趋势；第二，由于工人之间的工资等级存在差异，指数化制度只能造成收入分配形势的进一步恶化；第三，由于存在国内结构性失衡和外部不利因素的冲击，指数化与通货膨胀形成螺旋，造成通胀惯性。此外，巴西政府对冻结物价的效果

---

① 陈舜英、吴国平、袁兴昌:《经济发展与通货膨胀——拉丁美洲的理论和实践》，中国财政经济出版社 1990 年版，第 100 页。

② 对巴西指数化制度的详细论述参见陈作彬（1989）。

③ 陈作彬:《巴西指数化制度与工资物价同步增长政策》，《拉丁美洲研究》1989 年第 1 期。

估计过于乐观，没有充分意识到这一政策对供求关系的影响。全面的指数化对于那些需求弹性低的商品来说并不适用。

（二）通货膨胀治理的经验和教训

从巴西治理通货膨胀的历史看，无论是正统的还是非正统的治理模式，短期内均实现了既定的效果。但由于政策的设计和实施存在缺陷，往往难以完成或者没有实行多久就被放弃或直接更改，最后均失败了。但是，无论这些措施成功与否，都为完善通货膨胀的治理实践提供了许多有益的经验和教训，为巴西未来更有效的通货膨胀治理模式打下了基础。

1. 长期目标与短期目标相结合

结构主义理论认为经济结构失衡是通货膨胀产生的根源，因此治理通胀应该着眼于长期内经济结构的调整。这一理论忽视了短期内的通胀控制，实际上是对短期内通货膨胀的放任。20世纪80年代文人政府重新执政之前巴西的通胀治理大多属于这一类。而新结构主义以冻结物价和工资为主要手段的治理方式，只能消除通货膨胀惯性，对经济结构性的调整甚至会产生负面效应。因此，以冻结价格来治理通货膨胀的短期效果显著，但中长期效果不稳定。萨尔内政府时期多项计划均告失败就说明非传统的"冲击"疗法破坏了市场机制的作用，无法解决经济失衡问题。

因此通过颁布计划和稳定性措施来控制通货膨胀不可能是一次性的行动，而应该是一个持续的协调经济、政治和社会的过程。政府的稳定化战略也应该一脉相承，具有可持续性。着眼于短期通货膨胀治理的价格管制和纠正长期相对价格的扭曲应该同时进行，而且注意避免引起新的通货膨胀预期。此外，各阶段的稳定计划应该经过详细的研究和一次设计完成，避免出现朝令夕改，同时要有完整的配套政策和保证计划实施的法律依据，保证执行的连贯性。

巴西在实施价格管制治理通货膨胀的做法上也体现出长期与短期目标不匹配的矛盾。价格管制在短期内能成功降低通货膨胀率，但只是一种治标的办法。行政手段并不能减少流通中的多余货币，因此只能作为辅助措施。长期内还应该配合治本的措施，解决产生高通货膨胀的根源。

2. 配套的财政措施

巴西通货膨胀严重，供给和需求之间存在矛盾，巨额财政赤字导致中央银行超发货币，通货膨胀形成惯性。因此，反通货膨胀政策体系应采取

"双紧"的财政货币政策。而巴西宏观经济政策的实施往往是货币紧缩基本到位，财政紧缩力度则远远不够。最终结果不但影响了通货膨胀的治理效果，还造成紧缩货币努力的失败。

例如，"克鲁扎多计划"没有进行相关的财政、税收制度改革，没有采取稳定公共开支的措施，没有明确制定减少财政赤字的目标，政府也没有停止赤字货币化，因此最终只能接受失败的结果。在此形势下，政府财政收入不断缩水，而为促进增长，公共开支不断扩大，引起财政赤字上升。与此同时，物价在低水平被冻结，造成国有企业的亏损，使财政补贴和财政赤字进一步增加。巴西在1986年3—11月的财政赤字达到542亿克鲁扎多，而在1985年同期还保持着104亿克鲁扎多的盈余。政府没有承诺不再增发货币弥补赤字，因此这一时期货币存量大幅增加。再如，"科洛尔计划"允许政府直接干预金融体系，并且采取了冻结工资和价格的措施，但真正实施的时间只有1个月。此外，科洛尔计划还推出了一系列自由化政策，注重长期经济增长质量。但是，经济自由化必须建立在强政府的基础上，这样才能发挥私人企业的投资作用。而对于巴西来说，政府在战略选择和政策制定上缺乏全面性，私有化后存在生产的盲目性，最终该计划同样失败了。此外，由于忽略了公共部门的巨额财政赤字也是导致该计划无法坚持下去的原因之一。

3. 打破通货膨胀惯性

巴西曾经一直将通货膨胀看成经济发展的助推器，认为经济发展可以与慢性通货膨胀并存。因此，"经济指数化"被用作抵消通货膨胀产生收入分配不公平现象的手段。但是，旨在打破通货膨胀惯性的经济指数化政策却往往会加强惯性，而一旦惯性形成，治理通货膨胀便需要付出相当沉重的政治和经济代价①。指数化也无法解决经济失衡的结构性原因，对于相对价格的失调无能为力，相对价格的恶化会造成解冻压力的增强以及企业和工会的不满情绪。克鲁扎多计划、布雷塞尔计划和科洛尔计划等稳定性计划通过政府强制冻结物价无法打破通胀惯性、从根源上治理通货膨胀，相反应该更加重视控制货币发行量和控制财政赤字。

---

① 富博：《巴西近十年来治理通货膨胀的做法与启迪》，《世界经济文汇》1996年第2期，第52—61页。

将反通胀措施制度化是解决这一问题的重要方法。但是巴西在治理通货膨胀的过程中并没有建立起制度化的社会协调机制和经常不断协调经济政策的能力。

4. 政策的连续性和全面性

巴西各届政府执政期间的通货膨胀治理政策缺乏连续性，造成政策执行效果受到影响。"克鲁扎多计划"在执行过程中（1986 年 2 月—1987 年 9 月），政府对计划的内容和实施办法进行了六次调整，而原本计划冻结一年的物价由于市场供需矛盾的恶化在一年中调整了四次。摇摆不定的物价政策使居民对政府稳定物价的决心产生质疑，企业也由于价格预期的不确定性而降低了扩大再生产的积极性。1989 年的"夏季计划"对于价格的规定早已存在于"克鲁扎多计划"中，原先被废除的规定又重新被推出，其效果当然会大打折扣[①]。

巴西在多个治理通货膨胀的非正统稳定性计划中均采取了冻结工资和物价的方式，但均未获得成功。失败的主要原因不是冻结价格本身，而在于没有抓住物价管制后通货膨胀率迅速下降的有利时机调整经济结构、削减财政赤字[②]。结果一旦放松管制，通货膨胀又重新奔腾起来。例如克鲁扎多计划实施初期，通货膨胀急剧下降，但是并未控制货币发行，反而增大了基础货币的投放量[③]，造成计划的失败。

第二节　20 世纪 90 年代的恶性通货膨胀及治理

受到债务危机的影响，众多拉美国家从 20 世纪 90 年代开始着手进行以实现经济稳定为目标的改革。改革的主线是高利率[④]、汇率锚定以及贸易和金融的自由化。巴西的雷亚尔计划最初获得了成功，控制住了恶性通货膨胀，但由于该计划本身无法同时实现内部和外部均衡，汇率钉住目标

---

① Garcia, M., D. Guillen and P. Kehoe, "The Monetary and Fiscal History of Latin America: Brazil", *Working Paper*, 2014.

② 邱崇明：《反通货膨胀中两种收入政策的比较》，《价格月刊》1992 年第 11 期，第 15—16 页。

③ 1986 年巴西基础货币投放比上年增加 293%。

④ 在巴西实行"汇率锚"期间（1985—1999 年初），年平均基础利率高达 33.6%。

最终失败。1995—1999 年，巴西货币政策将汇率作为"名义锚"，对资本流动完全放开，经常账户出现巨额赤字。为维持固定汇率，防止因货币贬值对国内物价带来的压力，巴西不得不坚持高利率，而高利率也成为国外资本投机的对象。大量的外国短期投资资本涌入巴西，形成了巨大的风险。固定汇率制以及过松的财政政策导致贸易余额的长期不平衡，最后积累成国际收支危机。

一　雷亚尔计划

20 世纪 80 年代一系列非正统的经济稳定化政策失败后，巴西的通货膨胀逐年飙升，1988—1994 年的年均通胀率为 1252.2%，其中除 1991 年为三位数外，剩余年份的通胀率均为四位数，1993 年更是达到 2557% 的历史高位。为根除恶性通货膨胀顽疾，巴西政府于 1994 年 7 月制订了新一轮的反通货膨胀计划——雷亚尔计划，力图通过对传统经济体制和管理方式的深刻变革，从体制和机制等根源上消除产生高通货膨胀的条件。该计划总体上取得了不错的效果，自 70 年代以来的高通胀得到有效控制，经济实现持续增长。但由于该计划未能真正触及巴西通货膨胀的根本原因——公共部门的大量财政赤字，最终还是不能避免巴西金融动荡的发生。

（一）前期稳定化政策的失败

1985 年，巴西恢复文人执政，结束了长达 21 年的军事独裁统治，保守的经济政策受到抵制。随着"华盛顿共识"被引入拉丁美洲，大批经济学家认为传统的财政和货币政策无法控制通货膨胀，实现价格稳定。此后的各个民主政府都存在通过增加开支、延缓外债偿付期以及颁布基于冻结工资和物价的非正统稳定性计划推高通货膨胀的倾向。这些经济计划使个人和企业在每一个计划刚开始颁布时就形成了其损失最小化的预期，每个计划结束时的通货膨胀率均大大高于计划开始时期，通货膨胀惯性成为不可破解的难题。从 20 世纪 80 年代初开始，巴西的政府预算开始恶化，1985 年之后财政赤字逐年增加。由于巴西国内金融市场并不完善，政府无法通过直接或间接融资的方式弥补大规模的财政赤字，只好将财政赤字货币化。1990 年 3 月开始的科洛尔计划，政府的干预程度达到了前所未有的高度。国内发行的政府债券以及银行支持这部分债券的存款被征服征收。1990 年 2 月债券市场上的联邦政府债券总额为 601.65 亿美元，而在 3 月末，迅速减少至 219.36 亿美元。被没收的政府债券以及银行存款在 18 个月之后返回，但是采取了 12 个月分期付款的偿还方式[①]。政府管制措施以及财政赤字货币化的结果是国内通货膨胀率的飙升，1993 年达到 2557% 的历史最高水平。

一些学者认为，消除由于工资和价格的指数化带来的通胀惯性是解决高通货膨胀的根本所在（Lopes，1984；Pereira 和 Nakano，1984），而巴西的一系列非正统稳定化计划主要采取"休克疗法"，通过对工资和物价的短期冻结降低通货膨胀。由于无法触及经济中存在的深层次矛盾，即减少公共赤字和降低货币供给，这些计划最终只能失败。因此，从 1986 年开始到 1991 年，致力于解决工资和物价冻结的措施被穿插在巴西政府推出的每一个稳定性计划中，形成冻结价格和打破冻结的双重政策标准同时存在的怪异现象。

这些稳定计划失败的原因之一是固定汇率制对国际收支平衡的影响。除夏季计划外，每个稳定性计划中的本币都存在高估，于是贸易余额下降，经常账户存在赤字。由于巴西国内存在金融管制，国内企业无法在国际金融市场获得资金，经常账户的赤字只能通过外资流入来弥补。在固定汇率制下，为维持高估的币值，只能抛售外汇储备。而在 1987 年巴西的外债出现违约，经常账户的赤字丧失了弥补的来源，这一模式无法持续。

（二）雷亚尔计划的主要内容

进入 20 世纪 90 年代，世界经济形势发生变化，传统的进口替代工业化战略和国家干预经济模式逐步失效，内外均衡矛盾升级导致巴西通货膨胀处于失控状态。巴西政府在总结 20 世纪 80 年代以来历次失败的反通货膨胀政策的经验教训之后，制订了新一轮的、旨在根除高通货膨胀的"雷亚尔计划"。该计划由时任财政部部长、后于 1995—2002 年出任总统的费尔南多·恩里克·卡多佐提出，并于 1994 年 7 月 1 日正式实施。而在此计划实施之前，在科洛尔总统时代开启的贸易开放和国有企业的私有化改革，以及卡多佐任财政部长时平衡国家预算和积累外汇储备等措施，

[①] da Fonseca, A. R. Manuel, "Inflation and stabilization in Brazil", in *The Economies of Argentina and Brazil*, Edited by Baer, W. and D. Fleischer, Edward Elgar Publishing, Inc., 2011, p.381.

均为之后雷亚尔计划的成功实施奠定了基础。

雷亚尔计划是 1985 年巴西文人政府恢复执政以来的第 7 个[①]以恢复和稳定经济、反通货膨胀为目标的经济计划，首要目标是抑制恶性通货膨胀。与以往"休克疗法"式反通货膨胀政策冻结物价和工资不同，新计划采取了渐进式的改革模式，消除外汇市场、劳动力市场以及公用事业领域存在的指数化，避免经济的大幅波动。

雷亚尔计划的主要内容有以下几个方面。

首先，改革货币制度，消除指数化造成的通货膨胀惯性。1994 年 2 月 28 日，通过颁布行政法 No.434，巴西货币当局创立了一个按照 1∶1 的比例钉住美元的"实际价值单位"（Unidad Real de Valor，URV），规定国内所有的合同、价格和工资等都必须依此进行调整。政府希望通过这一举措，逐步实现从迅速贬值的旧货币向新货币的转换。从 1994 年 7 月 1 日开始，货币当局又用新的货币符号"雷亚尔"（Real）取代 URV，每个雷亚尔等于 2750 个旧货币。同时还规定中央银行的货币发行量不得超过外汇储备实际水平，实行浮动汇率制度，1 美元兑换 1 雷亚尔，货币当局有权调整汇率[②]。

其次，实行紧缩性的财政政策，削减财政赤字。政府从平衡预算开始，采取配套的财政政策增强经济的长期增长潜力，以实现控制通货膨胀的长期目标。1994 年当年政府削减预算开支 220 亿美元，同时通过建立"紧急社会基金"的法案获得了 160 亿美元的可自由支配资金，用于平衡未来两年的预算差额。联邦政府税率，尤其是收入税率被提高。巴西政府还计划建立新的财政税收体制，控制财政赤字，实现财政收支平衡。

最后，实行严厉的紧缩性货币政策，严格控制信贷扩张。政府规定各商业银行新增的全部活期存款和 30% 的定期存款上缴中央银行，法定存款准备金率从原来的 8% 提高到 70%—80%[③]。

此外，政府还采取了限制消费和放开汇率管制等措施抑制国内物价。

---

① 前六个稳定性计划分别是：Plano Cruzado, Plano Cruzado II, Plano Bresser, Plano Verão, Plano Collor, Plano Collor II.

② 张宝宇（2002）认为此举是巴西经济美元化的表现。

③ 宋群：《巴西反通货膨胀的新举措：雷亚尔计划》，《经济改革与发展》1995 年第 4 期，第 73—76 页。

还进行了深入的结构性改革：在财税改革方面，增加个人所得税，扩大增值税范围，加强联邦政府的宏观调控能力，完善分税制；国有企业改革方面，加大私有化力度，提高企业效益，减轻财政负担；社会保障方面，重新制定缴款比例，划定国家、企业以及个人的承担比例，其中最重要的是将个人承担的比例提高。

（三）雷亚尔计划的效果和评价

雷亚尔计划的支柱是"去指数化"，政府采取了立法的形式对包括汇率、工资、公共产品以及其他租金在内的所有价格实行改革。政府还通过公布计划内容和实施时间进度，降低公众的通货膨胀预期。

在计划颁布之后，1994 年 3—6 月，URV 和雷亚尔同时存在，通货膨胀率并未下降，反而提高到 6 月的 48.24%。而 7 月货币改革之后，巴西的通货膨胀率大幅下降，当月的月度通胀率下降至 7.75%，12 月已经下降至 0.88%[①]。维持低通货膨胀的承诺被制度化后，巴西年通货膨胀率迅速从 1994 年的 909.7% 降至 1995 年的 14.8%，成为 25 年来最低的一年，1996 年进一步下降到 9.3%。巴西经济在雷亚尔计划颁布实施之后也开始出现协调持续增长的趋势。1994 年巴西 GDP 增长 5.3%，1995 年上半年则达到 8.3%，尽管受到墨西哥金融危机的影响在 1995 年下半年经济增长出现下降，但全年仍然实现了 4.5% 的增长。1994—1998 年巴西经济实际年均增长率为 3.4%。

雷亚尔计划通过加强财政和货币政策的连续性，控制了通货膨胀惯性，有效解决了恶性通货膨胀对经济增长造成的危害，但仍有一些结构性问题没有得到解决。尽管政府表明要实现预算盈余，急需确定削减财政赤字的财政调整计划一拖再拖，成为雷亚尔计划之后巴西政府一直没有能够解决的问题之一[②]。虽然雷亚尔计划成功控制了恶性通货膨胀，但是 20 世纪 90 年代初期巴西的经济开放同样是通货膨胀得到缓解的重要原因。进口关税的大幅降低、所有工业部门参与到国际竞争中，以及国内企业可

---

① da Fonseca, A. R. Manuel, "Brazil's Real Plan", in *Journal of Latin American Studies*, Vol. 30, No. 3, 1998, p. 630.

② da Fonseca, A. R. Manuel, "Inflation and stabilization in Brazil", in *The Economies of Argentina and Brazil*, Edited by Baer, W. and D. Fleischer, Edward Elgar Publishing, Inc., 2011, p. 390.

以在国际金融市场获得贷款都对国内价格的下降起到了一定的作用。

雷亚尔计划采取了高利率和高估汇率的方式控制通货膨胀，结果是贸易赤字的累积和政府债务的上升。固定汇率制下，利率的上升造成利息支付增加，国内债务总量上升，而高利率吸引的资本流入又会使旨在消除国内货币供给而新发行的政府债券数量增加，形成更重的财政负担。高利率还会影响到银行系统的运行效率以及私人部门的投资倾向，银行部门的利率错配程度也会被加重。

二　内部均衡与外部均衡的矛盾

雷亚尔计划在执行初期获得了成功，但是由于存在内外均衡之间的矛盾，最终还是因 20 世纪末新兴经济体遭遇的金融危机影响而被放大，产生巴西金融动荡。

（一）稳定化战略的内在矛盾

20 世纪 90 年代初期，为了适应经济全球化，加快融入世界贸易和金融一体化，同时解决国内经济结构的失衡，一些新兴经济体进行了经济改革。以汇率锚定、贸易和金融自由化为核心的经济稳定化战略被大多数新兴经济体所采用。尽管可以将历史上的高通货膨胀率降低，但在固定汇率制下，这一战略本身存在内外均衡之间的矛盾。货币政策利用高利率作为吸引外资流入以平衡国际收支和保障汇率稳定的关键工具，而固定汇率制度导致币值长期被高估容易引起国际投机资本针对本币的投机性攻击，并最终引发"汇率危机"。Mishkin 和 Savastano（2001）认为，对于拉美地区的一些大国而言，固定汇率制并不是其最优选择。

第一，根据加入通货膨胀因素的"抛补利率平价理论"，国内外通货膨胀率的差异最终将转变为本国实际汇率的升值。因此稳定化战略采用高利率，压缩需求，结果是一国通货膨胀率显著下降的同时，本国货币大幅度升值。第二，实际汇率升值会导致本国出口产品的竞争力下降，出口减少，进口增加，于是本国的对外贸易余额恶化，经常账户出现赤字。国际收支平衡表的平衡性原则要求通过更多外国资本的流入来弥补经常账户赤字，而金融自由化之后国际资本的流入限制被大幅度放松，许多短期外国投机资本大量涌入。第三，外国的通货膨胀率不可能为零，如果保持名义汇率不变，外国通货膨胀率的变化必然会改变本币的实际汇率水平，引起国内物价波动。第四，高利率政策会使国内公共债务增加，债务利息的偿还数额扩大。财政当局会采取"借新还旧"的债务偿还方式，公共赤字压力上升。最终，外部赤字和国内财政赤字造成的"双赤字"将使宏观经济的可持续性遭到质疑，固定汇率难以继续维持，货币危机爆发。此外，国内高利率还会导致信贷紧缩，加重政府的债务成本，造成国内经济衰退。

（二）巴西的内外失衡

巴西的"雷亚尔计划"是这种经济稳定化战略的代表，通过国内高利率和汇率高估虽然成功控制了巴西的恶性通货膨胀，但由于国内价格稳定与国际收支平衡之间存在矛盾，最终无法避免上世纪末的巴西金融动荡和固定汇率制度的崩溃。

计划之初，货币当局推出 URV 来调整市场上的价格，尤其是劳动力市场上的工资，以稳定通货膨胀预期。实际上，URV 实行的汇率只是官方的雷亚尔兑换美元的汇率，并且政府希望 URV 逐步被新货币取代之后能将本币兑换美元的汇率固定下来，同时将通货膨胀率降低至零左右。因此，雷亚尔计划从推出开始即采取了钉住美元汇率的名义锚的形式。币制改革之后巴西实行的是雷亚尔钉住美元的固定汇率制度，波动幅度在（1：0.93—1.00）之间。但事实上，为了保证国内进口，以使国内供给稳定，巴西采用了汇率高估政策。1994 年年底墨西哥金融危机很快影响到巴西，因此在雷亚尔计划执行后不久，由于外汇储备不断流失，1995 年 3月巴西央行就放开了币值，允许雷亚尔小幅波动，汇率制度变为"爬行钉住"①。巴西国内高利率政策造成的国际资本大量流入，并超过维持国际收支平衡所需，雷亚尔出现升值。央行允许雷亚尔升值到 1 美元兑换0.85 雷亚尔的水平，这一比率从 1994 年 9 月一直持续到 1995 年 2 月②。从 1994 年 7 月 1 日实行新货币制度到当年 9 月底，雷亚尔累计升值幅度达到 15%（如图 2—2）。而与此同时，以 IGP - DI 衡量的巴西国内通货

---

① Salgado, J. S. Maria et al., Monetary Policy During Brazil's Real Plan: Estimating the Cental Bank's Rection Function, *Working Paper*, 2005.

② Bethell, L., (Ed.), *The Cambridge History of Latin America (Volume IX)*, New York: Cambridge University Press, 2008, p. 434.

膨胀率却依旧上升了 31%，雷亚尔被高估。据估计，1994—1995 年，巴西雷亚尔被高估了 2% 左右①。

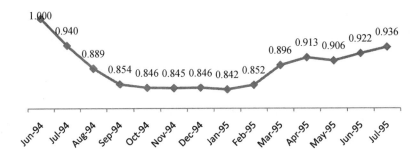

图 2—2　1994 年 6 月至 1995 年 7 月美元—雷亚尔汇率（月末值）
资料来源：巴西中央银行，http：//www. bcb. gov. br/？INDICATORS。

"爬行钉住"的汇率制度一直持续到 1999 年年初。长期高估本币和宽松的财政政策导致贸易逆差不断增加，政府不得不紧缩银根。内外矛盾使巴西的经常账户赤字从 1994 年的 18 亿美元上升至 1996 年的 20 亿美元，1997 年和 1998 年则超过 30 亿美元；经常账户赤字占 GDP 的比重则从 1994 年的 0.2% 上升到 1998 年的 4%②。巴西通过高利率和金融自由化吸引资本大量流入，弥补经常账户赤字，维持国际收支平衡，但同时也增加了金融系统的不稳定性。当亚洲金融危机的冲击于 1997 年第三季度波及巴西时，内外均衡的矛盾造成的脆弱性被放大，经济开始全面恶化。1997 年 9 月底至 11 月底，巴西的外汇储备从 620 亿美元缩水至 520 亿美元，而巴西债券的风险溢价则上升了 3 个百分点。1997 年 6 月曾降至 19% 的基准利率在 11 月又重新上升到 45%。此后，受到俄罗斯危机的影响，巴西的情况更加恶化。由于政府无法有效控制财政赤字，针对高估的雷亚尔进行的投机性攻击造成巴西外汇储备大量流失。为控制资本外逃，巴西央行的基准利率在 1998 年年底已经上升至 40% 左右，但全年资本外

①　da Fonseca, A. R. Manuel, "Brazil's Real Plan", in *Journal of Latin American Studies*, Vol. 30, No. 3, 1998, p. 632.

②　de Paula, L. F., *Financial liberalization and Economic Performance：Brazil at the crossroads*, Routledge, 2011, p. 38.

逃总额仍达到 400 亿美元，外汇储备损失额高达 300 亿美元①。1999 年 1
月，巴西外汇和金融市场波动剧烈，资本外逃规模进一步扩大。1 月 13
日，巴西央行终于无法继续维持高估的汇率，雷亚尔贬值 8.5%，而在当
天流出巴西的资本总额达到 11 亿美元。1 月 15 日，巴西放弃了固定汇率
制度。

三 从汇率目标向通货膨胀目标的转变

对于巴西来说，实行雷亚尔计划后的宏观经济形势发生了很大的变
化：恶性通货膨胀被控制，利率在货币政策中的调节作用提高，市场竞争
力加强。1994—1998 年，巴西利用高利率以及私有化等措施吸引外部资
本，维持汇率钉住和本币升值。雷亚尔的不断升值以及高企的国内利率使
巴西的经常账户赤字、公共财政赤字和外债不断增加，外汇储备减少。
1998—1999 年外债占 GDP 的比重从 26.5% 增加到 38.4%，外债利息支付
占出口收入的比重从 24.29% 上升到 30.05%；而外汇储备占外债总额的
比例则从 1997 年的 25.98% 下降到 1998 年的 18.14%，1999 年只有
14.83%。经常账户在 1992 年实现短暂盈余之后，从 1993 年开始重新变
成赤字，此后逐年增加。1998 年，巴西经常账户赤字达到 334.15 美元，
占 GDP 的比重达到 4.5%，是 1993 年赤字的 50 倍②。

20 世纪末最后十年中，新兴经济体爆发的一连串金融危机带来的传
染效应，使巴西一直依靠外部融资解决国内赤字的做法，从 1998 年起丧
失了可持续性，长期的外部不平衡使投资者对巴西失去信心。与此同时，
全球初级产品价格也大幅下跌，1998 年一年世界原材料价格指数就下降
了近 25%，巴西因此受到了 1000 亿美元的出口损失。贸易逆差和金融冲
击造成雷亚尔贬值的压力增大。巴西政府采取提高利率的办法应对本币贬
值，1998 年 9 月银行同业拆借利率上升至 49.75%，但外资依旧以日均 2
亿美元的速度流出巴西金融市场③。

---

① Bethell, L. (ed.), *The Cambridge History of Latin America* (Volume Ⅸ), New York: Cambridge University Press, 2008, p.437.

② 数据来源：世界银行数据库，http://data.worldbank.org/。

③ 朱民：《巴西金融动荡：货币危机而非金融危机，经济压力大于金融冲击》，《国际经济评论》1999 年第 2 期，第 19 页。

Taylor（2000）指出，当新兴经济体从固定汇率制转向浮动汇率制后，采取通货膨胀目标制将有利于货币政策的制定和执行。对于巴西来说，1998 年 12 月—1999 年 1 月，雷亚尔贬值幅度达到 63.6%，巴西政府不得不放弃"爬行钉住"的固定汇率制度，允许汇率自由浮动，货币稳定化政策失败。面对雷亚尔大幅贬值，巴西央行只能继续依靠提高利率控制资本外流，降低汇率贬值对国内通货膨胀的传导影响。此外，巴西向国际金融机构①申请了一项融资总额达 430 亿美元的紧急贷款，以稳定市场预期。1999 年 6 月，为了替代原来的汇率锚，稳定通货膨胀预期以及控制浮动汇率制下的通货膨胀，巴西中央银行宣布实行通货膨胀目标制。

第三节　巴西的通货膨胀目标制

早在安东尼奥·德尔芬·内图第二次担任财政部长期间（1979—1985 年），巴西就提出过类似的通货膨胀目标。1979 年中期至 1980 年中期，巴西宣布设立通货膨胀目标管理通胀预期②。从巴西利率调整和货币政策调控来看，目前巴西中央银行在某种程度上实行的是对内钉住通货膨胀，对外维护汇率稳定的双重名义锚政策。

一　理论和实践基础

巴西的通货膨胀目标制以英国经验为模板（Bogdanski et al.，2000；Fachada，2001）。1999 年之后巴西将浮动汇率制、通货膨胀目标制和初级财政盈余目标结合起来，成为宏观经济政策的三大支柱，是新共识宏观经济学的具体应用③。

新共识宏观经济学（New Consensus Macroeconomic，NCM）④ 最初诞

---

① 其中，国际货币基金组织占 180 亿美元，国际清算银行和日本占 150 亿美元，世界银行和美洲开发银行各占 50 亿美元。

② Bethell，L.（ed.），*The Cambridge History of Latin America*（Volume Ⅸ），New York：Cambridge University Press，2008，p. 397.

③ de Paula，F. L.，*Financial Liberalization and Economic Performance：Brazil at the crossroads*，Routledge，2011.

④ 开放经济条件下的新共识宏观经济学具体模型可参考 Arestis（2009），"新"体现在 20 世纪 60—70 年代经济学界对 IS-LM 模型达成共识后的又一理论统一。

生于 20 世纪 70 年代，流行于 20 世纪末期，属于新凯恩斯主义范畴，之后主要由后凯恩斯主义（Post Keynesian Approach）进行了主要内容的延伸[①]。而对于货币政策的"新共识"则是开放经济条件下凯恩斯主义在货币政策领域的补充和延伸（Blinder，1981，1997；Romer，2000；Taylor，2000）。该理论认为长期内货币政策的作用强于财政政策，价格稳定是货币政策的首要目标，通货膨胀是一种货币现象，因此通过实行适当的货币政策可以解决高通货膨胀问题，利率是最重要的货币政策工具（Goodfriend，2007；Woodford，2009）[②]。货币政策在这一理论体系内被制度化，从而为中央银行确立行动准则。封闭经济条件下[③]，NCM 理论基础由以下三个方程式表示：

$$(Y - Y^*) = -\alpha_1 (r - r^*) + \varepsilon_1 \quad (2.3.1)$$

$$(\pi - \pi^*) = \beta_1 (Y - Y^*) + \varepsilon_2 \quad (2.3.2)$$

$$(r - r^*) = \gamma_0 (\pi - \pi^*) + \gamma_1 (Y - Y^*) \quad (2.3.3)$$

其中，r 和 r^* 分别是短期利率和自然利率，π 和 π^* 分别是通货膨胀率和通货膨胀目标，Y 和 Y^* 则是实际产出和潜在产出，其余均为政策参数。（2.3.1）式是 IS 曲线，表示市场利率与长期均衡利率的偏离可以解释产出与潜在产出形成的产出缺口；（2.3.2）式是菲利普斯曲线，表示产出缺口可以解释通胀率与央行通胀目标的偏离；（2.3.3）式是泰勒规则，在此规则下，利率变动遵循有约束的相机抉择，实现通货膨胀目标是货币政策最重要的内容[④]。

NCM 理论的核心观点是货币在中长期内保持中性，政策可以影响市场预期；而在短期内，工资和价格存在刚性，物价水平和产出之间满足菲利普斯曲线。因此，NCM 理论的政策含义主要由两个相互关联的特征体现：其一，通过明确利率规则，强调中央银行利用泰勒规则进行短期利率

---

① 关于 NCM 理论的发展历史可以参考 Arestis（2009）。

② 起初，NCM 理论中并不考虑货币和银行因素，只有在价格黏性和通货膨胀是货币现象两个假设被认定后，货币政策的地位才真正得到提升。

③ 开放经济条件下的 NCM 理论模型在封闭条件下加入经常账户、本国和外国汇率等变量，具体参见 Arestis（2009）。

④ 关于货币政策的新共识可以参考 Fontana e Palacio-Vera（2002）、Lavoie（2004）以及 Setterfield（2004，2005）。

的调控;其二,通货膨胀是中央银行调控的最终目标,中央银行根据经济运行中的实际通货膨胀率进行相机抉择。因此,利率是货币政策的中间目标,物价稳定是货币政策的最终目标。在 NCM 理论框架下,利率规则和通货膨胀锚有机结合起来,利率变动是控制通货膨胀的有效手段。

二 制度规定

由于巴西在 1999 年面临的经济环境和英国过渡到通货膨胀目标制前的遭遇类似,受到汇率危机的影响并且在此之前有过一段治理通货膨胀相对成功的基础,因此巴西根据英国经验,在 1999 年 6 月宣布实行通货膨胀目标制货币政策,重新制定名义锚,保持价格稳定。与英国一样,巴西中央银行相对独立性提高,规定了通货膨胀目标及上下浮动区间,并且通过对外公布《通货膨胀报告》保证政策透明度和可信度。

(一) 巴西中央银行及其结构

20 世纪初,巴西政府就开始认为有必要成立"银行的银行",由其发行货币以及承担最后贷款人的角色。1964 年,巴西中央银行成立,附属于财政部,基本目标是维护价格稳定。1988 年巴西宪法规定,中央银行垄断国内货币发行,并且禁止中央银行直接或间接向财政部提供贷款,但是可以购买政府债券。巴西中央银行的董事长和董事由中央银行提名,通过议会决议后由总统任命,董事会由行长和 7 个副行长组成,均没有明确任期。巴西中央银行的总部位于首都巴西利亚,同时设置了 9 个行政办事处,遍布于全国。巴西中央银行设有执行秘书处、会计和金融部、国际事务部、金融监管部、经济政策部等 35 个部门①。此外,由巴西财政部长、计划部长和央行行长组成的国家货币理事会 (National Monetary Council),是巴西金融系统的最高权力分支。

(二) 巴西中央银行的货币政策

巴西中央银行制定货币和信贷政策实现经济发展和社会稳定 (Law4549/64),同时保证雷亚尔的购买力以及币值稳定,促进国内金融系统的效率 (BIS, 2010)。此外,中央银行还负责制定、监测以及操纵汇率政策。巴西的货币政策和汇率政策均由中央银行负责,因此 Barbosa-

---

① 巴西中央银行网站,http://www.bcb.gov.br/? BCHISTORY。

Filho（2008）认为巴西汇率制度并不是完全意义上的浮动汇率制度，而是肮脏浮动，央行货币政策以防止雷亚尔贬值和满足通货膨胀目标为双重政策目标。

1. 货币政策目标

巴西1999年6月的《3088号法令》规定货币政策采用通货膨胀目标制，维持价格稳定是中央银行的首要目标。通货膨胀的具体目标和活动区间以及目标价格指数的选取由国家货币理事会确定，并在提前两年的6月份制定。巴西中央银行通过实施货币政策实现既定的通胀目标，但是并无具体政策工具的明确说明①。在实际中，巴西中央银行主要使用利率和回购协议等政策工具对货币政策进行调节。中央银行与商业银行进行公开市场业务，商业银行再同市场的其他参与者进行交易。如果某年度通货膨胀目标未能实现，中央银行行长需向财政部长做出公开解释，并阐明将要采取的措施以及这些措施预计起作用的时间。

巴西中央银行规定通货膨胀目标的基础是整体通货膨胀（Headline Inflation）指数②，即广义全国消费者价格指数（extensive national consumer index，IPCA）③。这一价格指数由巴西国家地理统计局④发布，样本包括个人收入在最低工资等级1—40在内的所有家庭，并且覆盖了圣保罗、里约热内卢等在内的9个大城市片区、戈亚尼亚以及巴西利亚联邦区。在每个自然年中，累积通货膨胀率在12月底被控制在通货膨胀目标的上下限之间即为实现了当年的通货膨胀目标。因此，年中月通胀目标上限被突破后，中央银行有时间进行迅速调整，这一规定也充分说明巴西通货膨胀目标制的灵活性。表2—2是自1999年通货膨胀目标制颁布以来巴西的年度通货膨胀目标和实际情况⑤，可以看出2005年之后巴西的通货膨胀目标值和实际值趋于平稳。

---

① 根据巴西《3088号法令》规定，中央银行可以采取适当且必要的政策工具来实现通货膨胀目标。

② 巴西采用整体通货膨胀目标而非核心通货膨胀，有利于央行货币政策可信度的加强。

③ Resolution No. 2615.

④ Instituto Brasileiro de Geografia e Estatística，IBGE.

⑤ http：//www. bcb. gov. br/pec/metas/InflationTargetingTable. pdf.

表 2—2　　　　　　　　巴西历年通货膨胀目标和实际情况　　　　　　　（%）

年份	制定时间	目标	下限	上限	实际值
1999	1999/6/30	8	6	10	8.94
2000		6	4	8	5.97
2001		4	2	6	7.67
2002	2000/6/28	3.5	1.5	5.5	12.53
2003	2001/6/28	3.25	1.25	5.25	9.30
	2002/6/27	4	1.5	6.5	
	2003/1/21	4	1.5	8.5	
2004	2002/6/27	3.75	1.25	6.25	7.60
	2003/6/25	5.5	3	8	
2005	2003/6/25	4.5	2	7	5.69
2006	2004/6/30	4.5	2.5	6.5	3.14
2007	2005/6/23	4.5	2.5	6.5	4.46
2008	2006/6/29	4.5	2.5	6.5	5.90
2009	2007/6/26	4.5	2.5	6.5	4.31
2010	2008/7/1	4.5	2.5	6.5	5.91
2011	2009/6/30	4.5	2.5	6.5	6.50
2012	2010/6/22	4.5	2.5	6.5	5.84
2013	2011/6/30	4.5	2.5	6.5	5.91
2014	2012/6/28	4.5	2.5	6.5	6.41
2015	2013/6/28	4.5	2.5	6.5	10.67

资料来源: 巴西中央银行通货膨胀目标报告。

2. 货币政策的决策实施和透明度

巴西中央银行货币政策委员会（Monetary Policy Committee，COPOM）
负责制定货币政策并设定短期利率目标，通过对短期利率的变动，实现通
货膨胀目标。巴西货币政策委员会的政策利率是 SELIC 利率[①]，可以设定
具体的目标利率水平，也可以仅设定目标利率调整方向。1999—2005 年，
COPOM 每个月都举行会议，商议利率的决定，从 2006 年开始，按照预先

————————

① SELIC 利率是银行间隔夜国债抵押贷款利率，Interest rate for Overnight Interbank Loans Collateralized by Government Bonds.

约定的日期，每 6 周集会一次，每年举行 8 次例会，每次持续 2 天。特殊情况下，中央银行行长可以召集 COPOM 加开会议。

货币政策的透明度是巴西通货膨胀目标制的一大特点。中央银行每次货币政策委员会的会议记录会在会议之后对外公布。该记录对货币政策委员会的讨论进行总结，记录会上的不同观点。每季度末，央行的货币政策委员会出版《中央银行通货膨胀报告》，对国内的经济状况和最近一次的货币政策例会对通货膨胀的预测进行详细分析。如果中央银行没有实现通货膨胀目标，需要解释原因和将要采取的措施。此外，巴西中央银行的金融报告也会在每个月末对外公布，而货币政策委员会的决议则在为期两天的会议之后立即公布，具体细节则需要在会议结束后 6 天之内公布。但是，对于未能完成当年通货膨胀目标的行为，中央银行只需要做出解释，并无相应惩罚机制，因此在这个方面，巴西的通货膨胀目标制是一种较松散的目标制。

巴西在宣布实行通货膨胀目标制的一个月后就发布了第一份中央银行的《通货膨胀报告》，报告中不仅详细描述了经济形势以及通货膨胀的走势，而且按照不同的情景分析法对未来通货膨胀的预期进行了估计，巴西成为当时采用通货膨胀目标制货币政策的拉美国家中政策透明度最高的国家[①]。

三　巴西通货膨胀目标制货币政策理论模型

由于巴西是开放经济体，利率冲击和其他外部冲击会通过汇率传导影响到货币政策的效果。而在雷亚尔计划后汇率钉住在巴西已经被认定为不可持续，因此浮动汇率制下旨在维持价格稳定的通货膨胀目标制，被认为是能有效解决巴西通货膨胀顽疾的货币政策。但是，在此之前，巴西中央银行从未有过独立运用政策工具实施货币政策的经历。甚至在中央银行内，懂通货膨胀目标制的学者也寥寥无几。此外，由于巴西中央银行没有研究部门，关于通货膨胀的预测等模型均未曾建立。1999 年 3 月底，巴西央行研究部成立，共 14 位专家学者开始对巴西的通货膨胀目标制进行

---

① Mishkin, F. S. and M. Savastano, "Monetary Policy Strategies for Latin America", in *Journal of Development Economics*, 2001, Vol. 66, No. 2, pp. 415 – 444.

研究①,并最终建立了货币政策传导机制的小型结构化模型以及短期通货膨胀预测模型。此外,还对经济增长率、通货膨胀率以及其他经济变量的市场预期进行了广泛调查。Ho 和 McCauley(2003)指出,新兴经济体容易受到汇率的冲击,因此在浮动汇率制度下采取通货膨胀目标制时应同时给予汇率足够的重视。BIS(2010)认为全球金融危机以来巴西中央银行的货币政策操作同时以实现通货膨胀目标和汇率稳定为政策目标。因此,无论是最初的小型结构化模型还是日后逐渐完善的宏观经济大模型,汇率一直被当成重要的内生变量予以考虑。

(一) 小型结构化模型

巴西中央银行对货币政策的传导机制进行了研究,建立起包含利率、汇率、总需求、资产价格、预期、信贷和货币总供给、工资以及财富等众多变量在内的小型结构化模型。该模型由一系列短期方程组成,包括VAR 模型和 ARMA 时间序列模型,主要目标有:第一,提供短期通货膨胀率的预测方法;第二,通过预期通货膨胀率估计事前(ex ante)实际利率,以及前瞻型(forward-looking)利率规则;第三,模拟不同种类的冲击对通货膨胀率造成的影响。

1. 理论基础

根据国际经验以及巴西实际情况,巴西中央银行对本国货币政策传导机制以及政策时滞进行了估计和模拟,得到了包括刻画产出缺口、实际利率以及实际汇率的财政政策形式的 IS 曲线,刻画通货膨胀率、产出缺口以及名义汇率的菲利普斯曲线,无抛补的利率平价方程(UIP)和以泰勒规则为基础的利率规则。图 2—3 是巴西中央银行小型结构化模型。由于巴西历史上财政赤字以及赤字货币化对通货膨胀有很重要的影响,政府在"财政责任法"之后坚持财政纪律,初级财政盈余目标成为公共部门必须遵循的准则,因此财政政策对于社会总需求会产生重要影响,通过财政政策工具(初级盈余)和货币政策工具(利率)进入模型中。

---

① Bogdanski, J., A. A. Tombini, and S. R. da Costa Werlang, "Implementing Inflation Targeting in Brazil", *Banco Central do Brazil*, *Working Papers*, No. 1, 2000.

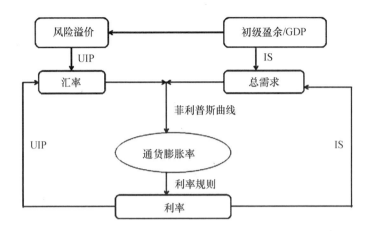

图 2—3 巴西中央银行小型结构化模型

2. 具体模型

巴西中央银行最初的小型结构化模型从 IS 曲线、菲利普斯曲线、汇率决定以及货币政策规则等方面对巴西通货膨胀目标制货币政策进行了理论探索和指导。

（1）需求侧：IS 曲线

标准的 IS 曲线可以写成：

$$Y_t^g = \alpha_0 + \alpha_1 Y_{t-1}^g + \alpha_2 Y_{t-2}^g + \alpha_3 r_{t-1} + \varepsilon_t \quad (2.3.4)$$

其中 Y^g 是产出缺口，r 是实际利率，ε_t 是需求冲击。当把财政政策变量加入 IS 曲线后，由于存在公共部门的预算约束（Budget Constraint），IS 曲线可以改写为：

$$Y_t^g = \alpha_0 + \alpha_1 Y_{t-1}^g + \alpha_2 Y_{t-2}^g + \alpha_3 r_{t-1} + \alpha_4 BC_{t-1} + a_4 BC_{t-1} + \varepsilon_t \quad (2.3.5)$$

根据公式（2.3.5），巴西的产出缺口受到自身前两期值的影响，并且前期实际利率水平会影响到当期的产出缺口。此外，上一期的预算约束也会对当期产出缺口产生一定影响。

（2）供给侧：菲利普斯曲线

由于存在前瞻型（Forward-looking）和后顾型（Backward-looking）两种具体形式，巴西中央银行在实际中将两种方式结合对菲利普斯曲线进行模拟：

$$\pi_t = \beta_1^b \pi_{t-1} + \beta_2^b \pi_{t-2} + \beta_3^b Y_{t-1}^g + \beta_4^b \Delta\ (\beta_t^f + e_t)\ + \varepsilon_t \qquad (2.3.6)$$

$$\pi_t = \beta_1^f \pi_{t-1} + \beta_2^f E_t\ (\pi_{t+1})\ + \beta_3^f Y_{t-1}^g + \beta_4^f \Delta\ (\pi_t^f + e_t)\ + \varepsilon_t \qquad (2.3.7)$$

$$\pi_t = \frac{\beta_1^b + \beta_1^f}{2} \pi_{t-1} + \frac{\beta_2^f}{2} E\ (\pi_{t+1})\ + \frac{\beta_2^b}{2} \pi_{t-2} + \frac{\beta_3^b + \beta_3^f}{2} Y_{g\,t-1} + \frac{\beta_4^b + \beta_4^f}{2} \Delta$$

$$(\pi_t^f + e_t)\ + \varepsilon_t \qquad (2.3.8)$$

其中,(2.3.6) 式和 (2.3.7) 式分别是后顾型和前瞻型菲利普斯曲线,(2.3.8) 式则是二者的结合形式。π 和 π^f 分别是本国和外国的通货膨胀率,e 是汇率,ε_t 则代表了供给冲击。根据适应性预期理论,后顾型菲利普斯曲线受到滞后两期通货膨胀的影响,但由于受到卢卡斯批判,该预测模型的有效性存在一定影响。但是,前瞻型菲利普斯曲线又由于通货膨胀预期的不稳定性和模拟方法众多等限制而影响其有效性。巴西央行在实际模拟时对两者进行结合,前瞻型菲利普斯曲线被赋予了 60% 的权重[①]。

(3) 汇率传递以及名义汇率的决定

在加入汇率因素的菲利普斯曲线中,汇率变动对国内通货膨胀的传导至关重要,学术界存在众多关于汇率传递效果的线性和非线性模拟方法[②]。

名义汇率由无抛补的利率平价决定:

$$E_t e_{t+1} - e_t = i_t - i_t^f - x_t \qquad (2.3.9)$$

其中,e 是名义汇率,i_t 和 i_t^f 分别是国内和国外的名义利率,x 则代表了风险溢价。对 (2.3.9) 式进行一阶差分,可以写成 $E_t e_{t+1} - E_{t-1} e_t - \Delta e_t = \Delta i_t - \Delta i_t^f - \Delta x_t$,并且假设预期因素遵循一个白噪声过程,即 $E_t e_{t+1} - E_{t-1} e_t = \mu_t$,那么汇率动态方程可以写成:

$$\Delta e_t = \Delta i_t^f + \Delta x_t - \Delta i_t + \mu_t \qquad (2.3.10)$$

在汇率动态方程中,外国利率和风险溢价是外生变量。其中外国利率相对比较稳定,而风险溢价则主要通过对巴西主权债务的回报率溢价进行模拟。由于在 IS 曲线中加入财政因素,因此风险溢价将随着政府财政政

---

① Bogdanski, J., A. A. Tombini, and S. R. da Costa Werlang, "Implementing Inflation Targeting in Brazil", Banco Central do Brazil, *Working Papers*, No. 1, 2000.

② 学术界共存在四类方法,具体可参见 Goldfajn 和 Werlang (2000)。

策而变化，进一步可以表示成如下形式：

$$\Delta x_t = \gamma_1 \Delta X_{t-1} + \gamma_2 \Delta BC_{t-3} \sum_{j=3}^{n} \gamma_j \Delta Z_{j,t-t_j} \qquad (2.3.11)$$

其中，X 是风险溢价，Z 是包括国际流动性、利率、初级产品价格、经常账户盈余以及国家风险评级众多指标在内的影响风险溢价的信息集。

（4）货币政策规则

在巴西通货膨胀目标制模型中，中央银行对短期利率的确定和调节是最重要的货币政策工具。利率规则采用了线性形式，货币政策可以随时根据产出缺口以及通货膨胀率对通货膨胀目标的偏离进行利率调节：

$$i_t = (1-\lambda)\, i_{t-1} + \lambda \left[\alpha_1 (\pi_t - \pi^*) + \alpha_2 Y_t^g + a_3 \right] \quad (2.3.12)$$

当 $\lambda = 1$ 时，(2.3.12) 式即为标准的泰勒规则，而当 $\lambda \in (0, 1)$ 时，则为经过利率平滑的泰勒规则。

（二）模型的发展

随着新共识宏观经济学的发展，各国中央银行通货膨胀目标制的理论模型也不断进行修正和改进（Arestis 和 Sawyer，2008）。巴西中央银行研究部结合巴西的实际情况以及各国实践经验，对此前的小型结构化模型进行了扩展，并且在中央银行对利率的实际制定中发挥了重要的影响。巴西中央银行严格按照这组模型制定货币政策，巩固通货膨胀目标制。

在小型结构化模型之后，巴西央行从未公布过其改进的通货膨胀目标制宏观经济大模型。本节的分析基于巴西央行的多个工作论文，作者均为央行主要研究人员以及学术界的著名学者，包括 Freitas 和 Muinhos（2001）、Schmidt-Hebel 和 Werner（2002）、Minella 等（2003）、Muinhos 和 Lago-Alves（2003）以及 Tombini 和 Lago-Alves（2006）。结合 Arestis 等人（2006，2011）的分析，得出含有 14 个方程的巴西通货膨胀目标制货币政策模型如下：

需求侧：

$$Y = C + I + \overline{G} + X - M \qquad (2.3.13)$$

$$C = C\,(Y,\ NW) \qquad (2.3.14)$$

$$X = X\,(EER,\ Y_W) \qquad (2.3.15)$$

$$M = M\,(EER,\ Y) \qquad (2.3.16)$$

$$EER = e\frac{P_W}{P} \qquad (2.3.17)$$

$$NW = K + PD + NFA \quad (2.3.18)$$

供给侧:

$$Y^g = Y - Y^* \quad (2.3.19)$$

$$Y^* = Y(K, L^s, A) \quad (2.3.20)$$

$$K = (1 - \delta) K_{t-1} + I \quad (2.3.21)$$

$$I = i[(i - \pi), Y] \quad (2.3.22)$$

$$U = \frac{L_S - L}{L_S} \quad (2.3.23)$$

$$L = L(Y^g, K) \quad (2.3.24)$$

$$\pi = \pi(\pi^e, \pi_{t-1}, \Delta EER, U) \quad (2.3.25)$$

$$i = i[(1 - \pi)^*, i_{t-1}, \pi - \pi^*, Y^*, \Delta EER] \quad (2.3.26)$$

以上 14 个方程均采取隐函数形式, Y 和 Y_w 分别是巴西和外国的国民收入, C 是消费, I 是投资, G 代表政府支出, X 和 M 分别表示出口和进口; NW 是净财富, 其中 K 代表资本存量, PD 是公共债务, NFA 是巴西持有的净国外资产。Y^g 和 Y^* 分别是产出缺口和潜在产出, U 是失业率, π 和 π^* 代表通货膨胀率和通货膨胀目标, π^e 则是国内的预期通货膨胀率; L 和 L^s 分别是劳动力存量和劳动力供给, A 是全要素生产率, i 和 $(i - \pi)$ 是名义和实际利率, $(i - \pi)^*$ 则是长期均衡利率, e 和 EER 分别是名义和实际汇率。在以上方程组中, G、Y_w、P_w、π^e、L^s、A、PD 以及 NFA 是外生变量。

在这组方程中, 前六个刻画的是经济中的需求侧, (2.3.17) 式和 (2.3.18) 式分别给出了汇率和净财富的决定。方程 (2.3.13) — (2.3.15) 是传统意义上的凯恩斯主义收入决定理论模型, 因此并没有将银行信贷纳入总需求模型中, 货币政策的信贷传导渠道被排除在外[1]。进一步, 商品市场是垄断竞争的, 价格存在名义黏性, 生产者根据黏性价格调节供给。因此 (2.3.13) 式中的总需求包括了存货调节和国外需求在内, 短期内的市场均衡由总需求决定。方程 (2.3.19) — (2.3.26) 刻画了经济中的供给侧。(2.3.19) 式给出了产出缺口, 而潜在产出则由方

---

[1] Catao 等 (2008) 认为银行信贷是巴西货币政策重要的传导渠道。名义利率的变动将通过影响实际利率和汇率造成产出缺口以及可贸易部门需求的变动。

程（2.3.20）给出，决定于资本存量、有效劳动供给和技术进步，满足柯布—道格拉斯形式。资本存量、投资和失业率的决定均依据利润最大化原则。

方程（2.3.25）是改进后的菲利普斯曲线，与最初的小型结构化模型中的（2.3.8）式相比，最重要的变化是将失业率纳入模型中，在具体操作中，中央银行将前瞻型和后顾型特性结合了起来[①]。最后一个方程式是巴西货币政策规则方程，$(\pi - \pi^*)$ 在整体模型中的作用大于产出缺口 Y^g。这一货币政策规则是泰勒规则在巴西的具体应用。

通过以上模型可以了解巴西宏观经济模型的主要特点：首先，价格稳定，即低且稳定的通货膨胀率是货币政策的首要长期目标；其次，只要价格稳定目标不被破坏，央行将产出缺口目标视为货币政策的次要目标；最后，通货膨胀预期以及政策的透明度是货币政策的主要内容。在这一政策体制下，货币政策在巴西宏观经济管理中具有重要地位，中央银行具备操作上的独立性[②]。

第四节　通货膨胀目标制下巴西的货币和汇率政策

坚持通货膨胀目标制、灵活的浮动汇率制度以及严格的财政纪律，是巴西 1999 年以来成功实现经济稳定的基础。在治理通货膨胀方面，政府运用灵活的利率工具、增强中央银行的独立性、引导通货膨胀预期，取得了良好的效果。而在 2008 年开始的全球金融危机之中，巴西一改以往金融危机中的动荡和衰退，保持了金融和价格的稳定，货币政策和汇率政策更加灵活。

一　1999—2005 年：通货膨胀目标制的巩固和目标偏离

通货膨胀目标制确立后，1999—2001 年的通货膨胀目标分别为 8%、6% 和 4%，上下浮动区间为两个百分点。前两年，巴西央行均实现了既

---

① Arestis, P., Ferrari-F. Fernando and de P., F. Luiz, "Inflation Targeting in Brazil", in *International Review of Applied Economics*, Vol. 25, No. 2, 2011, pp. 127 – 148.

② 根据 Arestis 等（2011），巴西中央银行没有政治独立性，但是具有操作上的独立性。

定的通货膨胀目标。然而在 2001 年，由于美国经济放缓以及阿根廷金融危机对巴西造成冲击，资本外逃，汇率贬值①；同时，巴西国内因"电荒"造成能源危机加重了经济衰退。国外负面冲击以及国内供给冲击造成当年 6% 的通货膨胀上限被突破，2001 年巴西通货膨胀率为 7.67%，比 2000 年提高了 1.7 个百分点。巴西中央银行通过提高利率的方式应对国内通货膨胀的上升和汇率贬值。2001 年经济的不稳定又因 2002 年巴西大选带来的信任危机而雪上加霜，资本大量流出，雷亚尔汇率则贬值到债务危机以来的最高水平，通货膨胀率也因此上升到两位数。2002 年 6 月，巴西中央银行将 2003 年的通货膨胀目标值由 3.25% 提高到 4%，通货膨胀目标的上限则从 5.25% 提高到 6.5%，希望改变市场预期，但通货膨胀依旧未能得到控制。2002 年巴西通货膨胀率达到 12.53%，远远超过 3.5% 的通货膨胀目标和 5.5% 的目标上限，比 2001 年上升了 4.8 个百分点。

卢拉在竞选中承诺当年财政初级盈余占 GDP 的比重从 3.75% 提高到 4.25%，高于 IMF 为巴西制定的目标（3.5%）。这一举措成功获得了公众的信任，增强了市场信心，对巴西货币的投机攻击逐渐平息，市场预期开始改善。卢拉当选总统后，严格执行财政纪律和通货膨胀目标制，降低通货膨胀，稳定汇率，帮助巴西重返国际金融市场。2003 年 1 月，巴西新上任的央行行长做出承诺，央行将控制通货膨胀目标作为首要任务，并通过调节利率来实现通货膨胀目标。

2002 年，巴西货币大幅贬值对通货膨胀造成较大的压力，单靠利率手段已经无法有效地调节通胀，虽然央行采用了灵活的通货膨胀目标制，又在 2003 年初将通胀目标上限再次提高到 8.5%，但 2003 年全年通货膨胀还是达到了 9.3%，依旧没能完成通货膨胀目标。2003 年 6 月，央行又将 2004 年的通货膨胀目标进行了调整，从 3.75% 上调到 5.5%，同时扩大了 2004 年和 2005 年通货膨胀目标的波动区间，由原来的上下浮动 2 个百分点提高到 2.5 个百分点。2004 年下半年通货膨胀有上升趋势，全年通胀率为 7.6%，由于通胀目标上限被提高到 8%，央行得以完成当年的通胀目标。得益于稳定的国际宏观经济形势以及央行和政府的各种努力，

---

① 2001 年巴西通货膨胀的汇率贬值贡献率为 38%（Minella 等，2003）。

巴西终于在 2005 年实现了全年通货膨胀目标，当年通胀率为 5.69%，低于 7% 的通胀上限。

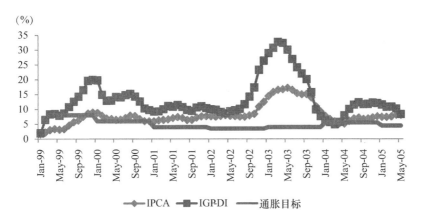

图 2—4　1999 年 1 月至 2005 年 6 月巴西物价指数和通货膨胀目标

注：IPCA 是广义消费者物价指数，IGP－DI 是产品物价总指数。

资料来源：巴西中央银行，http：//www.bcb.gov.br/? INDICATORS。

在通货膨胀目标制建立和巩固的过程中，巴西中央银行充分利用了利率工具，控制通货膨胀的同时，保证对经济增长的刺激。由于巴西雷亚尔计划之后，汇率高估，央行不得不采取高利率的办法吸引资本流入，保持汇率稳定，巴西国内基准利率 1998 年 1 月高达 38%。此后虽有下降，但也保持在 19% 以上。1998 年 12 月利率重新被提高到 30%，1999 年 3 月更是提高到 45%。采取通货膨胀目标制之后，巴西的基准利率进入下降区间。央行从 1999 年 6 月开始下调利率，从 21% 大幅下降至 2001 年 1 月的 15.25%。2001—2002 年，巴西中央银行采取了出售即期外汇、向期货市场提供钉住汇率的指数化工具等措施进行暂时性的汇率干预[①]。

值得注意的是，在通货膨胀目标制的建立和巩固时期，巴西货币的升值对于通货膨胀的稳定起到了一定的作用。由于 1999 年 6 月才确立，因此当时确立的通货膨胀目标在当年是易于实现的。2000—2005 年，巴西

① 胡乃武、郑红：《汇率在货币政策中的作用：理论研究与国际经验》，中国人民大学出版社 2013 年版，第 181 页。

通货膨胀目标仅在 2001 年和 2002 年未能实现，而这两年中巴西货币贬值严重。其余年份中，巴西货币升值，除 2003 年目标未实现外，中央银行均将通货膨胀控制在上限以下。因此，也有研究认为巴西通货膨胀目标的实现与货币升值相关。

二 2006—2008 年：货币升值和通货膨胀上升

2003 年开始，随着阿根廷经济危机的影响逐渐平息以及全球宏观经济大环境的改善，巴西进入了"黄金增长期"。美元相对弱势以及全球流动性增强，加上巴西积极的经济增长前景，国际资本开始重新大规模流入。经济繁荣的同时，巴西面临着货币升值和通货膨胀上升的压力。

2005 年巴西通货膨胀目标制得到巩固后，中央银行在 2006 年将通货膨胀目标的变动区间收窄。2006 年通货膨胀率被控制在 3.14%，成为自 1999 年以来的最低水平。由于采取通货膨胀目标制，巴西中央银行将利率作为实现通货膨胀目标的中介工具，利率有上升趋势。巴西经济前景向好以及利率水平上升加剧了国际资本的流入，造成货币升值，影响出口部门的竞争力，形成贸易逆差。因此，在这一时期，和其他拉美国家一样，巴西同样面临着资本大规模流入、货币升值和通货膨胀抬头的压力。2006 年初开始，巴西雷亚尔对其主要贸易伙伴国的货币均出现了升值。与 2006 年初相比，巴西雷亚尔兑美元在 2007 年年底升值 22%，兑阿根廷比索则升值 20%，而巴西雷亚尔的汇率指数升值幅度则达到更高的 28.79%[①]。

从 2006 年开始，由于全球初级产品价格高涨，巴西受到了来自外部的价格冲击，出现通货膨胀压力，各种物价指数开始逐渐上升。根据图 2—5 显示，2005 年 6 月—2007 年 6 月，不同物价指数衡量的巴西通货膨胀还处于央行通胀目标上下，尽管已经出现上升趋势。2007 年后半年开始巴西的商品物价总指数飙升，最高达到 14.81%，而广义消费者价格指数（IPCA）也出现上升趋势，IPCA 在 2008 年 10 月上升到 6.41%。

---

① 根据国际清算银行宽口径统计的名义有效汇率计算。

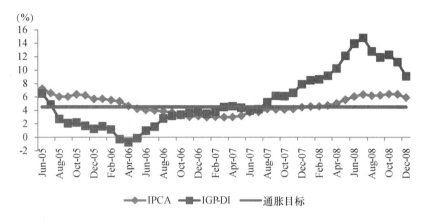

图 2—5　2005 年 6 月至 2008 年 12 月巴西物价指数和通货膨胀目标

注：IPCA 是广义消费者物价指数，IGP－DI 是产品物价总指数。

资料来源：巴西中央银行，http：//www.bcb.gov.br/? INDICATORS。

　　资本流入、本币升值和通货膨胀上升给巴西的宏观经济稳定和通货膨胀目标制带来了压力，巴西中央银行采取了一系列措施，保证金融稳定和完成通货膨胀目标。首先，加强对资本流动的管制。巴西资本项目的放开是渐进式的，因此央行保留了对资本流动的控制权。2007 年 6 月，银行外汇交易的审慎要求被提高，共同基金和其他投资基金投资海外资产的比例上限分别提高至 20% 和 10%；2007 年初，巴西部分进口关税提高到 WTO 允许的最高水平，防止外部通货膨胀的传递；受升值影响的传统部门出口商还获得了信贷补贴和税收抵免，同时巴西机构投资者对外投资的管制被放开。这些措施有效地缓解了资本净流入带来的压力。其次，中央银行的货币政策进行转向，停止利率的连续下调。由于巴西国内利率较高，通货膨胀得到有效控制，央行自 2005 年 9 月以来一直采取降低利率的方式刺激投资和经济增长。2005 年 9 月 14 日—2007 年 9 月 5 日，巴西中央银行连续 18 次下调基准利率，利率累计下降 8.5 个百分点，基准利率从 19.75% 下降到 11.25%。2007 年日益加大的通货膨胀压力使央行在第四季度决定停止扩张性的货币政策，维持基准利率不变。最后，提高金融机构法定存款准备金率，并进行公开市场业务收回流动性。2007 年巴西中央银行将金融机构的法定存款准备金率从年初的 5.1% 提高到年底的 5.7%。此外，2007 年央行还进行公开市场业务操作,全年收回流动性超过18000亿雷亚尔。

三 2008—2014 年:通货膨胀目标制受到挑战

全球金融危机以来,主要发达经济体陷入衰退,新兴市场国家成为全球经济增长的主要引擎,巴西面临的宏观经济形势更加复杂。巴西经济在2009年短暂出现衰退后,随即在2010年实现 V 型反转,增长7.5%。随着外部经济环境的持续变化,巴西经济增长的脆弱性在2011年开始凸显。2011年巴西经济增长率下降4.8个百分点,降至2.7%,2012年则进一步下降到只有0.9%。巴西通货膨胀的变动与经济增长基本保持了同步性。2009年以来巴西通货膨胀进入下行区间,通货膨胀率在2009年第四季度一度降至央行通货膨胀目标之下。随着2010年经济恢复高速增长,全球主要经济体货币政策相对宽松,资本流入在2010年重新扩张,巴西的通货膨胀率自2010年第四季度开始重新上升。按照 IPCA 指数衡量的累积通货膨胀率自2010年1月开始一直高于4.5%的中央银行通货膨胀目标值。2011年4—12月,巴西的通货膨胀率均在央行通货膨胀目标上限以上运行,并在12月达到7.3%的峰值,2011年全年最终通胀率为6.5%,持平于通胀上限,国内通货膨胀压力巨大。但是,2011年巴西经济增长只有2.7%,经济增速大幅下滑,通货膨胀上升,经济陷入"滞胀"。2012年全球经济"二次探底",巴西通货膨胀也进入下降区间,6月的通胀率为4.9%。但此后,巴西经济陷入"技术性衰退",通货膨胀率重新开始上升,2012年全年通胀率为5.84%。2013年巴西经济增长2.3%,通货膨胀率为5.91%,保持在央行通货膨胀目标上限之下。但年中,月度通货膨胀率却突破过通货膨胀上限,并且在2013年6月爆发了因公交票价上涨引起的一系列民众抗议活动。2014年巴西经济进一步衰退,通货膨胀继续在高位运行,并且从6月开始一直高于央行的通胀目标上限[1]。2014年全年经济增长仅为0.2%,而通货膨胀率为6.41%[2]。

---

① 2014年6—11月,巴西累积通胀率均处于央行通货膨胀目标之上,分别为:6.51%、6.5%、6.51%、6.75%、6.59%和6.56%。

② 巴西中央银行2014年12月通货膨胀报告,http://www.bcb.gov.br/htms/relinf/ing/2014/12/ri201412sei.pdf。

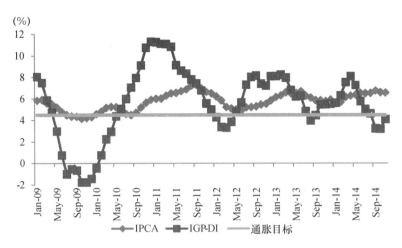

图 2—6　2009 年 1 月至 2014 年 11 月巴西物价指数和通货膨胀目标

注：IPCA 是广义消费者物价指数，IGP－DI 是产品物价总指数。

资料来源：巴西中央银行，http：//www. bcb. gov. br/? INDICATORS。

　　面对复杂多变的宏观经济形势，巴西坚持财政纪律和通货膨胀目标制的同时，采取了相对灵活的货币和汇率政策。雷曼兄弟破产之后，资本流入骤停，巴西央行采取了多种措施为市场提供流动性①。由于前一时期通货膨胀压力并未消除，巴西没有立即降低利率，而是通过中央银行在现货市场和回购市场卖出美元、进行外汇和货币互换、利用外汇互换为出口融资以及降低存款准备金率等方式向市场提供流动性。② 2008 年 10 月—2009 年 1 月，巴西央行在美元现货市场上共抛售 143 亿美元；2008 年 9 月—2009 年 1 月，进行了 97 亿美元的外汇互换；2008 年 10 月与美联储进行了价值 300 亿美元的货币互换。此外央行改变了贴现窗口的一些规制，延长了贴现贷款的到期期限，将央行提供贷款的范围扩大。巴西基准利率直到 2009 年 1 月底才下降，降幅为 100 个基点，利率降至 12.75%。

　　① Luis Felipe Céspedes, Roberto Chang and Andrés Velasco, *Is Inflation Targeting Still on Target? The Recent Experience of Latin America*, Inter-American Development Bank Report, Washington DC, 2012.

　　② ECLAC, "The Reactions of the Governments of the Americas to the International Crisis: an Overview of Policy Measures up to 31 December 2009", *ECLAC Reports*, No. 2010－61, 2010, p. 12.

3月央行进一步降息，降幅高达150个基点。6月，巴西基准利率降到9.25%，自1998年以来首次降至10%以下。2009年7月，基准利率进一步降至8.75%。

2010年，巴西经济的强势反弹以及欧美量化宽松政策带来的流动性，造成了国际资本的重新回流和雷亚尔升值，货币政策面临挑战。2009年11月，巴西启动资本管制措施，对短期外资征收2%的金融交易税。通货膨胀在2010年重新抬头促使巴西开始提高利率。2010年4月29日，巴西结束了2008年9月以来的降息周期，将基准利率从8.75%提高到9.5%，巴西也成为全球金融危机后拉丁美洲第一个加息的国家。这一轮加息周期一直持续到2011年第三季度。2010年9月，央行将金融交易税从2%提高到4%，控制资本流入规模，10月又提高至6%。

2012年全球经济"二次探底"后，巴西通货膨胀压力减轻，央行立即降低利率，刺激经济发展。2011年9月央行将基准利率从12.5%降至12%，此后连续降息9次，2012年10月基准利率降至7.25%。2013年进入新一轮通货膨胀周期后，央行又连续13次提高利率，2015年4月利率升到13.25%。

巴西央行通货利率工具控制通货膨胀的同时，还采取了一些非传统的货币政策工具应对短期资本流动和汇率波动，这些工具包括在外汇市场上进行买卖、对流入资本征税以及提高储备金要求[1]。对资本流入征税，可以防止由于私人部门过分繁荣带来的经济不稳定性，降低未来发生汇率错配的可能性。提高储备金要求则可以有效控制商业银行的流动性，降低通货膨胀压力。总的来说，全球金融危机暴露了银行和金融监管方面的不足，但实行灵活通货膨胀目标制的巴西采取了审慎的货币政策，基本有效应对了资本流动和国内通货膨胀，通货膨胀目标制货币政策经受住了考验[2]。

---

[1] 2010年下半年至2012年，面对资本流入浪潮巴西采取的宏观审慎政策具体内容和分析可以参考da Silva和Harris（2012）。

[2] da Silva L. A. P., and R. E. Harris, "Sailing through the Global Financial Storm：Brazil's Recent Experience with Monetary and Macroprudential Policies to Lean Against the Financial Cycle and Deal with Systemic Risks", *Banco Central do Brasil*, *Working Papers*, No. 290, 2012, p. 46.

四　2015 年以来：通货膨胀目标制失灵

2015 年起，国际经济不确定性加强，新兴经济体和发展中国家普遍遭遇了全球金融危机以来连续的经济增速下降、金融压力加大、市场波动明显。同时，这些国家还普遍面临资本外流、资产价格下降以及货币贬值等风险。在不利的全球经济大背景下，拉丁美洲和加勒比地区的经济继续减速，经常账户赤字不断扩大，货币大幅贬值，通货膨胀加剧，金融风险迅速飙升。

作为拉丁美洲最重要的经济体，巴西陷入了"高通胀、高利率、负增长"的困境之中，20 年来首次出现连续四个季度的经济衰退，投资和家庭消费双双萎缩。2015 年，公共债务提高了 7 个百分点，经济衰退3.8%。在此背景下，巴西的通货膨胀率一路上行，2015 年全年为 10%，大大高于央行 6.5% 的通胀上限，创下了近 11 年来的新高。中央银行只能把提高利率作为抑制通货膨胀、实现经济稳定的首选政策，全年五次加息到 14.25% 的历史高位，成为全球新兴经济体中利率最高的国家。高企的利率造成全社会债务负担日趋加重，2015 年巴西公共债务利息支出占GDP 的比重从 2014 年的 5% 提高至 7.7%。在标普和惠誉两大国际评级机构将巴西主权债务评级降为垃圾级后，2015 年 12 月 18 日，主张经济紧缩的财政部长若阿金·莱维（Joaquim Levy）辞职，引发市场恐慌，雷亚尔单日贬值 1.42%。而后上任的财政部长内尔松·巴尔博萨（Nelson Barbosa）在财政政策方面更加温和，于是总统罗塞夫又向国会递交了增加47.7 亿雷亚尔的财政支出用于提高最低薪资的法案，使巴西本已严重的财政赤字进一步恶化。实际上，巴西金融市场在 2015 年最后一个交易日对此作出了强烈反应——雷亚尔单日贬值超过 4%，创下 2011 年 9 月以来最大跌幅。

不断抬高的利率不仅使国内本就低迷的经济雪上加霜，而且其通胀率依旧无法降回至中央银行的目标区间，货币政策显得无计可施。

第五节　本章小结

长期以来，通货膨胀一直是困扰巴西经济发展的主要问题。历史上巴西依靠牺牲通货膨胀率获得了扩张性经济政策下的高增长，但也因此遭受过"失去的十年"。此后，巴西通过雷亚尔计划成功遏制住恶性通货膨胀，但也因为内部外部均衡之间的矛盾而不得不放弃汇率钉住制度，允许汇率浮动。世纪之交，巴西顺应时代潮流，采取了通货膨胀目标制货币政策，在严格的财政纪律和汇率自由浮动条件下将通货膨胀率当作货币政策的名义锚，通过对短期利率的调整进行货币政策操作。这一政策在新世纪以来获得了不错的经济绩效，巴西经济高速发展，通货膨胀率和利率均经历了下降的过程。但是全球金融危机后，面对不利的外部环境和资本流动的不确定性，巴西经济发展遇到瓶颈，通货膨胀高企，通货膨胀目标制货币政策受到挑战。

本章首先对共和国成立到雷亚尔计划之前的巴西通货膨胀历史进行了回顾和梳理。在100多年的时间内，巴西多次遭到恶性通货膨胀的袭击。历史上，结构主义理论、货币主义理论以及新结构主义理论分别从不同的角度对巴西通货膨胀的成因进行过分析，并且提出了相应的对策。具体来看，经济发展战略与自身实际脱节、经济结构失衡、长期实行赤字财政以及大量举借外债、通货膨胀惯性等均是巴西通货膨胀产生的主要原因。在不同通货膨胀理论的指导下，历届巴西政府采取了很多治理通货膨胀的措施，积累了丰富的经验和教训。在治理通货膨胀的措施方面应该将短期目标与长期目标相结合，做到政策的连贯性和一致性；财政和货币政策要配合使用，财政紧缩的力度应该更大；打破通货膨胀惯性才能从根源上治理通货膨胀。

其次，对雷亚尔计划进行了全面回顾和评价。以利率和汇率"双高"为特征的雷亚尔计划帮助巴西成功遏制了20世纪90年代以来的恶性通货膨胀。但是，由于缺乏针对公共部门大量财政赤字的解决方案以及本身无法实现内部和外部的均衡的弊端，该计划最终失败，汇率钉住货币政策被通货膨胀钉住取代，固定汇率制度被迫浮动。

再次，对巴西的通货膨胀目标制的理论和实践进行了详细分析。巴西的通货膨胀目标制货币政策以英国经验为模板，在新共识宏观经济学的理论指导下，巴西中央银行对通货膨胀目标制货币政策的理论研究逐步从小型结构化模型，扩展到囊括需求侧、供给侧、汇率传递及名义汇率决定、货币政策规则等14个方程在内的标准模型。巴西中央银行的理论指导日趋成熟。

　　最后，本章对 1999 年以来巴西通货膨胀目标制下的货币和汇率政策进行了回顾和分析。通过采取浮动汇率制度、通货膨胀目标制以及严格的财政纪律帮助巴西实现了经济的稳定。巴西中央银行灵活利用利率等政策工具进行货币政策的调整，以实现通货膨胀目标。全球金融危机期间，资本流动规模加剧，巴西中央银行利用更加灵活的货币和汇率政策进行经济调节。

第 三 章

巴西通货膨胀目标制检验

严格财政纪律和允许汇率自由浮动后，巴西通货膨胀的形成机制以及治理方式必然会产生明显的变化，本章首先对新形势下巴西通货膨胀的动态影响因素进行实证分析。接着分析巴西通货膨胀目标制的经济绩效和货币政策的有效性。最后针对巴西通货膨胀目标制下货币政策的反应函数进行实证模拟。

第一节　通货膨胀的动态影响因素

历史上对巴西通货膨胀原因的研究主要从发展战略、经济结构、财政赤字和金融管理不善以及外部冲击等角度进行分析。本节利用 ARMA 模型和扩展的菲利普斯曲线，对 1999 年巴西采取通货膨胀目标制货币政策后通货膨胀的原因进行实证分析。

一　新形势下的研究背景

经典通货膨胀理论将通货膨胀的成因分为需求拉动、成本推动和结构性通货膨胀三大类，现代通货膨胀理论又将超额货币供给和预期等因素纳入通货膨胀的诱因集合之中。历史上，巴西的通货膨胀原因主要有：牺牲通货膨胀的高增长战略、二元经济结构失衡、长期实行财政赤字政策以及赤字货币化和外债不可持续等。

1999 年巴西采用通货膨胀目标制并执行严格的财政纪律之后，由于财政赤字规模和赤字货币化动机被严格控制，影响巴西通货膨胀的财政和货币传统因素发生改变。进入 21 世纪后，全球经济大缓和，巴西自 2003

年开始也进入"黄金增长期"，依靠初级产品的大量出口实现了经济增长。金融全球化以及巴西资本账户开放造成资本流动规模的扩大，全球经济周期对巴西的影响也在加大。新形势下巴西的通货膨胀成因必然也会发生变化。

巴西进入黄金增长期后，宏观经济指标和社会指标均得到显著改善，迅速扩大的中产阶级队伍形成的巨大消费能力使国内需求膨胀速度超过供给增长能力，形成国内通货膨胀高企的结构性障碍。da Fonseca（2011）从总需求和总供给两个方面对雷亚尔计划之后巴西通货膨胀的原因进行了分析。无论采用季度数据还是剔除季度性趋势的数据，平均工资的变动和货币供给增速超过实际 GDP 增速是造成通货膨胀最主要的原因；而使用剔除季度性趋势数据发现，农产品价格的变化和汇率的变动对通货膨胀有显著的影响。

二　研究方法

本节根据巴西通货膨胀率时间序列的特点，应用 ARMA 模型刻画预期因素在通货膨胀形成中的作用。此外，在 Gordon（1996）"三角模型"研究的基础上利用扩展的菲利普斯曲线对包括通货膨胀惯性在内的主要通货膨胀影响因素进行实证分析。

（一）ARMA 模型

ARMA 模型是最常见的随机时间序列模型，可以刻画时间序列的结构与特征，包括自回归模型（AR）、移动平均模型（MA）和自回归移动平均（ARMA）三种类型。

如果时间序列是其前期值和随机误差项的线性函数：

$$y_t = \alpha_1 y_{t-1} + \cdots + \alpha_p y_{t-p} + \varepsilon_t \qquad (3.1.1)$$

则称该序列是自回归序列，式（3.1）是 p 阶自回归模型，记为 AR（p）。实参数 α_t 称为自回归系数，随机误差项 ε_t 是相互独立的白噪声序列，且服从（0，σ_ε^2）的正态分布。

如果时间序列是其当期和前期随机误差项的线性函数：

$$y_t = \varepsilon_1 - \theta_1 \varepsilon_{t-1} - \theta_2 \varepsilon_{t-2} - \cdots - \theta_q \varepsilon_{t-q} \qquad (3.1.2)$$

则称该序列是移动平均序列，式（3.2）是 q 阶移动平均模型，记为

MA (q)。实参数 θ_i 是移动平均系数。

当时间序列同时成为其当期和前期的随机误差项以及前期值的线性函数时，该序列可以表示成 ARMA (p, q) 的形式，如式 (3.1.3) 所示，其中 p 和 q 分别表示自回归模型和移动平均模型的最大阶数：

$$y_t = \alpha_1 y_{t-1} + \cdots + \alpha_p y_{t-p} + \varepsilon_t - \theta_1 \varepsilon_{t-2} - \cdots - \theta_q \varepsilon_{t-q} \qquad (3.1.3)$$

（二）单位根检验

在常见的时间序列中，非平稳的时间序列由于数据在各个时点的随机动态规律不同，时间趋势和随机趋势将影响时间序列整体的随机性，造成伪回归。因此在建立模型之前必须对各时间序列进行平稳性检验。对于非平稳的时间序列需要进行差分，直到平稳之后才可以做自回归移动平均模型。本节采用扩展的 Dickey-Fuller 检验 (ADF)，即将 DF 检验从 AR (1) 扩展到一般的 AR (p) 形式。对于一般模型：

$$y_t = c + \alpha_1 y_{t-1} + \cdots + \alpha_p y_{t-p} + \varepsilon_t \qquad (3.1.4)$$

进行简单变换，左右两边同时减去 y_{t-1}，可以写成差分形式：

$$\Delta y_t = c + \beta y_{t-1} + \sum_{i=2}^{p} \phi \Delta y_{t-(i-1)} + \varepsilon_t, 其中 \beta = (\sum_{i=1}^{p} \alpha_i) - 1, \phi_i = -\sum_{j=i}^{p} \alpha_j \qquad (3.1.5)$$

式 (3.1.5) 是 ADF 检验的标准形式，原假设为 $\beta = 0$，利用 t 检验对差分项的系数进行检验，检验分为无截距项和趋势项、只含有截距项、既含有截距项又含有趋势项三种形式。

（三）扩展的菲利普斯曲线

菲利普斯曲线是研究通货膨胀最经典的方法，Phillips (1958) 最早通过对英国失业率与货币工资变化率之间关系的研究得出二者之间存在负相关关系。此后，学术界将菲利普斯曲线进行扩展，主要有"失业—工资型""失业—物价型""通胀预期型""产出—物价型"等多种形式。Gordon (1996) 建立了基于菲利普斯曲线的"三角模型"，认为通货膨胀惯性、需求缺口以及供给冲击是决定通货膨胀的主要因素：

$$P_t = \alpha (L) P_{t-1} + b (L) D_t + c (L) Z_t + \varepsilon_t \qquad (3.1.6)$$

其中，a (L)、b (L) 和 c (L) 是各个变量的滞后算子多项式，P 表示价格水平，D 是超额需求，Z 是供给冲击，ε 则代表了相互之间不存在自相关的随机误差项。该模型是"产出—物价"形式菲利普斯曲线的代表。

三　动态模型构建与实证检验

通货膨胀惯性一直是巴西历史上通货膨胀的主要特点。恶性通货膨胀在雷亚尔计划后得到有效治理，通货膨胀目标制实施以来，货币政策透明度的提升有效地降低了公众的通货膨胀预期。但根据现有研究，预期因素依然是影响巴西通货膨胀的最重要原因，因此这里先单独分析预期对巴西通货膨胀的影响，然后建立多因素的回归模型分析巴西 1999 年以来通货膨胀的成因。

（一）预期因素

本节选取以 IPCA 衡量的巴西通货膨胀率，经过平稳性检验后，建立ARMA 模型，研究通货膨胀目标制建立以来预期因素在通货膨胀形成当中的作用。根据 ADF 检验，ADF 统计量为 − 3.559，在 1% 的显著性水平下，拒绝了存在单位根的原假设，通货膨胀率是平稳的时间序列，可直接建立自回归移动平均模型。

根据自相关系数和偏自相关系数，最终建立 AR（2）来表示巴西通货膨胀率的 ARMA 效应，结果见表 3—1 所示。对所建模型的残差序列进行 Q 检验，自相关和偏自相关系数均显著趋于 0，满足白噪声过程。

表 3—1　　　　　　　巴西通货膨胀率 AR（2）估计结果

变量	系数	标准误差	t 统计量	P 值
c	6.61	0.75	8.81	0.00
AR（1）	1.66	0.05	32.28	0.00
AR（2）	− 0.70	0.05	− 13.75	0.00
R^2	0.98	F 统计量		4180.55
调整后 R^2	0.98	F 统计量的 P 值		0.00
Durbin-Watson stat	1.85			

因此，关于通货膨胀率的自回归移动平均方程的表达式为：

$$ipca_t = 6.61 + 1.66 ipca_{t-1} - 0.7 ipca_{t-2} + \varepsilon_t \qquad (3.1.6)$$

根据 ARMA 模型的估计结果可以看出，通货膨胀率的滞后 1 阶值和滞后 2 阶值对当期通货膨胀率有显著影响，上一期的通货膨胀对本期通货膨胀有明显的正向拉动作用，系数达到 1.66，前两期通货膨胀对本期通货膨胀的影响方向为负，系数为 -0.7，这说明居民适应性预期在巴西通货膨胀的决定中依旧是重要影响因素。这里的研究结果与 Mello 和 Moccero (2011) 的研究结果相一致，通货膨胀的预期效应在巴西持久且强烈。

（二）通货膨胀的影响因素

历史上，通货膨胀惯性、财政赤字、货币供应、汇率贬值等因素都是造成巴西通货膨胀的主要原因。本节选取通货膨胀预期、货币供给量、经济增长率以及全球初级产品价格等变量，建立"产出—物价"型扩展的菲利普斯曲线，对巴西 1999 年以来的通货膨胀具体成因进行估计，而财政赤字以及汇率因素单独作为通货膨胀目标制的风险在后面两个章节中单独衡量。

1. 模型建立

本节在 Gordon (1996) "三角模型"的基础上，对"产出—物价"形式的扩展菲利普斯曲线进行更新：

$$\pi_t = C + a (L) \pi_{t-1} + b (L) \text{GDP}_t + c (L) M_t + d (L) \text{IPC}_t + \varepsilon_t \qquad (3.1.7)$$

其中，C 是常数项；π 是用 IPCA 衡量的巴西通货膨胀率，模型中包含了预期因素；GDP 表示以美元价格衡量的巴西经济增长率，分为当月同比（GDP_m）以及累积 12 个月同比（GDP_{cm}）两种形式[①]；M 是货币供应量的变化，本节选取 M_2 增速作为标准。有些研究认为超额货币供给（货币供给增速大于经济增速）而非单纯货币供给是造成通货膨胀的原因，因此本节将超额货币供给 EM 纳入扩展的菲利普斯曲线中，同样采取当月同比（EM_m）以及累积 12 个月同比（EM_{cm}）两种形式；IPC 是初级产品价格同比增长率。模型所选数据均为月度数据，从 1999 年 1 月到 2014 年 11 月，每个时间序列共包含 191 个数据。除初级产品价格指数来

---

① 由于经济潜在增长率的测算存在争议，线性模型中潜在增长率的不确定性会转移到常数项和误差项中，因此这里没有用产出缺口而直接采用经济增长率，并且以美元价格计价，剔除掉汇率波动的影响。事实上，在检验过程中加入经过 HP 滤波后的 GDP 增长率，拟合效果依旧不显著。

自 IMF 之外，其余均来自巴西中央银行数据库[①]。

2. 实证检验

首先，利用 ADF 方法对模型式（3.1.7）中的各个变量进行平稳性检验，根据表3—2，除广义货币供给量 M_2 外均为平稳性序列。由于各时间序列单整阶数不同，不能建立协整关系，因此采用 Stock 和 Watson（1993）建立的动态最小二乘法（DOLS）对巴西通货膨胀的具体成因进行建模，即模型右边同时包括原序列和滞后序列，对各个时期的动态均衡进行刻画。

表3—2 巴西通货膨胀影响因素变量的 ADF 检验

变量	检验形式	ADF 统计量	临界值			结论
			1%	5%	10%	
IPCA	(C, 0, 1)	-3.559	-3.465	-2.877	-2.575	平稳
EM_{cm}	(0, 0, 1)	-2.677	-2.577	-1.943	-1.616	平稳
EM_m	(0, 0, 1)	-3.157	-2.577	-1.943	-1.616	平稳
GDP_{cm}	(C, 0, 1)	-4.220	-3.465	-2.877	-2.575	平稳
GDP_m	(0, 0, 2)	-2.965	-2.577	-1.943	-1.616	平稳
IPC	(C, 0, 1)	-3.824	-3.465	-2.877	-2.575	平稳
M_2	(C, 0, 1)	-2.396	-3.465	-2.877	-2.575	不平稳
ΔM_2	(C, t, 1)	-6.473	-4.008	-3.434	-3.141	平稳

注：检验形式（C, T, N）分别表示 ADF 检验方程是否含有常数项、时间趋势项和方程的滞后阶数。其中，滞后阶数由 SC 准则确定。

当模型中包含序列的滞后项时，对残差序列自相关进行检验的 D－W 方法将失效，因此本节采用 Breush-Godfrey LM 检验对回归方程的残差序列进行高阶自相关检验。一般情况下，以 $T \times R^2$ 衡量的 LM 统计量服从渐进的 $x^2(p)$ 分布，在给定的显著性水平下，如果统计量小于临界值，说明不存在序列相关。

表3—3 是选取不同变量在不同模型下对巴西通货膨胀成因进行估计

[①] http：//www.bcb.gov.br/？TIMESERIESEN.

的动态最小二乘结果。根据估计结果的 R^2 以及调整后的 R^2 可以看出,各个具体模型整体的解释能力均很强,利用 LM 检验的残差项不存在序列相关,通过检验的回归系数均显著,并且各个模型回归结果基本一致。按照 IPCA 指数衡量的巴西通货膨胀有很强的自相关性,滞后 1 阶和 2 阶的通货膨胀惯性均十分显著,这说明巴西通货膨胀的趋势性依然存在,公众对通货膨胀存在适应性预期,这一结果与之前建立的 ARMA 模型估计结果相一致。

表 3—3 巴西通货膨胀的影响因素

变量	模型 1	模型 2	模型 3	模型 4
IPCA（-1）	1.62	1.59	1.62	1.59
	(0.00)	(0.00)	(0.00)	(0.00)
IPCA（-2）	-0.66	-0.63	-0.66	-0.64
	(0.00)	(0.00)	(0.00)	(0.00)
M_2	0.01	0.016		
	(0.59)	(0.37)		
M_2（-1）	0.01	0.014		
	(0.69)	(0.61)		
M_2（-2）	-0.02	-0.019		
	(0.37)	(0.26)		
GDP_m	-0.004			
	(0.40)			
GDP_m（-1）	0.00			
	(0.98)			
GDP_m（-2）	-0.0005			
	(0.91)			
GDP_{cm}		-0.05		
		(0.14)		
GDP_{cm}（-1）		0.09		
		(0.15)		
GDP_{cm}（-2）		-0.05		
		(0.14)		

变量	模型1	模型2	模型3	模型4
EM_m			0.004	
			(0.30)	
EM_m (-1)			0.002	
			(0.81)	
EM_m (-2)			-0.001	
			(0.80)	
EM_{cm}				0.014
				(0.29)
EM_{cm} (-1)				-0.005
				(0.84)
EM_{cm} (-2)				-0.002
				(0.86)
IPC	-0.006	-0.006	-0.005	-0.007
	(0.19)	(0.15)	(0.20)	(0.11)
IPC (-1)	0.02	0.017	0.018	0.017
	(0.00)	(0.01)	(0.01)	(0.01)
IPC (-2)	-0.01	-0.009	-0.010	-0.007
	(0.03)	(0.04)	(0.03)	(0.10)
R^2	0.980	0.981	0.98	0.98
Adj. R^2	0.979	0.979	0.979	0.979
LM (p=2)	0.075	0.099	0.089	0.084

注：括号内为 p 值。

根据表3—3的分析可以得出以下具体结论。

第一，巴西的通货膨胀惯性较强。在各个模型中，滞后1阶的通货膨胀率对当期通货膨胀率有拉上作用，回归系数在1.6左右，而滞后2阶的通胀率对当期通货膨胀的影响为负，回归系数为 -0.65 左右，小于1阶滞后项的影响程度。

第二，无论是货币供给还是超额货币供给对巴西通货膨胀的影响并不显著。前两个模型中，货币供应量对通货膨胀的影响系数没有通过 t 检验，而在后两个模型中无论采用当月还是累积 12 个月的超额货币供给衡量的需求因素对巴西通货膨胀的影响都不显著。这说明巴西确立通货膨胀目标制货币政策以及加强财政纪律后，中央银行对货币供应量进行了控制，财政赤字货币化的风险在降低，这与 Coates 和 Rivera（2004）的研究一致。

第三，无论是当月还是累积 12 个月经济增长率对通货膨胀的影响系数不显著，因此根据这一模型的估计结果并不能说明巴西经济增长速度的上升有推升通货膨胀的倾向。因此巴西历史上牺牲通货膨胀率追求高经济增长的现象在 21 世纪以后被摒弃。

第四，巴西通货膨胀受到全球价格因素的影响。数据显示，全球初级产品价格的增长率对巴西通货膨胀率的影响较显著，但作用效果并不强，还存在 1—2 个月的时滞，这说明全球物价因素对巴西可贸易部门的价格存在冲击，滞后 1 阶的全球初级产品价格指数变化对巴西通货膨胀率有正向拉动作用。

第二节 通货膨胀目标制的经济绩效

巴西自 1999 年采取通货膨胀目标制以来，通货膨胀的水平和波动率均大幅降低，经济获得持续增长。但全球金融危机使巴西"黄金增长期"戛然而止，经济自 2010 年年底以来陷入持续衰退，2014 年经济几乎零增长，2015 年甚至会出现负增长。因此，本节对 1999 年以来通货膨胀目标制货币政策的效果以及不同阶段的有效性进行实证分析。

一 通货膨胀目标制的宏观经济绩效

进入 21 世纪后，全球经济大缓和，拉丁美洲主要国家逐步走出阿根廷金融危机的阴影，开始依靠初级产品出口实现一波经济增长，并积累了大量外汇储备。下面以经济增长率、利率以及通货膨胀率等经济变量对巴西采取通货膨胀目标制以来的宏观经济绩效进行评估，并且选取拉美地区其他国家进行横向比较。

（一）1999 年以来巴西的宏观经济

1999 年，巴西先后采用了浮动汇率制和通货膨胀目标制货币政策，然后在 2000 年颁布"财政责任法",进行财政改革和整顿。此后,在汇率、货币和财政政策"三位一体"的宏观经济体制的指导下,赶上了全球初级产品的繁荣周期,国内、国外的稳定帮助巴西从 2003 年开始进入黄金增长期,一直持续到全球金融危机的爆发。这一时期,巴西通货膨胀率下降,经济迅速增长,失业率下降,长期高利率也进入下降区间。全球金融危机后,巴西的通货膨胀压力加大,经济增长速度大幅下降,利率回到高位,但失业率继续显示出良好的下降趋势。

1. 通货膨胀目标

总体而言,巴西在通货膨胀目标制后经历了通货膨胀率的下降趋势,其波动幅度也在降低。图 3—1 是 1999 年以来巴西通货膨胀目标的实现情况,"当年年底"代表每年 12 月的累积通货膨胀率,"当年平均"则代表年中 12 个月通货膨胀率的平均值。按照巴西中央银行的规定,每个自然年份年底的累积通货膨胀率被控制在当年通货膨胀上限内即为实现了当年的通货膨胀目标。巴西在 2001 年、2002 年以及 2003 年未能实现通货膨胀目标。值得注意的是,2003 年巴西央行两次提高通货膨胀上限,从5.25% 提高至 8.5%,但仍未能实现通货膨胀目标,2004 年通胀目标得以实现也是提高通胀上限的结果。此后,巴西的年度通货膨胀目标均得以实现。但是,如果考虑通货膨胀率的月度平均数,则巴西在除上述 3 个年份外,2011 年也未能完成通胀目标,而 2005 年 5.69% 的平均通货膨胀率也逼近上限。全球金融危机后,巴西通货膨胀率短暂下降,随即在 2011 年开始重新上升,并且屡次突破中央银行规定的通货膨胀上限。1999—2014年巴西年度平均通货膨胀率为 6.63%,通货膨胀水平在新兴经济体国家中依旧相对较高。2015 年巴西通胀率突破 10%,创 13 年来新高。

2. 经济增长和失业

实行通货膨胀目标制后,巴西的经济增长并不尽如人意。1999—2007年,全球宏观经济相对宽松,巴西 GDP 年均增长率为 3.1%,标准差为2.04%。而全球金融危机后,2008—2014 年的经济年均增速只有 2.69%,标准差上升为 2.82%。特别是 2011 年以来,巴西经济每况愈下,2014 年经济仅增长 0.2%,成为表现最差的金砖国家成员。

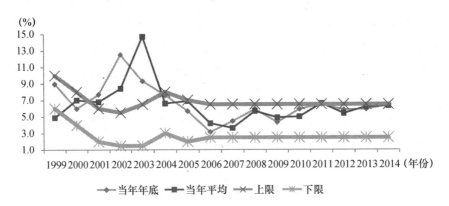

图 3—1 1999—2014 年巴西通货膨胀率（IPCA）和通货膨胀目标

注：2003 年巴西央行两次变动目标上下限，图中是最初目标。

资料来源：巴西中央银行，http：//www.bcb.gov.br/？INDICATORS。

　　自采取通货膨胀目标制以来，巴西的失业率经历了两段比较明显的变动趋势。1999—2001 年失业率有所下降，2002 年因国内经济形势严峻和选举"信任危机"而造成失业率上升，2003 年达到 12.3%。卢拉总统执政后，一直致力于扩大对巴西中下层人民的转移支付以及社会保障支出，全国主要城市失业率持续下降。全球金融危机并未逆转巴西失业率的下降趋势，2009 年 8.08% 的失业率仅比 2008 年上升 0.19 个百分点，2010 年失业率降到 6.74%，较 2009 年的水平降幅达到 16.6%。2011 年以来巴西经济陷入"技术性衰退"，通货膨胀高企，但是失业率进一步下降，2014 年 4.84% 的失业率是 1999 年以来的最低值。在巴西经济持续低迷、通货膨胀压力巨大的宏观经济背景下，失业率能够保持在相对较低的水平，是全球金融危机后巴西经济的一大特点，有力地证明了劳工党连续两届政府在保证低收入群体利益，扩大中产阶级队伍等方面做出的努力。而根据传统的菲利普斯曲线，巴西追求低失业率的同时，实际上在牺牲通货膨胀。政府不断扩大开支以及逐步扩大的中产阶级队伍开启的消费繁荣周期造成国内需求膨胀，通货膨胀率上升。

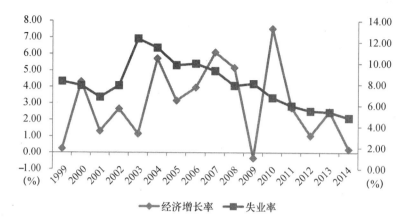

图 3—2　1999—2014 年巴西的经济增长率

（左轴）和失业率（右轴）

资料来源：巴西统计局 http：//www. ibge. gov. br/home/mapa_ site/mapa_ site. php#indicadores。

3. 利率变动

巴西是一个有着高利率传统的国家，当前利率水平居于全球新兴经济体前列。由于巴西的货币政策采取了钉住通货膨胀率和稳定汇率双重目标，因此利率水平相对较高[①]。从图 3—3 可以看出，实行通货膨胀目标制后巴西的利率水平虽出现明显的下降趋势，但是绝对水平依旧在高位运行，基本保持在 10% 以上。其中，1999—2007 年平均利率达到 18.3%。此后，利率水平有所下降，2008—2014 年利率平均值为 10.42%。另外，采用通货膨胀目标制后，巴西 SELIC 利率的反应表现出明显的非对称性：当通货膨胀率上升时，利率变动的幅度超出应有的变动范围；而在通货膨胀率下降时期，巴西央行利率的变动缓慢且幅度较小[②]。因此，资本账户开放后，在浮动汇率制度以及通货膨胀目标制下，巴西利率存在上行偏倚

①　Mendonça, H. F. , O Efeito dos Preços Administrados na Taxa de Juros Brasileira, Proceedings of X Encontro Nacional de Economia Política, SEP, Campinas/Brazil, 2005.

②　Modenesi, A. M. , Conveção e Inércia na Taxa Selic：Uma Estimative da Função de Reação do BCB（2000‐2007）, Proceedings of IEncontro Internacional da Associação Keynesiana Brasileira, IE/UNICAMP, Campinas/Brazil, 2008.

（*upward bias*），对经济增长造成负面影响①。Libanio （2008） 利用 VAR
模型证实了巴西货币政策具有顺周期性和非对称性，即经济萎缩时期过
紧，而繁荣时期并不宽松。

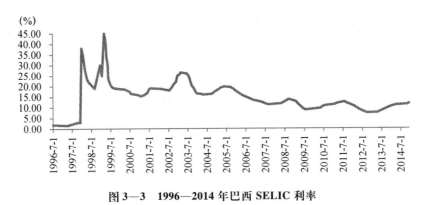

图 3—3　1996—2014 年巴西 SELIC 利率

资料来源：巴西中央银行，http：//www.bcb.gov.br/? TIMESERIESEN。

　　巴西的高利率对经济造成一些负面影响：首先，巴西金融市场自身发
展程度较低，高利率造成企业受到贷款规模的限制，业绩较差的企业以及
一些中小企业在获得银行贷款方面面临窘境；其次，由于政府债务中绝大
比例与短期利率挂钩，利率上升造成政府债务的扩大。虽然 2003 年以来
巴西的国际收支平衡表得到显著改善，贸易盈余和外汇储备显著增加，但
由于外债规模相对较高以及完全开放的资本账户，国际资本流动对巴西汇
率稳定的影响程度依旧较高，这为通货膨胀目标的实现带来了巨大压力。
中央银行不得不通过利率同时对汇率和通货膨胀率进行调节。

　　（二）与拉美其他经济体的比较

　　通过前面的分析可以发现，通货膨胀目标制给巴西带来了经济稳定、
通货膨胀率降低以及利率的下降。而在拉丁美洲，智利、哥伦比亚、秘鲁
和墨西哥在巴西之前也相继实行了通货膨胀目标制货币政策。这里对包括
巴西在内的五个实行通货膨胀目标制的拉美国家以及阿根廷和委内瑞拉两
个地区性大国相同时期内的宏观经济指标进行横向比较，进一步对巴西通

　　① Libanio, G., "A Note on Inflation Targeting and Economic Growth in Brazil", *Proceedings of* XXXⅥ *Encontro Nacional de Economia*, ANPEC, Salvador/Brazil, 2008.

货膨胀目标制货币政策的绩效进行评估。

1. 指标和对象选取

在 Solanes 和 Flores（2012）的研究基础上，将样本国家和时间段进行扩展，这里选取拉美地区经济总量前七位的国家组成样本，按照是否实行通货膨胀目标制分成两组，这些国家在地理位置、经济社会发展程度以及制度因素等方面具有基本同质性，具备横向可比性。根据 IMF 的分类标准，实行通货膨胀目标制的国家中，巴西、墨西哥、哥伦比亚和秘鲁实行浮动汇率制度，智利则采取完全浮动汇率制度；没有实行通货膨胀目标制的国家中，阿根廷是钉住美元的浮动汇率制度和钉住货币供给的货币政策，而委内瑞拉则采取了传统的钉住美元的"汇率锚"货币政策[①]。

确定样本国家之后，选取经济增长率、通货膨胀率以及利率三个指标对各国 1981 年以来的宏观经济绩效进行比较[②]。利用三个指标的时间序列，对整个时间段进行划分，具体划分标准是实施通货膨胀目标制的时间以及全球金融危机（见表3—4）。

表3—4　　　　拉美地区实行通货膨胀目标制国家样本区间

国家	时期1（IT前）	恶性通胀期	通胀目标制	时期2（IT-GFC）	时期3（GFC后）
巴西	1981.1—1999.8	1987.2—1995.3	1999.9	1999.9—2007.12	2008.1—2014.11
智利	1981.1—2000.4	—	2000.5	2000.5—2007.12	2008.1—2014.12
哥伦比亚	1981.1—1998.12	—	1999.1	1999.1—2007.12	2008.1—2014.12
墨西哥	1981.1—2000.3	—	2000.4	2000.4—2007.12	2008.1—2014.12
秘鲁	1981.1—2002.5	1988.7—1991.7	2002.6	2002.6—2007.12	2008.1—2014.11

资料来源：各国中央银行和统计局、IFS 以及 WDI 数据库。

各国中央银行发布通货膨胀报告被认为是强约束通货膨胀目标制的开始（Mishkin 和 Schmidt-Hebbel，2007），因此实行通货膨胀目标制的时点划分采取的是各国中央银行正式发布通货膨胀报告的时间，而不是各国宣

---

① IMF, *Annual Report on Exchange Arrangements and Exchange Restrictions*, Washington, D. C.: International Monetary Fund, 2013.

② 阿根廷和委内瑞拉没有实行通货膨胀目标制，因此重点分析 2000 年以来的宏观经济表现。

布通货膨胀目标制货币政策的时间。此外，拉美五国采用通货膨胀目标制的时间跨度较大，但各国中央银行正式发布首份通货膨胀报告的时间基本集中在 1999—2002 年，这种划分方式便于控制外部环境对通货膨胀目标制的影响。而对于委内瑞拉和阿根廷来说，则将 2000 年 1 月和 2008 年 1 月视为时间段的分界点。此外，由于巴西和秘鲁在 20 世纪 80 年代债务危机后到采取通货膨胀目标制之前均发生过恶性通货膨胀（通胀率高于 95%），因此在比较时，除去巴西和秘鲁这两个国家的恶性通货膨胀时期提高数据的可比性。

对于三个宏观经济指标，计算各个时期内的均值和标准差，其中均值可以对整个时期内经济变量的平均水平进行横向比较，并且可以对单独一国的通货膨胀率、利率以及经济增长率进行不同时间段内纵向的比较，定量刻画通货膨胀目标制的政策效果；而利用变量序列的标准差可以得出某一区间内变量的波动程度，检验通货膨胀目标制是否降低了各个变量变动的幅度和风险。

与年度数据相比，高频数据可以更真实反映各个变量的波动幅度，因此通货膨胀率和利率均采用月度数据，而经济增长率由于数据可获性原因，采用季度数据。本节所选用数据均来自各国中央银行和统计局、国际货币基金组织的金融统计年鉴（IFS）以及世界银行数据库（WDI）。此外，由于数据可获性等原因，具体国家在数据时间段以及频率上会存在细微差异[①]。

2. 宏观经济绩效

相对于阿根廷和委内瑞拉而言，五个实行通货膨胀目标制国家的通货膨胀率和利率总体水平和波动幅度，在时期 2 内均呈现出比较明显的下降趋势；经济增长率方面，实行通货膨胀目标制的国家经济增长率的波动较小。全球金融危机造成各国经济不确定性上升，各宏观经济变量变动呈现出较大差异。对于巴西而言，通货膨胀率的绝对水平和波动幅度进一步下降，利率水平虽降至历史低点，但仍是拉美地区较高利率的国家之一。同时，巴西的经济增长率在全球金融危机后呈现下降趋势，波动幅度相对剧

---

① 例如，委内瑞拉统计局的数据只从 2008 年开始，因此结合其他数据库按照统一口径进行补充，但是经济增长率只能采用年度数据。

烈，超过此前两个时期。

（1）通货膨胀率

表3—5是拉丁美洲所选样本国家不同时间段内通货膨胀率的平均水平和波动幅度，各个时期的划分按照表3—4确定。阿根廷和委内瑞拉没有采取通货膨胀目标制，时期1从1990年5月到1999年12月；时期2则从2000年1月到2007年12月，时期3从2008年1月到2014年11月。由于巴西通货膨胀目标制的基础是累积通货膨胀率，因此对于其他国家而言，均选取每月的累积通货膨胀率进行计算，保持统计口径的一致性。

表3—5　　　　　样本国家不同时期内通货膨胀率的均值和标准差　　　　　（％）

国家	均值			标准差		
	时期1	时期2	时期3	时期1	时期2	时期3
巴西	97.00	7.32	5.73	81.40	3.35	0.79
智利	15.43	3.07	2.99	8.42	1.39	2.36
哥伦比亚	23.32	6.93	3.70	4.34	2.26	1.79
墨西哥	45.73	5.05	7.50	39.89	1.67	4.49
秘鲁	36.96	2.11	2.03	63.18	1.13	1.37
阿根廷	1175.88	9.08	7.18	263.21	10.81	12.14
委内瑞拉	47.43	19.07	21.22	23.23	6.47	6.93

资料来源：笔者根据各国央行和统计局、IFS以及WDI数据计算。

根据计算，1981年以来拉美各国的通货膨胀率的平均水平均有所下降。实行通货膨胀目标制后，到全球金融危机之前巴西治理通货膨胀的效果最显著，平均通货膨胀率从时期1的97%下降到时期2的7.32%。而全球金融危机后，除墨西哥外，五个实行通货膨胀目标制的国家平均通货膨胀率进一步下降，但是巴西5.73%的平均通胀率高于智利、哥伦比亚和秘鲁三国。相同时期内，阿根廷和委内瑞拉的通货膨胀率也明显下降，但各自通货膨胀率的绝对水平相对较高，全球金融危机后，委内瑞拉的通货膨胀率也出现反弹。

按照标准差衡量的拉美各国通货膨胀率的波动在三个时期内也经历了

明显的下降趋势。巴西和哥伦比亚通货膨胀率的波动在时期 3 内继续下降，而其余国家在全球金融危机后通货膨胀率的波动幅度加大。根据表 3—5 的数据显示，采用通货膨胀目标制前，巴西通货膨胀率的波动达到 81.4%，在拉美七国中处于第二高位，虽然通货膨胀目标制成功降低了其波动幅度，但仍然高于其余四个同样实行通货膨胀钉住的国家。全球金融危机后巴西的通货膨胀率波动仅有 0.79%，低于其余所有样本国家，这说明巴西的通货膨胀目标制在稳定预期和降低波动方面有效，但也反映出巴西通货膨胀的惯性特征。

（2）利率

表 3—6 是拉丁美洲所选样本国家在不同时间段内利率的平均水平和波动幅度，三个时期的划分与表 3—5 一致。各国利率均采用货币市场利率或隔夜利率，保持数据的可比性。

表 3—6　　　　　　　样本国家不同时期内利率的均值和标准差　　　　　　（%）

国家	均值			标准差		
	时期 1	时期 2	时期 3	时期 1	时期 2	时期 3
巴西	132.47	16.80	10.29	133.56	3.54	1.76
智利	23.02	4.57	4.11	13.87	2.06	2.08
哥伦比亚	31.16	10.19	4.98	4.35	4.82	2.30
墨西哥	36.78	4.10	5.22	24.85	1.83	1.52
秘鲁	17.21	2.96	3.93	26.76	0.40	1.39
阿根廷	39.28	12.11	11.45	114.31	17.13	3.40
委内瑞拉	51.93	32.56	30.13	11.96	5.31	1.45

资料来源：笔者根据各国央行和统计局、IFS 以及 WDI 数据计算。

根据表中数据可以看出，自 1981 年以来各国的利率均值以及标准差都有显著下降。在时期 1 中，巴西的利率平均水平在样本国家中最高。得益于实行通货膨胀目标制，进入 21 世纪以来，巴西等五个实行通货膨胀目标制国家的利率平均水平低于阿根廷和委内瑞拉，国内信贷市场相对宽松。但是在实行通货膨胀目标制的五个国家中，巴西利率的绝对水平最高，在时期 2 和时期 3 中平均利率分别为 16.8% 和 10.29%，时期 2 甚至高于阿根廷。由于巴西一直是一个高利率国家，20 世纪最后 20 年平均利率达到 132.47%，因此通货膨胀目标制还是成功降低了巴西利率，货币政策的空间相对扩大。

各国利率的波动幅度进入 21 世纪后也实现了大幅下降，特别是巴西和阿根廷。阿根廷利率的波动从时期 1 的三位数降到时期 2 的两位数，而巴西利率的波动则在相同时期内从三位数降到个位数。对于实行通货膨胀目标制的国家而言，该货币政策框架在降低利率波动方面收到较好效果的国家是巴西、墨西哥以及秘鲁。

（3）经济增长率

表 3—7 是以不变价格衡量的各个样本国家 1980 年以来经济增长率的平均值以及其波动情况，采用季度数据有利于详细刻画经济波动。三个时期的划分和表 3—5 基本一致。由于数据可获性问题，委内瑞拉缺少季度数据，采用年度数据代替，阿根廷的数据则从 1994 年开始。

表 3—7　　　　样本国家不同时期内经济增长率的均值和标准差　　　　（%）

国家	均值			标准差		
	时期 1	时期 2	时期 3	时期 1	时期 2	时期 3
巴西	2.02	3.18	2.81	2.45	1.64	3.25
智利	6.28	4.31	1.65	3.66	1.26	4.18
哥伦比亚	3.09	2.93	0.96	1.34	3.35	0.82
墨西哥	3.36	2.74	1.89	3.59	2.16	3.37
秘鲁	3.99	6.08	5.78	4.21	1.69	3.06
阿根廷	2.89	3.43	3.67	5.11	7.78	4.40
委内瑞拉	2.46	4.71	1.25	4.83	9.27	3.86

资料来源：笔者根据各国央行和统计局、IFS 以及 WDI 数据计算。

根据数据显示，实行通货膨胀目标制的各个样本国家的利率和通货膨胀率水平以及波动幅度都有所下降，但是经济增长率却呈现出不同的变动趋势。除巴西和秘鲁外，智利、哥伦比亚以及墨西哥在时期 2 的经济增长率明显低于时期 1，而全球金融危机后经济增长率更加低迷。巴西在实行通货膨胀目标制后，全球金融危机前，平均季度经济增长率为 3.18%，低于秘鲁以及未实行通胀目标制的阿根廷和委内瑞拉，但是比 1980—1999 年 6 月 2.02% 的增长水平要好。

从经济增长率的波动看，实行通货膨胀目标制的国家在 2000 年以来的波动要明显低于阿根廷和委内瑞拉，但是全球金融危机后除哥伦比亚的经济增长波动下降外，其余采用通胀目标制的国家的经济增长波动均有所上升。而哥伦比亚显然是时期 2 中经济增长波动大于时期 1 的国家。

虽然根据经济增长率的平均水平和变动幅度来看，通货膨胀目标制在样本国家拉动经济增长的收效并不明显，但在这些国家中根据标准差衡量的经济增长率的波动小于阿根廷和委内瑞拉。这表明，该货币政策操作框架可以有效降低经济增长的不确定性，实现经济稳定。

二　通货膨胀目标制货币政策的有效性

货币政策的有效性是指货币政策实现最终目标的效果，即央行通过对货币供应量、存款准备金率和利率等政策工具的控制影响货币流通、通货膨胀以及宏观经济形势的变化效果。从动态上来说，货币政策的有效性则指在既定的经济和金融制度下，中央银行选择特定的货币政策体系，通过货币政策工具的调控实现最终目标的程度以及时滞。

这里使用向量自回归模型（VAR）以及脉冲响应函数和方差分解等计量经济学方法，对采取通货膨胀目标制后巴西货币政策的有效性进行量化分析。VAR 模型已经成为分析货币政策相关问题最重要的研究方法。此外，由于宏观经济环境在样本期内存在变化和差异，将大样本细分成四个阶段，探究每一阶段巴西货币政策工具操作是否实现了货币政策目标。虽然巴西央行并未公开将汇率稳定作为货币政策的最终目标，但根据 BIS（2010）的研究，巴西的货币政策目标包括通货膨胀目标和汇率稳定两个方面，因此本节将汇率作为实现经济增长和物价稳定的政策工具引入 VAR 模型中。

（一）理论基础

向量自回归模型（VAR）始于计量经济学家 Christopher Sims 于 1980 年发表的著名文献①。金融时间序列分析中经常涉及多个变量，因此 VAR 模型在货币政策分析等领域得到非常广泛的运用，成为多维时间序列模型

---

① Sims, C., "Macroeconomics and Reality", *Econometrica*, Vol. 48, No. 1, 1980, pp. 1 – 48.

中最核心的内容。通过将系统中的内生变量看作自身和其他各个内生变量滞后值的函数，可以将单变量自回归模型扩展到向量自回归模型。脉冲响应函数能捕捉到一个变量的冲击因素对另一变量的动态影响路径，而方差分解则可以将系统内某一变量的方差分解到各个扰动项上，提供每个扰动项对该变量变动的相对贡献程度。因此，货币政策对宏观经济变量的影响程度可以被量化出来[①]。

1. 向量自回归模型及其平稳性

VAR 模型是一种非结构化模型，变量之间的关系不以经济理论为基础，其实质是多个变量之间的动态相互关系。定义一个 p 阶的 VAR 模型，p 是内生变量的滞后阶数，即 VAR（p）为：

$$y_t = A_1 y_{t-1} + A_2 y_{t-2} + \cdots + A_p y_{t-p} + B x_1 + \varepsilon_t$$

其中，y_t 是 k 维内生变量向量，x_t 为 d 维外生变量向量，ε_t 为满足白噪声过程的 k 维误差向量；A_1，A_2，$\cdots$，A_p 以及 B 是待估的系数矩阵。

可以将 VAR 模型写成如下矩阵形式

$$\begin{pmatrix} y_{1t} \\ y_{2t} \\ \vdots \\ y_{kt} \end{pmatrix} = A_1 \begin{pmatrix} y_{1t-1} \\ y_{2t-1} \\ \vdots \\ y_{kt-1} \end{pmatrix} + A_2 \begin{pmatrix} y_{1t-2} \\ y_{2t-2} \\ \vdots \\ y_{kt-2} \end{pmatrix} + \cdots + A_p \begin{pmatrix} y_{1t-p} \\ y_{2t-p} \\ \vdots \\ y_{kt-p} \end{pmatrix} + B \begin{pmatrix} x_{1t} \\ x_{2t} \\ \vdots \\ x_{dt} \end{pmatrix} + \begin{pmatrix} \varepsilon_{1t} \\ \varepsilon_{2t} \\ \vdots \\ \varepsilon_{dt} \end{pmatrix} \quad (t = 1, 2, \cdots, n)$$

由矩阵形式可以看出，VAR（p）模型由 k 个方程组成。还可以将上式进行残差变换，简化为：

$$\widetilde{A}（L）\, \widetilde{y}_t = \widetilde{\varepsilon}$$

其中 $\widetilde{A}（L）= I_k - \widetilde{A}_{1t}L - \widetilde{A}_{2t}L^2 - \cdots - \widetilde{A}_{pt}L^p$，即滞后算子 L 的 $k*k$ 的参数矩阵。$\widetilde{\varepsilon}_t$ 是冲击向量，是一个白噪声过程[②]。

VAR 模型的平稳性条件为：

$$E（Y_t）= \mu$$

① 汪昌云、戴稳胜、张成思编著：《基于 EVIEWS 的金融计量学》，中国人民大学出版社 2011 年版，第 99 页。

② 张大维、刘博、刘琪编著：《EViews 数据统计与分析教程》，清华大学出版社 2010 年版，第 190 页。

$$E (Y_t - \mu) (Y_t - \mu)' = \Gamma_0$$
$$E (Y_t - \mu) (Y_{t-j} - \mu)' = \Gamma_j$$

其中，Γ_j 表示 Y_t 在第 j 期的自协方差矩阵。

对于一个 p 阶的 VAR 模型，其平稳性条件为对应的特征方程 $| I_n \lambda^p - \phi_1 \lambda^{p-1} - \phi_2 \lambda^{p-2} - \cdots - \phi_p | = 0$ 的所有根都落在单位圆内。如果模型是稳定的，那么可以转化为等价的向量移动平均模型（VMA）。VMA 过程就是用向量形式表示的移动平均过程，一般的，VMA（q）过程定义为：

$$Y_t = C + \varepsilon_t + \Theta_1 \varepsilon_{t-1} + \Theta_2 \varepsilon_{t-2} + \cdots + \Theta_q \varepsilon_{t-q} \quad (3.2.1)$$

其中，C 表示常数向量，Θ_i 表示系数矩阵，ε_t 则代表向量白噪声。通过将 VAR 模型转化成类似于式（3.2.1）的形式，就实现了 VAR 向 VMA 的转化[①]。VAR（p）最终可以变成 VMA（∞）的形式，并可以表示成滞后算子的形式：

$$Y_t = \mu + \sum_{j=0}^{\infty} \Theta_j \varepsilon_{t-j} = \Theta (L) \varepsilon_t$$

2. 向量自回归模型的脉冲响应函数和方差分解

VAR 模型中由于存在变量的滞后项而存在很多系数，不能全面反映复杂的互动过程。因此，选取脉冲响应函数刻画在受到 个单位随机扰动因素的冲击后，内生变量序列的动态变化路径。即在随机误差项上施加一个标准差大小的冲击后，对内生变量的当期值和未来值所产生的影响程度。

VAR 模型的脉冲响应函数分析，根据模型扰动项假设的不同，可以分为简单脉冲响应以及正交脉冲响应两种类型。简单脉冲响应建立在扰动项 ε_{jt} 发生变化而其他扰动项无变化这一强假设基础上，即要求扰动项的方差—协方差矩阵为对角矩阵。但这一情况在实际中很少满足，VAR 模型的各个等式的随机扰动项之间可能彼此相关。因此，正交脉冲响应函数成为常见的方法。这里将采用经过乔里斯基自由度调整的正交分解方法来计算脉冲响应函数。

脉冲响应函数可以捕捉到一个变量的冲击因素对另一变量的动态影响路径，而方差分解同样可以研究 VAR 模型的动态特征，通过分析模型中每个结构冲击对内生变量变化产生影响的程度来衡量不同结构冲击的重要

---

① VAR 向 VMA 的转化分为一阶和 p 阶两种情况，具体可参阅汪昌云等（2011）。

性。其基本思想是：把系统中的 k 个内生变量的波动按其成因分解为与各个方程新息（Innovation）相关联的 k 个组成部分，从而得到新息对模型内生变量的相对重要程度。实质上，方差分解就是一个冲击要素 ε_{jt} 的方差可由其他随机扰动项解释的程度。通过获得这一信息，可以确定每个特定冲击因素对 ε_{jt} 的相对重要性。

（二）变量选取与模型构建

在这一节中，选取一些货币政策指标构建 VAR 模型，然后进行脉冲响应函数和方差分解，具体分析巴西采用通货膨胀目标制以来货币政策的有效性。

1. 货币政策有效性的指标选取

本书分析开放经济条件下巴西通货膨胀目标制货币政策的有效性，因此样本区间从 1999 年 1 月开始[①]，到 2014 年 11 月结束。同时，为了检验不同时期巴西货币政策的有效性，这里根据巴西经济增长和波动的阶段性特征，将整个样本时期分成"通货膨胀目标制建立和巩固时期"（1999 年 1 月—2004 年 12 月）、"黄金增长和通货膨胀稳定期"（2005 年 1 月—2007 年 12 月）、"全球金融危机时期"（2008 年 1 月—2009 年 12 月）和"后金融危机时期"（2010 年 1 月—2014 年 11 月）四个阶段分别进行分析。VAR 模型以大样本为基础，因此这里采取月度数据进行分析。

通过将各经济变量纳入统一的 VAR 模型内，可以分析各变量之间的关系，从而量化货币政策的有效性。中央银行通过选择利率、存款准备金率以及基础货币等变量，进行货币政策操作。巴西的货币政策通过调节利率来实现通货膨胀目标，因此利率是中央银行最重要的操作工具。巴西通货膨胀目标制规定使用 SELIC 利率进行调节，因此这里选取 SELIC 利率作为利率指标，用 i 表示。由于模型选取月度数据，当中央银行在月中变动利率时，将日期作为权数，利用加权平均数方法计算当月利率值。准备金要求是巴西中央银行影响经济中货币存量的重要工具，巴西的存款准备金包括活期存款准备金、定期存款准备金以及超额准备金等多种形式[②]。

---

①　巴西的通货膨胀目标制从 1999 年 6 月开始实施，而浮动汇率制自巴西金融动荡伊始即被采用，因此对货币政策的有效性研究自 1999 年 1 月开始。

②　巴西中央银行准备金要求，http：//www.bcb.gov.br/? SFNRESREQ.

这里选取活期和定期法定存款准备金率进入模型，分别计为 R^d 和 R^t。货币供应量是中央银行重要的监测指标，历史上巴西通货膨胀发生的部分原因就是大量财政赤字货币化造成货币供应量的增加。巴西的货币供应分为四个层次，本节选取广义货币供应量 M_2 作为货币供应量的代理变量①。

此外，选取按美元价格计算的巴西月度国内生产总值（GDP）作为货币政策的经济增长目标，并将其取对数，克服异方差性，同时选取按照 IPCA 通货膨胀率代表国内物价的稳定性。由于本书分析开放经济条件下巴西货币政策的有效性，因此这里将雷亚尔有效汇率（EER）的变动作为开放经济的代理变量，加入向量自回归模型。本节所采用的数据除雷亚尔有效汇率来自国际清算银行②外，其余数据均来自巴西中央银行③。

2. 变量平稳性检验

表 3—8 显示了不同时间段内所有变量的 ADF 单位根检验结果。变量包括利率、存款准备金率、汇率、货币供应量、经济增长率和通货膨胀率，其中 Δ 代表差分。

表 3—8　　　　　　五个时间段内各个变量的 ADF 单位根检验结果

时间	变量	检验形式	ADF 统计量	临界值			结论
				1%	5%	10%	
1999.1—2014.11	i	C，t，2	−7.444	−4.008	−3.434	−3.141	平稳
	rd	C，0，1	−3.935	−3.465	−2.877	−2.575	平稳
	rt	C，t，2	−5.672	−4.008	−3.434	−3.141	平稳
	EER	C，0，2	−1.943	−3.465	−2.877	−2.575	不平稳
	ΔEER	C，0，0	−11.913	−3.465	−2.877	−2.575	平稳
	M_2	C，0，1	−2.396	−3.465	−2.877	−2.575	不平稳
	ΔM_2	C，t，1	−6.473	−4.008	−3.434	−3.141	平稳
	GDP	C，t，0	−1.804	−4.008	−3.434	−3.141	不平稳
	ΔGDP	C，t，0	−13.656	−4.008	−3.434	−3.141	平稳
	π	C，0，1	−3.559	−3.465	−2.877	−2.575	平稳

① 根据相关系数，M_2 增长率与通货膨胀率之间的变动相关关系更强。

② http：//www.bis.org/statistics/eer/index.htm.

③ 巴西中央银行数据库，http：//www.bcb.gov.br/? TIMESERIESEN.

续表

时间	变量	检验形式	ADF 统计量	临界值			结论
				1%	5%	10%	
1999.1—2004.12	i	C, t, 2	-6.710	-4.097	-3.476	-3.166	平稳
	rd	C, t, 0	-1.857	-4.097	-3.476	-3.166	不平稳
	Δrd	C, t, 0	-8.480	-4.097	-3.476	-3.166	平稳
	rt	C, 0, 0	-1.546	-3.526	-2.903	-2.589	不平稳
	Δrt	0, 0, 0	-6.708	-2.598	-1.946	-1.614	平稳
	EER	C, t, 0	-2.234	-4.093	-3.474	-3.164	不平稳
	ΔEER	0, 0, 0	-8.591	-2.598	-1.946	-1.614	平稳
	M_2	C, t, 1	-1.764	-4.095	-3.475	-3.165	不平稳
	ΔM_2	C, 0, 2	-6.196	-3.526	-2.903	-2.589	平稳
	GDP	0, 0, 0	0.551	-2.598	-1.946	-1.614	不平稳
	ΔGDP	0, 0, 0	-8.317	-2.598	-1.946	-1.614	平稳
	π	C, 0, 1	-2.773	-3.527	-2.904	-2.589	不平稳
	Δπ	0, 0, 0	-3.345	-2.598	-1.946	-1.614	平稳
2005.1—2007.12	i	0, 0, 0	-3.462	-2.633	-1.951	-1.611	平稳
	EER	C, t, 0	-2.393	-4.244	-3.544	-3.205	不平稳
	ΔEER	C, t, 1	-5.681	-4.263	-3.553	-3.21	平稳
	M_2	C, 0, 0	-2.099	-3.633	-2.948	-2.613	不平稳
	ΔM_2	C, 0, 0	-6.139	-4.253	-3.548	-3.207	平稳
	GDP	C, t, 1	-1.965	-4.253	-3.548	-3.207	不平稳
	ΔGDP	C, t, 0	-9.997	-3.639	-2.951	-2.614	平稳
	π	C, 0, 1	-1.685	-3.639	-2.951	-2.614	不平稳
	Δπ	0, 0, 0	-3.263	-2.633	-1.951	-1.611	平稳
2008.1—2009.12	i	C, t, 2	-4.125	-4.468	-3.645	-3.261	平稳
	EER	C, 0, 1	-1.846	-3.77	-3.005	-2.642	不平稳
	ΔEER	0, 0, 0	-2.819	-2.674	-1.957	-1.608	平稳
	M_2	C, t, 0	-1.023	-4.416	-3.622	-3.249	不平稳
	ΔM_2	0, 0, 0	-1.975	-2.674	-1.957	-1.608	平稳
	GDP	C, 0, 1	-1.442	-3.77	-3.005	-2.642	不平稳
	ΔGDP	0, 0, 0	-2.955	-2.674	-1.957	-1.608	平稳
	π	C, t, 0	-1.926	-4.416	-3.622	-3.249	不平稳
	Δπ	0, 0, 0	-2.337	-2.674	-1.957	-1.608	平稳

时间	变量	检验形式	ADF 统计量	临界值			结论
				1%	5%	10%	
2010.1—2014.11	i	C, 0, 2	-2.079	-3.553	-2.915	-2.595	不平稳
	Δi	0, 0, 1	-2.282	-2.607	-1.947	-1.613	平稳
	rd	C, 0, 0	-1.729	-3.548	-2.913	-2.594	不平稳
	Δrd	C, t, 0	-7.826	-4.127	-3.491	-3.174	平稳
	rt	C, 0, 0	-2.759	-3.548	-2.913	-2.594	不平稳
	Δrt	C, t, 0	-7.938	-4.127	-3.491	-3.174	平稳
	EER	C, t, 1	-3.339	-4.127	-3.491	-3.174	不平稳
	ΔEER	0, 0, 0	-5.627	-2.606	-1.947	-1.613	平稳
	M_2	C, t, 1	-2.044	-4.127	-3.491	-3.174	不平稳
	ΔM_2	0, 0, 0	-4.174	-2.606	-1.947	-1.613	平稳
	GDP	C, 0, 0	-3.244	-3.548	-2.913	-2.594	不平稳
	ΔGDP	0, 0, 0	-8.046	-2.606	-1.947	-1.613	平稳
	π	C, 0, 1	-2.472	-3.55	-2.914	-2.595	不平稳
	Δπ	0, 0, 0	-4.251	-2.606	-1.947	-1.613	平稳

注:检验形式(C, T, N)分别表示 ADF 检验方程是否含有常数项、时间趋势项和方程的滞后阶数。其中,滞后阶数由 SC 准则确定。

3. 模型设定与平稳性检验

本书对巴西 1999 年 1 月以来的货币政策有效性进行检验,但不同时期内国内、国外宏观经济形势变化对货币政策的实施效果会存在不同程度的影响。因此,本节按照五个不同阶段,将数据分别进行建模。首先将整个时间段上的模型记为模型 1,"通货膨胀目标制建立和巩固时期"(1999年 1 月—2004 年 12 月)记为模型 2,"黄金增长和通货膨胀稳定期"(2005 年 1 月—2007 年 12 月)记为模型 3,"全球金融危机时期"(2008年 1 月—2009 年 12 月)记为模型 4,"后金融危机时期"(2010 年 1 月—2014 年 11 月)记为模型 5。将各个变量的平稳形式纳入每个阶段的方程中,再根据 SC 准则选择恰当的滞后阶数(表 3—9),根据不同时间区间建立的五个模型所选择的滞后阶数依次为 2、1、2、2、1，并据此建立 VAR 模型。需要说明的是模型 3 和模型 4 两个时期内，巴西中央银行的活期法定存款准备金率并未调整，而定期法定存款准备金率也只是在模型 4 时期末调整了一次。因此，在这两个模型中将 R^d 和 R^t 略去，分别只包含五个变量。

表 3—9　　　　巴西货币政策有效性不同阶段各模型滞后期的选择

	滞后 1 期	滞后 2 期	滞后 3 期
模型 1	18.52	18.14 *	18.65
模型 2	23.29 *	24.18	26.04
模型 3	6.53	5.74 *	6.63
模型 4	9.29	8.94 *	—
模型 5	8.02 *	10.25	12.89

注：＊代表最佳滞后期，选择标准是 SC 准则。

下面以模型 1 为例，将各个变量的估计方程列举如下：

$$i_t = \alpha_{10} + \sum_{i=1}^{2} \beta_{1i} rd_{t-i} + \sum_{i=1}^{2} \gamma_{1i} rt_{t-i} + \sum_{i=1}^{2} x_{1i} \Delta eer_{t-i} + \sum_{i=1}^{2} \delta_{1i} \Delta M_{2,t-i} +$$

$$\sum_{i=1}^{2} \phi_{1i} \Delta \text{GDP}_{t-i} + \sum_{i=1}^{2} \varphi_{1i} \Delta \pi_{t-i} + \sum_{i=1}^{2} \rho_{1i} i_{t-i}$$

$$rd_t = \alpha_{20} + \sum_{i=1}^{2} \beta_{2i} rd_{t-i} + \sum_{i=1}^{2} \gamma_{2i} rt_{t-i} + \sum_{i=1}^{2} x_{2i} \Delta eer_{t-i} + \sum_{i=1}^{2} \delta_{2i} \Delta M_{2,t-i} +$$

$$\sum_{i=1}^{2} \phi_{2i} \Delta \text{GDP}_{t-i} + \sum_{i=1}^{2} \varphi_{2i} \Delta \pi_{t-i} + \sum_{i=1}^{2} \rho_{2i} i_{t-i}$$

$$rt_t = \alpha_{30} + \sum_{i=1}^{2} \beta_{3i} rd_{t-i} + \sum_{i=1}^{2} \gamma_{3i} rt_{t-i} + \sum_{i=1}^{2} x_{3i} \Delta eer_{t-i} + \sum_{i=1}^{2} \delta_{3i} \Delta M_{2,t-i} +$$

$$\sum_{i=1}^{2} \phi_{3i} \Delta \text{GDP}_{t-i} + \sum_{i=1}^{2} \varphi_{3i} \Delta \pi_{t-i} + \sum_{i=1}^{2} \rho_{3i} i_{t-i}$$

$$\Delta eer_t = \alpha_{40} + \sum_{i=1}^{2} \beta_{4i} rd_{t-i} + \sum_{i=1}^{2} \gamma_{4i} rt_{t-i} + \sum_{i=1}^{2} x_{4i} \Delta eer_{t-i} + \sum_{i=1}^{2} \delta_{4i} \Delta M_{2,t-i} +$$

$$\sum_{i=1}^{2} \phi_{4i} \Delta \text{GDP}_{t-i} + \sum_{i=1}^{2} \varphi_{4i} \Delta \pi_{t-i} + \sum_{i=1}^{2} \rho_{4i} i_{t-i}$$

$$\Delta M_{2,t} = \alpha_{50} + \sum_{i=1}^{2} \beta_{5i} rd_{t-i} + \sum_{i=1}^{2} \gamma_{5i} rt_{t-i} + \sum_{i=1}^{2} x_{5i} \Delta eer_{t-i} + \sum_{i=1}^{2} \delta_{5i} \Delta M_{2,t-i} +$$

$$\sum_{i=1}^{2} \phi_{5i}\Delta \mathrm{GDP}_{t-i} + \sum_{i=1}^{2} \varphi_{5i}\Delta \pi_{t-i} + \sum_{i=1}^{2} \rho_{5i}i_{t-i}$$

$$\Delta \mathrm{GDP}_t = \alpha_{60} + \sum_{i=1}^{2} \beta_{6i}rd_{t-i} + \sum_{i=1}^{2} \gamma_{6i}rt_{t-i} + \sum_{i=1}^{2} x_{6i}\Delta eer_{t-i} + \sum_{i=1}^{2} \delta_{6i}\Delta M_{2,t-i} +$$

$$\sum_{i=1}^{2} \phi_{6i}\Delta \mathrm{GDP}_{t-i} + \sum_{i=1}^{2} \varphi_{6i}\Delta \pi_{t-i} + \sum_{i=1}^{2} \rho_{6i}i_{t-i}$$

$$\Delta \pi_t = \alpha_{70} + \sum_{i=1}^{2} \beta_{7i}rd_{t-i} + \sum_{i=1}^{2} \gamma_{7i}rt_{t-i} + \sum_{i=1}^{2} x_{7i}\Delta eer_{t-i} + \sum_{i=1}^{2} \delta_{7i}\Delta M_{2,t-i} +$$

$$\sum_{i=1}^{2} \phi_{7i}\Delta \mathrm{GDP}_{t-i} + \sum_{i=1}^{2} \varphi_{7i}\Delta \pi_{t-i} + \sum_{i=1}^{2} \rho_{7i}i_{t-i}$$

模型稳定的条件是所有特征多项式根的模的倒数小于1，即落在单位圆内。根据图3—4所示，五个模型均为稳定性模型。

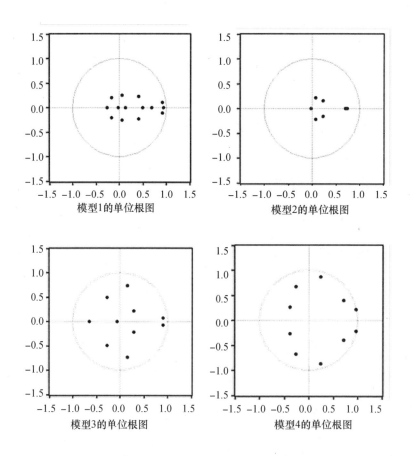

模型1的单位根图　　　　模型2的单位根图

模型3的单位根图　　　　模型4的单位根图

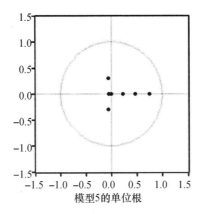

模型5的单位根

图3—4　模型稳定性检验结果

（三）实证结果

本节利用脉冲响应函数和方差分解，对巴西自1999年1月以来不同时间段内货币政策和汇率政策工具对产出和通货膨胀影响的时间持续性以及影响程度进行实证分析。实证结果表明，除全球金融危机时期（模型4）外，其余四个模型均收到良好效果，汇率和货币供应量对通货膨胀的影响程度最大，而利率工具在黄金增长和通胀稳定期（模型3）以外的各具体时期的效果并不明显。

1．脉冲响应函数

通过刻画随机扰动项上的一个标准差大小冲击对内生变量当前值和未来值产生的效果，可以全面反映各个变量之间的动态关系。由于本节样本区间选取分为四个具体阶段，不同阶段内宏观经济形势不同将导致货币政策的调控目标和效果发生偏差。因此，本节利用脉冲响应函数分析不同时期内巴西央行不同的货币和汇率政策工具效果，对宏观经济以及通货膨胀的影响作用方向以及作用时间的长短。

（1）整体时间段

根据1999年1月—2014年11月整个时间段内的脉冲响应函数可以得出（如图3—5）以下几点结论。第一，货币政策工具对产出和通货膨胀的冲击持续时间不同。对通货膨胀的冲击时间长于对产出的影响，产出受到的冲击基本在第10期之后趋于0，而通货膨胀受到的冲击则会持续到接近第20期。第二，对汇率和货币供给施加一个正冲击之后产出和通货

膨胀受到的冲击影响程度最强，且短期内均有效，货币供给冲击对产出的
影响在第三期之后由正转负，而汇率对产出的影响则在期初为负，第二期
之后就开始变成正向冲击。第三，汇率和货币供给冲击对通货膨胀的影响
方向相反，作用幅度大致相同，且均在第 13 期发生逆转。第四，利率冲
击对产出和通货膨胀的影响强度均不显著，其中对通货膨胀的影响有 1 期
滞后，在第 3 期之后变为负向，第 5 期达到峰值，为 0.014，第 13 期之后
又成为正向冲击。

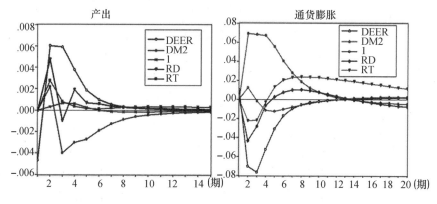

图 3—5   政策工具对产出和通胀的脉冲响应（整体阶段，模型 1）

    由此可见，对根据产出和通货膨胀衡量的巴西货币政策的有效性来
说，货币供应量变动和汇率变动的调控作用在短期内均有效（如图 3—
5）。各个政策工具的调控效果强度由强到弱依次为：汇率冲击、货币供
给冲击、存款准备金率冲击和利率冲击。因此，巴西利率政策对通货膨胀
的作用效果在 1999 年以来并不显著，而货币供给量的变动对通货膨胀的
正向冲击效果最大，货币供应量上升短期内推高物价水平。

    （2）通货膨胀目标制建立和巩固时期

    1999 年巴西确立通货膨胀目标制后，前两年均实现了通货膨胀目标。
由于受到阿根廷金融危机以及 2002 年国内电荒和总统选举等不确定性因
素的影响，通货膨胀目标连续四年未能实现。2004 年全年通胀率为
7.6%，高于央行最初设定的通货膨胀上限（6.25%），但是 2003 年 6 月
央行将上限提高至 8%，这才得以实现通胀目标。因此 2004 年年底之前，

巴西一直在巩固其通货膨胀目标制。

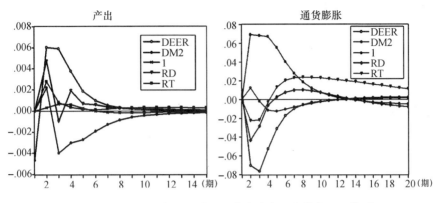

图3—6 政策工具对产出和通胀的脉冲响应（分阶段一，模型2）

通货膨胀目标制建立和巩固时期，巴西货币政策工具和汇率对产出和通货膨胀率的影响在短期内有效（如图3—6）。相对于产出而言，各政策工具对通货膨胀的作用效果更加显著，且持续时间更长。根据脉冲响应函数结果，可以得出以下几点结论：第一，无论对于产出还是通货膨胀而言，各政策工具均存在一期滞后；第二，各政策工具对通货膨胀的影响持续性和强度都大于对产出的影响，产出受到的冲击在第 8 期之后基本衰减为零，而通货膨胀受到的冲击则持续到 10 期之后；第三，汇率冲击和货币供给冲击的调控效果最强，但值得注意的是，对产出而言，活期存款准备金率的作用效果高于货币供给；第四，货币供给冲击对通货膨胀的影响在第 2 期达到峰值，此后逐渐降低，但一直为正向，而对产出的冲击方向则先是负向冲击，在第 3 期之后变成正向，但幅度较小；第五，对于产出和通货膨胀而言，利率政策的调控作用效果最弱，并且其作用持续时间均很短暂。

（3）黄金增长和通货膨胀稳定期

2003 年，全球经济进入"大缓和"时期，伴随着国际大宗商品价格的上升以及中国、印度等国家对初级产品需求量的显著增加，主要出口铁矿石等初级产品的巴西进入黄金增长期。在财政责任法、浮动汇率制以及通货膨胀目标制"三位一体"的宏观经济政策有效引导下，巴西国内的通货膨胀趋于稳定，从 2005 年开始中央银行每年的通货膨胀目标均能够实现。在这一时期，巴西央行主要运用利率和货币供给量这两个货币政策工具进行宏观调控，活期和定期的存款准备金率并未变化。

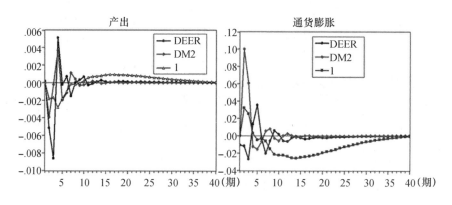

图3—7　政策工具对产出和通胀的脉冲响应（分阶段二，模型3）

在黄金增长期内，巴西通货膨胀基本稳定。对各政策工具施加一个正向冲击后，通货膨胀受到的影响效果要大于产出。根据脉冲响应函数结果（如图3—7）可以得到如下结论。首先，汇率和货币供给冲击对产出和通货膨胀的影响均可以持续到第12期左右。其次，利率冲击对产出和通货膨胀的影响持续时间较长，但是影响方向相反，在本期对利率施加一个正冲击会导致产出的负向变化，并且影响持续增大，在第9期之后变为正向影响；而对于通货膨胀而言，利率正向冲击将会造成通货膨胀的正向变化，滞后一期，在第2期就达到峰值，此后逐渐减弱，在第5期开始变为负数并于第14期达到最大，此后逐渐衰减至零。最后，对于产出来说，各政策工具的调控效果由强到弱依次为：汇率冲击、货币供给冲击和利率冲击，而对于通货膨胀来说，则依次为货币供给冲击、利率冲击和汇率冲击。

（4）全球金融危机时期

2008年爆发的全球金融危机对世界经济产生了严重的负面影响。巴西通货膨胀率在2008年呈现出上升趋势，但随着全球金融危机波及新兴经济体，巴西经济增速下降，通货膨胀也在2008年年底跨入下降区间。巴西央行在2008—2009年，主要利用利率和货币供给量进行货币政策调控，活期存款准备金率未发生变化，定期存款准备金率也只在 2009 年 9 月变动过一次。

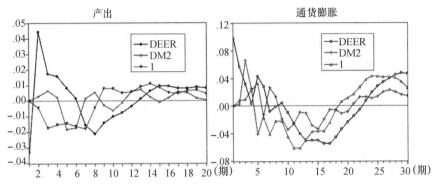

图 3—8 政策工具对产出和通胀的脉冲响应（分阶段三，模型 4）

由于全球金融危机阶段在模型中只含有 24 个月，因此样本规模较小，出现脉冲响应并不稳定的情况。根据这一阶段的脉冲响应函数（如图 3—8）可以得出：第一，汇率冲击、货币供给冲击和利率冲击对产出和通货膨胀的影响均较为显著；第二，在当期对汇率施加一个正向冲击后，产出和通货膨胀分别从当期就开始负向增长和正向增长，而产出在第 2 期变为正向增长，第 6 期重新负向增长，对通货膨胀的影响则逐渐减弱，第 10 期之后变为负向增长，但第 23 期之后转为正向增长；第三，在当期对利率施加一个正向冲击后，产出和通货膨胀都会有 1 期的滞后，从第 2 期开始分别负向、正向增长，产出在第 3 期和第 7 期分别达到峰值，第 9 期之后转为正向增长，对通货膨胀的影响则在第 6 期变为负向增长，第 19 期转为正向增长；第四，货币供给量在当期受到一个正向冲击后对产出和通货膨胀的影响为未来几期变动方向反复变化，并不稳定。

（5）后金融危机时期

全球金融危机开始后，巴西中央银行并未立即采用宽松的货币政策，仍将控制通货膨胀作为首要任务。2009 年巴西经济负增长，2010 年总统选举，经济复苏，呈现出 V 型反转态势，7.5% 的增长率成为当年新兴经济体的领跑者。但是，2011 年以后巴西经济增速每况愈下，2014 年几乎零增长。在全球金融危机后，无论是增长迅速还是低迷，巴西央行主要采取利率工具进行货币政策宏观经济调控，并且重新开始使用存款准备金率调节工具，控制通货膨胀，保证经济增长。

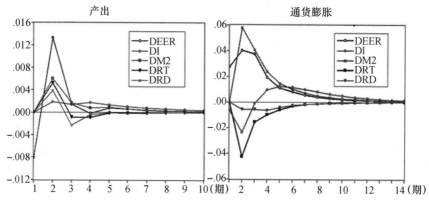

图3—9 政策工具对产出和通胀的脉冲响应（分阶段四，模型5）

根据这一阶段的脉冲响应（如图3—9）可以得出：第一，汇率冲击对产出和通货膨胀的影响在当期就会显现，而其他工具变量均存在1期滞后；第二，汇率和货币供给冲击仍然是对产出和通货膨胀影响最大的两个变量，对通货膨胀的影响均为正向，但是当期货币供给冲击对通货膨胀的影响程度在第2期超过汇率冲击，达到0.06的峰值；第三，当期对利率、活期存款准备金率以及定期存款准备金率施加一个正向冲击后，滞后1期，在第2期对产出的影响为正向，对通货膨胀的影响为负向，其中利率冲击对通货膨胀的影响在第3期之后转为正向，但在第8期之后基本衰减为零。

2. 方差分解

方差分解提供单个变量的冲击贡献在总贡献中的比例，进一步刻画不同冲击对各变量影响的相对重要程度。和脉冲响应函数一样，本节利用方差分解分析整个时间段以及不同具体时期巴西央行不同的货币和汇率政策工具的效果。Enders（2004）指出，VAR模型中变量的排序方式会对方差分解的结果产生不同影响，但当系统中各随机扰动项彼此之间的相关系数较小时，方差分解受到排序的影响较小。根据测算，除"全球金融危机时期"（模型4）外，因变量排序产生的偏差并不显著，因此本节对各时间段内的分析按照脉冲响应函数结果的重要程度排序。

（1）整体时间段

1999 年 1 月以来，巴西中央银行在不同时期采用了利率、货币供给量、存款准备金率等货币政策工具对经济进行调节，此外，运用汇率政策对国外风险因素进行控制。表 3—10 是整体时间段内各个政策变量对产出和通货膨胀冲击的方差贡献率。

第一，对产出而言，汇率和货币供给量对其变动的解释作用最大，从第 10 期之后不再显著；而对通货膨胀而言，汇率贡献主要体现在前 4 期，货币供应量的贡献则一直持续到第 10 期。第二，除汇率外，其余变量对产出和通胀的冲击力度均从第 2 期开始，第 10 期到第 15 期之间则基本不变。第三，不同政策变量对产出和通货膨胀的影响由强到弱依次为：汇率、货币供给量、活期存款准备金率、定期存款准备金率以及利率，利率对通货膨胀的解释程度最弱。第四，长期来看，所有政策变量对产出和通货膨胀冲击的贡献程度并不高，在第 15 期，对产出和通货膨胀的贡献之和分别为 6.27%、13.64%，因此货币政策工具对产出和通货膨胀的调控效果并不显著。

表 3—10　　整体时段（模型 1）的产出和通货膨胀方差分解　　（%）

时期	ΔGDP					Δπ				
	Δeer	ΔM$_2$	rd	rt	i	Δeer	ΔM$_2$	rd	rt	i
1	0.76	0.00	0.00	0.00	0.00	0.06	0.00	0.00	0.00	0.00
2	1.96	0.16	0.74	0.27	0.00	1.96	1.84	0.76	0.17	0.06
3	3.05	0.68	0.75	0.29	0.01	3.70	3.18	0.93	0.32	0.05
4	3.48	0.97	0.86	0.29	0.03	4.42	4.48	0.90	0.31	0.09
5	3.58	1.21	0.87	0.29	0.03	4.63	5.34	0.88	0.34	0.15
10	3.61	1.42	0.89	0.30	0.03	4.66	6.12	0.99	1.06	0.26
15	3.61	1.43	0.89	0.31	0.03	4.63	6.09	1.00	1.65	0.27

（2）通货膨胀目标制建立和巩固时期

表 3—11 是通货膨胀目标制建立和巩固时期，各个政策变量对产出和通货膨胀冲击的方差贡献率。

首先，除汇率在第 1 期对通货膨胀有 0.05% 的方差冲击外，其余变量对产出和通货膨胀的冲击均存在 1 期滞后。其次，对于产出而言，除利率外，其余变量的冲击在第 3 期达到最大，此后均保持稳定，因此政策变量的长期产出效果并不显著。第 3 期各变量对产出冲击的方差解释程度为 5%，效果也一般。最后，对通货膨胀而言，各变量的影响会持续到第 10 期，贡献率达到 13%，效果优于短期（2 期），但仍不十分显著。总之，在这一阶段，无论对产出还是通货膨胀而言，汇率都是最重要的影响因素，其次是活期存款准备金率和货币供给量，利率对通货膨胀冲击的方差贡献度最低。

表 3—11　　　　　通货膨胀目标制建立和巩固时期（模型 2）
的产出和通货膨胀方差分解　　　　　　　（%）

时期	ΔGDP					Δπ				
	Δeer	ΔM_2	rd	rt	i	Δeer	ΔM_2	rd	rt	i
1	0.00	0.00	0.00	0.00	0.00	0.05	0.00	0.00	0.00	0.00
2	3.48	0.45	0.65	0.07	0.10	2.60	1.94	2.33	0.30	0.05
3	3.55	0.46	0.74	0.13	0.12	4.38	2.70	2.95	1.15	0.05
4	3.55	0.46	0.75	0.13	0.15	4.83	3.09	3.18	1.75	0.05
5	3.55	0.46	0.76	0.13	0.18	4.88	3.25	3.30	2.03	0.06
10	3.56	0.46	0.76	0.13	0.21	4.84	3.33	3.40	2.22	0.16
15	3.56	0.46	0.76	0.13	0.22	4.85	3.33	3.40	2.22	0.17

（3）黄金增长和通货膨胀稳定期

这一时期由于巴西国内外宏观经济形势相对稳定，通货膨胀也进入温和区间。巴西中央银行在这段时间内依靠利率和货币供应量变动进行货币政策调整，并未变动存款准备金率。表 3—12 是黄金增长和通货膨胀稳定时期，各个政策变量对产出和通货膨胀冲击的方差贡献率。

第一，三个变量对产出影响的强弱顺序为汇率、货币供应量和利率，并且均存在 1 期滞后；汇率在第 4 期达到峰值，为 5.01%，利率的影响程度则一直小幅增强。第二，货币供应量对通货膨胀的影响程度最强，在第 5 期达到峰值，为 13.08%，利率的影响程度从第 15 期之后开始加强，第 20 期达到 7.07%。第三，长期来看，各政策变量对宏观经济调节的效果高于模型 1，对于通货膨胀来说，第 20 期的贡献率总和达到 21.54%。

在这一阶段，对产出影响的强弱顺序为：汇率、货币供应量和利率，而对通货膨胀而言，货币供给量的重要性最强，其次是利率，这说明在通货膨胀稳定时期，利率政策的有效性在加强，而汇率变动对通货膨胀的影响力在下降。

表3—12　　　　黄金增长和通货膨胀稳定期（模型3）
　　　　　　　　的产出和通货膨胀方差分解　　　　　　　　（％）

时期	ΔGDP			$\Delta\pi$		
	Δeer	ΔM_2	i	Δeer	ΔM_2	i
1	0.00	0.00	0.00	0.16	0.00	0.00
2	1.27	0.73	0.16	0.28	10.59	1.09
3	4.25	0.65	0.26	0.96	13.24	1.61
4	5.01	1.14	0.55	1.10	13.05	1.57
5	4.88	1.26	0.66	2.26	13.08	1.57
10	4.95	1.35	0.70	2.64	12.84	2.65
15	4.94	1.35	0.80	2.61	12.31	5.15
20	4.93	1.35	0.96	2.56	11.91	7.07

（4）全球金融危机时期

在此期间，巴西央行并没有调整活期存款准备金率，定期存款准备金率也只在样本区间的末端变动过一次，因此模型4和模型3一样，只考虑汇率、货币供给量以及利率工具对产出和通货膨胀冲击的方差贡献率。表3—13是全球金融危机时期，各个政策变量对产出和通货膨胀冲击的方差贡献率。

第一，在这一时期，利率工具对产出和通胀的影响强度增加，均在第1期就达到最大，此后逐渐下降，在第10期之后重新增强。第二，货币供给量对通货膨胀的影响强度也明显增大，但对产出的作用依旧不明显。第三，三个政策变量对产出的影响强弱排序为利率、汇率和货币供给量，而对通货膨胀的影响强弱排序则为利率、货币供给量和汇率。第四，在全球金融危机时期，货币政策和汇率政策的总体效果在短期内和长期内均有效，第5期对产出和通货膨胀方差的贡献率总和分别为18.92%、28.85%，第20期则分别达到20.31%、34.36%。

表 3—13　　　全球金融危机时期（模型 4）的产出和通货膨胀方差分解　　（％）

时期	ΔGDP			$\Delta \pi$		
	Δeer	ΔM_2	i	Δeer	ΔM_2	i
1	0.00	2.85	13.38	0.16	1.16	15.21
2	1.27	2.49	13.38	0.28	12.87	12.05
3	4.25	2.34	12.00	0.96	15.38	11.86
4	5.01	3.15	11.89	1.10	15.12	11.60
5	4.88	3.30	11.64	2.26	15.09	11.50
10	4.95	3.31	11.77	2.64	14.78	12.70
20	4.93	3.30	12.08	2.56	13.77	18.03

（5）后金融危机时期

2010 年 1 月以来，巴西经济经历了当年 7.5% 的高增长，此后却陷入连续 4 年的经济停滞，2014 年经济零增长。巴西央行运用了传统的利率和汇率政策等工具进行宏观经济调控，并且重新开始使用存款准备金率进行国内流动性的调节。表 3—14 是后金融危机时期，各个政策变量对产出和通货膨胀冲击的方差贡献率。值得注意的是，利率以一阶差分的形式进入到模型 5 中。

第一，各政策工具对产出和通货膨胀的影响均存在 1 期滞后。第二，对产出而言，汇率对其变动的解释效果最强，并且在第 2 期就达到峰值，而货币供给量则主要解释了通货膨胀的变动，在第 10 期之后逐渐稳定。第三，利率对产出变动的解释能力最弱，但是对通货膨胀变动的解释能力高于两个存款准备金率。第四，长期来看，各政策工具对产出冲击方差的贡献率达到 13.81%，对通货膨胀冲击的方差贡献率则为 17.31%，说明在这一时期，货币和汇率政策效果有一定提升。

表 3—14　　　后金融危机时期（模型 5）的产出和通货膨胀方差分解　　（％）

时期	ΔGDP					$\Delta \pi$				
	Δeer	ΔM_2	rd	rt	Δi	Δeer	ΔM_2	rd	rt	Δi
1	0.00	0.00	0.00	0.00	0.00	0.00	0.00	0.00	0.00	0.00

续表

时期	ΔGDP					Δπ				
	Δeer	ΔM₂	rd	rt	Δi	Δeer	ΔM₂	rd	rt	Δi
2	8.59	2.10	0.76	1.41	0.10	2.04	4.92	0.06	1.65	2.81
3	8.45	2.27	1.04	1.44	0.13	3.26	7.18	0.11	1.62	2.77
4	8.41	2.33	1.05	1.50	0.23	3.47	7.99	0.17	1.67	2.69
5	8.42	2.40	1.05	1.50	0.28	3.53	8.36	0.20	1.70	2.75
10	8.41	2.47	1.05	1.51	0.36	3.58	8.73	0.22	1.71	3.03
15	8.41	2.47	1.05	1.51	0.37	3.58	8.74	0.22	1.71	3.06

3. 小结

根据不同时期脉冲响应函数和方差分解估计结果（见表3—15），除了全球金融危机时期外，无论对于产出还是通货膨胀而言，汇率变动以及货币供给影响的持久性和强度均高于其他政策工具。利率工具的调节作用在多个时期内的调节效果均不显著，甚至弱于活期和定期存款准备金率的调节作用。这说明存在通货膨胀和汇率双重调节目标的前提下，1999年以来巴西的利用利率工具对产出和通货膨胀的调节效果较差，这也就不难解释2013年以来出现的利率一再调高，但是通货膨胀率不降反升的奇异现象，同时也说明巴西通货膨胀的惯性十分严重。

表3—15　　　　不同时间段内汇率和政策工具的货币政策效果

时间段	政策目标	工具效果排序
整体时期	产出	汇率、货币供给、活期存款准备金率、定期存款准备金率、利率
	通货膨胀	
通货膨胀目标制建立和巩固时期	产出	汇率、活期存款准备金率、货币供给、利率、定期存款准备金率
	通货膨胀	汇率、活期存款准备金率、货币供给、定期存款准备金率、利率
黄金增长和通货膨胀稳定期	产出	汇率、货币供给、利率
	通货膨胀	货币供给、利率、汇率

时间段	政策目标	工具效果排序
全球金融危机时期	产出	利率、汇率、货币供给
	通货膨胀	利率、货币供给、汇率
后全球金融危机时期	产出	汇率、货币供给、定期存款准备金率、活期存款准备金率、利率
	通货膨胀	货币供给、汇率、利率、定期存款准备金率、活期存款准备金率

第三节　开放经济中的泰勒规则：
巴西货币政策的反应函数

在通货膨胀目标制实施之前，巴西货币政策的目标是吸引外部资本流入，保持国际收支平衡，而在通货膨胀目标制之后，货币政策则需要保持通货膨胀目标以及防止汇率变动传递到本国价格上。总体来看，在维持价格稳定的过程中，货币政策一直是保守的，这也造成了巴西高利率的现象。高利率可以吸引外部资本流入、实现通货膨胀目标以及防止货币贬值，但同时也造成债务总量上升、经济增长受到限制。本节利用开放经济条件下的泰勒规则对巴西通货膨胀目标制下中央银行的货币政策反应函数进行模拟。

一　标准泰勒规则

金融开放和金融全球化造成货币供应量目标货币政策的有效性降低，越来越多的中央银行将利率作为货币政策的中介目标，采取通货膨胀目标制。Taylor（1993）对 G7 国家货币政策的研究发现实际利率是保持经济增长和实现物价稳定的唯一变量，并且用一个简单的利率规则拟合了美联储 1987—1992 年的利率变动趋势，提出泰勒规则，即通过调整短期利率制定货币政策。由于采取了预先承诺机制，泰勒规则有效解决了货币政策的时间不一致问题，体现出规则之下的相机抉择。如果说通货膨胀目标制是货币政策最终目标，那么泰勒规则就是达到目标最重要的手段。

泰勒规则的主要政策主张是，根据经济运行利用短期利率对通货膨胀和产出进行调整。因此，泰勒制定了线性规则的货币政策反应函数：

$$i_t^* = \pi_t + \alpha y_t + \beta\ (\pi_t - \pi^*)\ + r^* \qquad (3.3.1)$$

各个变量的含义与前文基本一致，i_t^* 是短期名义利率的目标值，π 和 π^* 分别代表通货膨胀率[①]和中央银行制定的短期通货膨胀目标，y 是产出缺口，r^* 是长期均衡实际利率。α 和 β 分别是产出缺口和通胀偏差的政策参数，均假设为正数。根据式（3.3.1），当通货膨胀率与通货膨胀目标之间发生偏离或存在产出缺口时，名义利率就会进行调整：当通货膨胀率上升、产出缺口增大时，名义利率会相应提高，反之亦然。

Taylor 假设 $\alpha = \beta = 0.5$，美国实际均衡利率和通货膨胀率目标均为 2%，上式可以写成：

$$i^* = \pi_t + 0.5 y_t + 0.5\ (\pi_t - 2)\ + 2 \qquad (3.3.2)$$

美联储就是在（3.3.2）式的指导下在 1987—1992 年进行公开市场操作，影响短期名义利率水平。这一简单的短期利率变动方程对后来的货币政策研究产生了深远的影响。Taylor 认为实行浮动汇率制的国家，中央银行根据通胀和产出对目标值的偏离调整短期利率，而固定汇率制下一国的利率政策无法独立。

根据式（3.3.2），进行简单整理可以得到最初泰勒规则的具体形式：

$$i^* = 1.5 \pi_t + 0.5 y_t + 1 \qquad (3.3.3)$$

根据式（3.3.3），联邦基金利率受通货膨胀缺口和产出缺口的影响，不同时期内反应系数存在差异。

二 泰勒规则的扩展

Taylor 规则的政策含义是，如果实际利率与均衡利率相等、实际产出与潜在产出相等，经济就会达到理想状态。但事实上，经济还受到预期、失业率、国外通货膨胀率以及汇率变动等因素的冲击，因此此后的研究在原始 Taylor 规则基础上进行了多方面扩展和修正（Woodford，1999；Clar-

---

[①] 原始泰勒规则中，是前四个季度的平均通货膨胀率。

ida 等，2000；Orphanides，2001）。

（一）汇率因素

开放经济条件下，汇率成为货币政策传导机制的主要渠道，而将汇率纳入泰勒规则中，产出将更加稳定（Obstfeld 和 Rogoff，1995；Ball，1999；Svensson，2000；Aghion 等，2009）。对于新兴经济体而言，资本流动在这些国家通常受到不同程度的管制，汇率无法通过利率平价完全内生化，而新兴经济体中央银行的货币政策反应函数却或多或少包含一定程度的汇率波动成分，汇率冲击在短期内对通货膨胀的影响更加显著。因此，开放经济下的泰勒规则应该包括汇率波动。

Mishkin 和 Savastano（2001）提出了包含汇率因素的泰勒规则并结合拉丁美洲国家的具体案例进行分析，认为汇率在这些国家货币政策的制定中有重要影响。封闭条件下的泰勒规则可进行如下延伸：

$$i_t^* = \alpha\pi_t + \beta y_t + \gamma_0 e_t + \gamma_1 e_{t-1} \qquad (3.3.4)$$

其中，i_t^* 是短期名义利率的目标值，由中央银行制定，π 和 y 分别是通货膨胀率和产出缺口，e 是实际汇率。该式是简化形式，省略了截距项，即中央银行的通货膨胀目标为零，利率和汇率均以偏离稳态值程度计算；α、β、γ_0 和 γ_1 均为模型的参数。当 $\alpha > 1$，$\beta > 0$，且 $\gamma_0 = \gamma_1 = 0$ 时，式（3.3.4）就是简化形式的标准泰勒规则；而当 γ_0、γ_1 不为 0 时，则是开放经济条件下的泰勒规则。式（3.3.4）还表示，短期名义利率不仅对当期汇率进行调整，还体现着前一期汇率的影响。经济学家利用不同国家数据和时间段对引入汇率因素之后的泰勒规则模型的参数进行了实证估计，总结结果见表 3—16 所示。

表 3—16　　不同学者对开放经济条件泰勒规则汇率系数的估计

研究者	γ_0	γ_1	备注
Ball（1999）	− 0.37	0.17	黏性价格，小型开放经济体
Taylor（1999）	− 0.25	0.15	欧洲中央银行
Svensson（2000）	− 0.45	0.45	引入微观基础的新凯恩斯主义模型

资料来源：笔者根据相关研究整理。

不同研究对汇率系数的大小估计存在差异，但是影响方向均相同。汇率升值通过减少本国出口降低总需求，抑制通货膨胀，本期汇率弹性为负，利率会负向变动，增加国内需求，减少汇率升值造成的经济波动。通常汇率传递存在时滞，如果存在理性预期，本币在 t 期升值将会降低 $t+1$ 期本国产出和通货膨胀的预期，如果中央银行坚持泰勒规则，预期利率将会降低，进一步导致长期均衡利率下降。

（二）利率平滑

泰勒规则提出之后，经济学家对各国中央银行的研究发现，存在利率平滑的倾向。Sack（1998）对美国的研究发现，利率变动存在惯性，滞后系数为 0.64，Williams（1999）利用美国 1980—1997 年的数据估计出滞后利率反应系数高达 0.83。

Judd 和 Ruebusch（1998）利用误差修正模型对泰勒规则在美国的实践进行了利率平滑性验证，并且将前期产出缺口加入模型中，使用 1992—1997 年的数据估计出短期利率对产出缺口的反应系数为 0.99。具体估计模型为：首先将原始泰勒规则引入产出缺口的滞后项，式（3.3.1）变为：

$$i_t^* = \pi_t + \alpha y_t + \beta\ (\pi_t - \pi^*)\ + r^* + \gamma y_{t-1} \qquad (3.3.5)$$

短期均衡利率变动是一个动态过程：

$$\Delta i_t = \theta\ (i_t^* - i_{t-1})\ + \mu \Delta i_{t-1} \qquad (3.3.6)$$

其中，参数 μ 是前期利率水平的影响系数，而 θ 则体现了前期利率水平与本期目标利率的差额。将式（3.3.6）代入式（3.3.5）中，得到新的泰勒规则方程：

$$\Delta i_t = \alpha \theta y_t + \theta \beta \pi^* + \theta\ (1+\beta)\ \pi_t + \theta r^* + \theta \gamma y_{t-1} - \theta i_{t-1} + \mu \Delta i_{t-1} \qquad (3.3.7)$$

Clarida 等（1999）将利率平滑引入原始的泰勒规则中，本期利率由前期利率和一个"泰勒部分"组成：

$$i_t = \alpha_1 i_{t-1} +\ (1 - \alpha_1)\ i_t^* \qquad (3.3.8)$$

$$i_t^* = \alpha_2 + \alpha_3\ (\pi_{t+1}^E - \pi^*)\ + \alpha_4 y_{t+1}^E \qquad (3.3.9)$$

其中，$\alpha_1 \in\ (0,\ 1)$，$\alpha_2 = \pi^* + \bar{i}$，$\alpha_3 > 1$，$\alpha_4 > 0$，当 $\alpha_3 < 1$，$\alpha_4 < 0$ 时，则表示利率的非稳定作用。对式（3.3.8）和式（3.3.9）进行合并并化简：

$$i_t = \alpha_1 i_{t-1} + (1-\alpha_1)\left[\alpha_2 + \alpha_3\left(\pi_{t+1}^E - \pi^*\right) + \alpha_4 y_{t+1}^E\right] \qquad (3.3.10)$$

式（3.3.10）就是扩展的泰勒规则，其中 α_1 代表了利率的平滑程度，取值越大则表示上一期的利率水平对本期利率的影响作用越强。当 $\alpha_1 = 1$ 时，利率的反应函数变成一阶自回归形式。根据加入利率平滑因素的扩展泰勒规则，当通货膨胀缺口或者预期产出缺口扩大时，中央银行将提高短期利率。通过对美国 1960—1996 年的数据验证，1979 年之前美国利率平滑系数为 0.68，而在此之后提高到 0.79[①]。

（三）预期因素

无论是加入汇率因素还是进行利率平滑后的泰勒规则，均利用后向的信息给出利率的反应轨迹。而在实际中，依据当期通货膨胀率和产出缺口进行调节将导致波动加剧。由于存在预期因素，中央银行的货币政策制定通常具有前瞻性。Clarida 等（1998，1999）提出了前瞻性的货币政策反应函数：

$$i_t^* = i^* + \beta\left(E\langle \pi_{t,k} \mid \Omega_t\rangle - \pi^*\right) + \gamma E\langle y_{t,q} \mid \Omega_t\rangle \qquad (3.3.11)$$

其中，i_t^* 是短期名义利率的目标值，i^* 是长期均衡名义利率，$\pi_{t,k}$ 是 t 到 $(t+k)$ 期价格水平的年均变化率，$\pi_{t,q}$ 是 t 到 $(t+q)$ 期的年均产出缺口，E 是数学期望，Ω_t 则代表中央银行的完全信息集。式（3.3.11）信息集中包含了更加丰富的宏观经济变量，将预期因素纳入中央银行货币政策的反应函数中。如果将预期因素与利率平滑结合，根据费雪方程式将实际利率 r^* 表示成：

$$r_t^* = i_t^* - E\langle \pi_{t,k} \mid \Omega_t\rangle \qquad (3.3.12)$$

那么长期均衡实际利率为：

$$r^* + i^* - \pi^* \qquad (3.3.13)$$

将式（3.3.12）和式（3.3.13）代入式（3.3.11）可以得到泰勒规则形式的包含预期因素和利率平滑的中央银行货币政策反应函数：

$$r_t^* = r^* + (\beta-1)\left(E\langle \pi_{t,k} \mid \Omega_t\rangle - \pi^*\right) + \gamma E\langle y_{t,q} \mid \Omega_t\rangle \qquad (3.3.14)$$

---

① Clarida, R., J. Galí and M. Gertler, "The Science of Monetary Policy: A New Keynesian Perspective", *CEPR Discussion Papers*, No. 2139, 1999.

三 巴西中央银行货币政策反应函数[①]

雷亚尔计划后，巴西的通货膨胀率和利率水平均出现比较明显的下降趋势。巴西中央银行采取通货膨胀目标制货币政策 14 年来，通货膨胀率基本被保持在中央银行规定的上限以内，而利率水平更是大幅下降，一度降至个位数。巴西中央银行一直依靠对利率的调节控制通货膨胀。但是，也有研究显示巴西的利率还承担着调节汇率和弥补经常账户赤字的任务（Modenesi et al.，2013）。事实上，巴西依旧是世界上利率水平较高的国家之一[②]。因此，巴西利率水平到底因何而变，开放经济条件下来自外部的经济冲击如何影响中央银行利率的变动是我们重点关注的问题。

（一）文献综述

对于新兴经济体来说，由于存在"害怕浮动"、贸易条件冲击和并不完善的资本市场，货币政策反应函数应该将汇率包括在内。Aghion 等（2009）和 Aizenman 等（2011）均认为利率规则应该将实际汇率考虑在内。Roger 等（2009）和 Garcia 等（2011）认为将汇率纳入利率规则可以有效应对风险溢价冲击，对于金融稳定度高的国家，货币政策反应函数中汇率的权重并不需要太高。

由于巴西采取通货膨胀目标制时间不长，对巴西货币政策反应函数的研究集中在最近几年，并且大多数研究将开放经济考虑在内。Teles 和 Zaidan（2010）研究了 12 个实行通货膨胀目标制的发展中国家的货币政策反应函数，其中巴西在多数时期内遵循了泰勒规则。de Mendonca 和 da Silva（2010）对巴西和土耳其利率变动进行研究发现采取通货膨胀目标制后，一直到全球金融危机爆发前，巴西中央银行的利率变动符合泰勒规则。de Almeida 等人（2003）则估计出汇率因素在巴西利率反应方程中的系数为 0.2。OECD（2013）对 2003 年 1 月—2012 年 8 月巴西货币政策的反应函数进行了 OLS 方法估计，该模型将实际汇率和滞后一期的利率加

---

① 货币政策目标的实现程度由反应函数来衡量，反应函数的具体形式取决于中央银行的偏好。

② 卡多佐政府首任时期过度宽松的财政政策被认为是巴西利率较高以及货币政策存在刚性的主要原因（Modenesi et al.，2013）。

入基本泰勒规则中，结果显示巴西利率的调整具有非平稳性，产出缺口的反应系数在不同模型下作用方向不同，而实际汇率的作用系数为 0.32。总体而言，巴西通货膨胀目标制后，利率的滞后影响作用较强，通货膨胀率的上升会引起利率水平的提高，而在研究中发现，利率对产出缺口的反应系数并不显著（见表 3—17）。

表 3—17　　　　　不同学者对巴西中央银行货币政策反应函数的估计

研究者	利率平滑系数	通货膨胀系数	模型形式	时间区间
Fontana（2002）	0.79	1.78	Clarida 等（1999）	1999.2—2002.3
Figueiredo（2002）	0.757	0.636^1，0.498^2	不包括产出缺口	1999.4—2002.9
Mendonça（2007）	0.859	0.815^1，0.383^2	Figueiredo（2002）	1999.1—2004.11
Minella 等（2002）	0.76	1.78	包括产出缺口	1999.6—2002.6
	1.04^3，-0.2^4	1.84		
	0.72	1.74	包括产出缺口和滞后 2 期的利率	2000.1—2002.6
	1.36^3，-0.56^4	1.42		
Modenesi（2011）	1.62^3，-0.699^4	0.537^1，0.386^2	Figueiredo（2002）	2000.1—2007.12
Modenesi 等（2013）	1.728^3，-0.76^4	0.796	Libor 作为开放条件的代理变量	2000.1—2010.12

注：1. 市场价格通货膨胀（market price inflation）；2. 管制价格通货膨胀（administrated price inflation）；3. 滞后 1 期利率平滑；4. 滞后 2 期利率平滑。

资料来源：笔者根据相关研究整理。

（二）实证分析

开放经济条件下外部冲击对中央银行货币政策反应函数影响的研究大致分为两类。一类是将主要贸易伙伴国的产出水平或产出缺口等变量加入基本泰勒规则中（Clarida，2002）。另一类则直接选取汇率指标进入基本泰勒规则。研究方法方面，传统研究利用 OLS 方法对基本泰勒规则或改进的泰勒规则中各个系数进行估计（OECD，2013）。而当时间序列存在自相关、异方差甚至非线性形式等情况时，OLS 估计方法结果的有效性将受到影响（Hansen，1982；Baum 等，2003）。因此，有学者利用广义矩估计方法（GMM）对泰勒规则中的参数值进行估计。

1. 模型设定

开放经济条件下，新兴经济体中央银行的货币政策选择受到包括国外因素在内的各种宏观经济变量的影响。开放经济的代理变量可以是本国的名义或者实际汇率、主要贸易或投资伙伴国的产出水平以及利率水平、全球重要的利率指标（如 Libor）等。这里借鉴 de Mendonca 和 da Silva（2010）的研究方法，将基本的泰勒规则设定成 Belke 和 Polleit（2007）的形式：

$$i_t = \rho i_{t-1} + (1-\rho)\left[\beta_0 + \beta_1 y_t + \beta_2 (\pi_1 - \pi^*)\right] \quad (3.3.15)$$

其中，i 是短期利率，y 是产出缺口，π 和 π^* 分别是实际通货膨胀率以及中央银行规定的通货膨胀率目标；系数 ρ 表示利率的平滑程度，β_1 和 β_2 则代表了长期内产出缺口以及通货膨胀缺口对利率水平的影响程度。

由于历史上货币供给一直是巴西通货膨胀的重要原因，中央银行存在将财政赤字货币化的倾向。虽然在本章第一节中，关于通货膨胀目标制建立以来巴西通货膨胀动态影响因素的验证中证实，货币供给量对通货膨胀率的影响程度并不大，但在这里还是将货币供给量纳入中央银行的反应函数中，利用广义货币供应量（M_2）的变动（Δm_t）验证是否对中央银行的利率政策调节产生影响（Altimari，2001；Coenen 等，2001）。因此，加入货币供给量变动的泰勒规则变为：

$$i_t = \rho i_{t-1} + (1-\rho)\left[\beta_0 + \beta_1 y_t + \beta_2 (\pi_t - \pi^*) + \beta_3 \Delta m_t\right] \quad (3.3.16)$$

开放经济条件下，汇率、外国利率、主要贸易伙伴国经济总量等均可以作为代理变量。对于以巴西为代表的新兴经济体而言，当本国货币贬值，中央银行往往会提高名义利率。因此，在巴西，汇率对于利率的决定起着决定性作用。本节根据 Clarida 等（1998）以及 Ball（1999）的方法，选取汇率（EX）作为代理变量进入开放经济的泰勒规则中。国际清算银行的有效汇率的计算采取一揽子货币的方法，使用一国多个贸易伙伴国与本国货币的兑换比例进行加权，因此能够将本国货币的外部影响因素基本囊括其中[①]。加入有效汇率变量的开放经济条件下的泰勒规则可以表示为：

---

① BIS，"The New BIS Effective Exchange Rate Indices"，*BIS Quarterly Review*，March，2006.

$$i_t = \rho i_{t-1} + (1-\rho) \left[\beta_0 + \beta_1 y_t + \beta_2 (\pi_t - \pi^*) + \beta_4 \Delta EX_t \right] \qquad (3.3.17)$$

2. 估计方法

虽然有学者利用最小二乘估计方法对泰勒规则进行估计，但是由于传统 OLS 估计方法无法避免序列自身的相关性以及异方差性，会影响估计结果，因此本节采取广义矩估计法（GMM）对巴西中央银行的货币政策反应函数进行估计。GMM 估计量不要求提前知道扰动项的准确分布信息，允许随机误差项存在自相关或者异方差性，因此得到的参数估计量更符合事实，是一个稳健的估计量[①]。

GMM 方法的基本原理是对参数的选择尽可能与理论接近，把理论关系用样本近似值代替，估计量的选择就是要最小化理论值和实际值之间的加权距离。参数要满足的理论关系就是被估计参数 θ 的分布函数 $f(\theta)$ 与工具变量 U_t 之间满足正则条件，即 $E[f(\theta)'U] = 0$。GMM 方法估计量的选择标准是使工具变量与函数 $f(\theta)$ 之间的样本相关性接近于 0[②]。GMM 方法对工具变量的选择需要满足两个条件，即工具变量必须与内生变量高度相关，以及不能与结构性误差项存在相关关系。因此，工具变量应该是模型中的外生变量[③]。

根据 Clarida 等（1997，2000）对泰勒规则反应函数的估计方法，结合式（3.3.14），将预期因素和利率平滑性结合起来，并加入开放经济条件下的代理变量 EX，货币政策的反应函数变形为：

$$i_t = \rho(L) i_{t-1} + (1-\rho) i_t^* \qquad (3.3.18)$$

$$i_t = \rho i_{t-1} + (1-\rho) \left[r^* - (\beta - 1) \pi^* + \beta \pi_{t,k} + \gamma y_{t,q} + \phi EX_{t,q} \right] + \varepsilon_t$$
$$(3.3.19)$$

其中，式（3.3.18）为利率平滑，滞后多项式为 $\rho(L) = \rho_1 + \rho_2 L + \cdots + \rho_n L^{n-1}$，式（3.3.19）中的 ε_t 为无偏预测误差的线性组合，$\varepsilon_t = 1 (1-\rho) \left[\beta (\pi_{t,k} - E\langle \pi_{t,k} \mid \Omega_t \rangle) + \gamma (y_{t,q} - E\langle y_{t,q} \mid \Omega_t \rangle) \right]$，即

---

① 高铁梅主编:《计量经济分析方法与建模：EViews 应用及实例》（第二版），清华大学出版社 2009 年版，第 111 页。

② 张大维、刘博、刘琪:《EViews 数据统计与分析教程》，清华大学出版社 2010 年版，第 98 页。

③ Caner, M., "Nearly-singular Design in GMM and Generalized Empirical Likelihood Estimators", in *Journal of Econometrics*, 144 (2), 2008, pp. 511 – 523.

ε_t 与 t 时期的信息集 Ω_t 满足正交条件 $E\left[\varepsilon_t\Omega_t\right]=0$。假设 U_t 是与信息集 Ω_t 高度相关但与 ε_t 无关的一组工具变量，那么可以得到广义矩估计的矩条件：

$$E\left\{\left\langle i_r-(1-\rho)\left[r^*-(\beta-1)\pi^*+\beta\pi_{t,k}+\gamma y_{t,q}+\phi EX_{t,q}\right]+\rho i_{t-1}\right\rangle\times U_t\right\}=0 \quad (3.3.18)$$

3. 数据选择及处理

模型对巴西中央银行货币政策的反应函数选取 1999 年 6 月确立通货膨胀目标制以来，一直到 2014 年 12 月的数据对各个参数进行估计。为了满足 GMM 估计的大样本要求，选取月度数据，并全部进行取对数处理，样本总容量为 186。数据来源于巴西中央银行：利率选取 SELIC 利率；通货膨胀率（π）采取累积 12 个月的 IPCA 指标；通货膨胀目标（π^*）由中央银行规定；产出缺口（y）通过以美元价格计算的实际 GDP（Y_t）与经过 HP 滤波之后的潜在 GDP（Y_t^*）计算得出，即

$$y=\frac{Y_t-Y_t^*}{Y_t^*}\times 100$$

货币供给量选取广义货币供给量 M_2，按照同比增长率的形式进入模型。开放经济的代理变量选取汇率指标，数据来自国际清算银行广义指数标准下按照加权几何平均数计算的有效汇率指标（2010 = 100）[①]，分别选取名义有效汇率（EER）和实际有效汇率（REER）两种形式，选取加权形式的有效汇率可以更全面衡量一国与其他经济体的联系程度。根据 Clarida 等（2000）、Ullrich（2003）以及 Belke 和 Polleit（2007）的研究，巴西宏观经济中的利率、通货膨胀缺口、货币供给量增速以及汇率都可以被当作工具变量。

4. 模型估计及结果

在模型估计之前，为了避免出现虚假回归，首先用 ADF 方法对各个变量进行了平稳性检验，检验结果见表 3—18 所示，名义有效汇率、实际有效汇率以及货币供给量的变化均为一阶单整序列，其余变量均为平稳序列。因此对各个单整序列变量进行一阶差分变换之后进入模型。

---

① http：//www. bis. org/statistics/eer/index. htm？ m = 6％7C187.

表 3—18   巴西货币政策反应函数模型变量的平稳性检验

变量	检验形式	ADF 统计量	临界值			结论
			1%	5%	10%	
selic	(C, t, 2)	-3.887	-4.009	-3.434	-3.141	平稳
$\pi - \pi^*$	(0, 0, 1)	-2.348	-2.578	-1.943	-1.616	平稳
y - gap	(0, 0, 0)	-4.669	-2.578	-1.943	-1.616	平稳
eer	(C, 0, 1)	-2.058	-3.466	-2.877	-2.575	不平稳
Δeer	(0, 0, 0)	-8.997	-2.578	-1.943	-1.616	平稳
reer	(C, 0, 1)	-2.301	-4.009	-3.434	-3.141	不平稳
Δreer	(0, 0, 0)	-9.203	-2.578	-1.943	-1.616	平稳
m2	(C, t, 2)	-2.787	-4.009	-3.434	-3.141	不平稳
Δm2	(C, 0, 1)	-6.38	-3.466	-2.877	-2.575	平稳

注:检验形式(C, T, N)分别表示 ADF 检验方程是否含有常数项、时间趋势项和方程的滞后阶数。其中,滞后阶数由 SC 准则确定。

表 3—19 是根据式(3.3.15)—式(3.3.17)估计的巴西中央银行货币政策的反应函数结果。需要注意的是,在模型 3 的估计中,分别选取实际有效汇率和名义有效汇率当作开放经济的代理变量进行估计。本节的估计方法选取广义矩估计,然后推算出各个参数值。根据估计,三个模型均较好地拟合出巴西中央银行货币政策的反应函数,而按照实际有效汇率估计的开放经济条件下的货币政策反应函数效果最好,方程的拟合优度最高,并且各个变量的系数均具有良好的统计性质。

表 3—19   巴西中央银行货币政策反应函数 GMM 估计结果

变量	系数	模型 1	模型 2	模型 3	
				EER	REER
Selic$_{t-1}$	ρ	0.967 ***	0.978 ***	0.915 ***	0.845 ***
		(34.29)	(30.84)	(25.23)	(16.73)

续表

变量	系数	模型 1	模型 2	模型 3	
				EER	REER
C	β_0	1.848	-0.86	16.35 ***	9.07 ***
		(0.91)	(-0.25)	(2.65)	(3.11)
y - gap	β_1	4.03 **	6.31 ***	1.62 **	0.81 ***
		(2.13)	(2.45)	(2.26)	(2.41)
$\pi - \pi^*$	β_2	2.09 **	2.64 *	0.31	0.30 **
		(1.93)	(1.72)	(0.88)	(1.85)
M_2	β_3		0.17 **		
			(1.91)		
EER	β_4			-3.15 ***	
				(-2.57)	
REER					-1.51 ***
					(-2.98)
调整 R^2		0.925	0.925	0.928	0.938

注：＊＊＊代表 1% 的显著性水平，＊＊代表 5% 的显著性水平，＊代表 10% 的显著性水平；括号内是相应的 t 值。

根据 GMM 方法对巴西中央银行货币政策反应函数的估计结果可以得出以下结论。

第一，$\beta_2 > 0$ 意味着通货膨胀缺口的提高将引起利率水平的上升。模型 3 中通货膨胀缺口对利率的影响系数分别为 0.31 和 0.3，低于原始泰勒规则中的水平①。这说明开放经济条件下巴西中央银行对通货膨胀率偏离目标水平的反应程度较低，这也可以说明利率变动对通货膨胀的调控效果应该不会太强。而根据 Ullrich（2003）的研究，$\beta_2 < 1$ 说明了货币政策的低效率。值得注意的是含有名义有效汇率的模型 3 中的系数 β_2 并没有通过 t 检验，因此，实际有效汇率对央行利率水平的确定作用更显著。对于汇率变量来说，对利率的影响方向为负，即本币贬值时，利率水平会上升，这与 Ball（1999）、Taylor（2000）以及 Belke 和 Polleit（2007）的研

① 原始泰勒规则中以及模型 1 和 2 中，$\beta_2 > 1$。

究结果一致。而无论是名义有效汇率还是实际有效汇率,在1%的显著性水平下系数分别达到 -3.15 和 -1.51,说明汇率变动对利率变化的影响效果和程度均十分明显,高于产出缺口和通货膨胀缺口。

第二,产出缺口对短期利率水平的影响系数在不同模型下变化较大。这或许与计算潜在 GDP 的方法有关,HP 滤波方法对潜在 GDP 的估计具有一定合理性,但对于巴西来说,也许并不是最优的。而通过对三个模型中通货膨胀缺口和产出缺口系数的比较发现,$\beta_1 > \beta_2$ 在所有情况下均成立,与 de Mendonca 和 da Silva (2010) 的研究一致,这说明通货膨胀缺口在巴西货币政策反应函数中的地位不高,换句话说,中央银行短期利率水平的调整动因中通货膨胀缺口的贡献程度并不大,而利率调整对通货膨胀的调控效果也不高。

第三,巴西利率水平的变动存在非常大的惯性。模型1和模型2中前期利率对当期的影响系数分别高达 0.967 和 0.978,并且置信区间均为 99%;加入汇率变量后,利率平滑系数降低为 0.915 和 0.845,仍然较高,说明利率存在显著的自回归现象[①]。较高的利率平滑系数说明巴西利率政策对国内经济的敏感程度较低。换句话说,通货膨胀缺口和产出缺口在巴西 SELIC 利率决定中的作用并不大。事实上,由于卡多佐总统在其第一任任期内的财政扩张以及 2001—2003 年通货膨胀率较高并且央行的通货膨胀目标未能实现,巴西的利率水平一直存在高均值下的上行偏倚(upward bias)。

第四,通过将模型2与模型1进行对比可以发现,加入货币供应量后,模型的总体解释程度(调整 R^2)并未得到显著提高,而对 β_2 估计的显著性水平从 5% 变为 10%,因此货币供应量对于巴西利率水平的影响作用并不强,至少在采取通货膨胀目标制后是如此。这与本章第一节的结果一致,自从加强财政纪律以及采取通货膨胀目标制后,巴西货币供应量增加引起通货膨胀的风险在降低。

第五,由于在对各系数的估计中进行了取对数处理,模型中的常数项(β_0)的经济学含义不再等同于泰勒规则中的长期均衡利率。

---

① 综合前人研究,巴西货币政策反应函数的利率平滑系数在 0.72—0.92。

(三) 巴西货币政策的独立性和利率变动

根据巴西中央银行货币政策的反应函数,利率平滑系数在各个模型中均较高,说明巴西 SELIC 利率的制定具有严重的惯性,货币政策过于保守。模型结果显示巴西利率制定符合泰勒规则,并且存在高利率水平下的高度自回归,而利率成为巴西当前货币政策下唯一能够维持价格稳定的政策工具①。这与根据式 (3.10) 式估计出的美国情况差距较大,美国制定利率时,利率平滑系数只有 0.79②。

汇率变动对中央银行短期利率的影响程度较大,说明巴西货币政策制定的独立性受到一定的削弱。事实上,保持较高利率、维持国内外利差是巴西中央银行稳定国内价格实现通货膨胀目标的主要工具。巴西中央银行 1999 年确立通货膨胀目标制时认为当时货币贬值对通货膨胀造成巨大压力,必须保持足够高的利率应对来自汇率方面的通胀压力 (Bogdanski et al., 2000)。高利率水平可以吸引国际资本,通过资本账户盈余弥补经常账户赤字,平衡国际收支,但会造成对本币的高估③。2011 年以来巴西汇率的不断贬值说明其汇率高估的不可持续性:2011—2014 年,雷亚尔对美元汇率贬值幅度分别为 12.7%、9.6%、17% 和 10.75%。而与此同时,巴西国内通货膨胀也因雷亚尔不断贬值而变得不稳定。

巴西货币政策以利率作为主要调控工具,但政策效果却无法令人满意。尤其是近期,出现了提高利率但通货膨胀率仍旧上升的困境,即第一章中开放条件下通货膨胀目标制理论模型式 (1.2.26) 的结果。由于利率变动对通货膨胀率产生的间接效应强于直接效应,提高利率并不能降低通货膨胀率。根据表 3—20 的统计数据,从 2000 年 1 月起,巴西中央银行共召开 152 次货币政策委员会 (COPOM) 会议④,大多数情况下,利率维持不变。但变动 0.5 个百分点的绝对数量仅比维持利率不变情形少了 4

---

① Nakano, Y., "O regime monetário, a dívida pública e a alta taxa de juros", *Conjuntura Econômica* 59, No. 11, Rio de Janeiro: Fundação Getulio Vargas, 2005.

② 沃尔克—格林斯潘时期。

③ Bresser-Pereira, L. C., "A tendência à sobreapreciação da taxa de câmbio no Brasil", In L. C. Bresser-Pereira (ed.), *Crise Global e o Brasil. Rio de Janeiro*, Brasil: Editora FGV, 2010, pp. 127–151.

④ 包括常规和非常规会议。

次。尤其是 2010 年以来，巴西共召开 34 次 COPOM 会议，仅有 6 次维持利率保持不变，变动幅度达到 0.5 个百分点的相对频率达到 52.9%，而在此之前（2000 年 1 月—2010 年 12 月），变动 0.5 个百分点的频率只有 27.1%。此外，值得注意的是巴西利率的变动存在明显的非对称性，经济繁荣时期利率并未获得明显的下降[①]。

表 3—20　　2000 年 1 月至 2015 年 3 月巴西 SELIC 利率的变动

变动率	绝对频数	相对频率	累积频率
0.00	54	0.36	0.36
0.25	21	0.14	0.50
0.50	50	0.33	0.83
0.75	11	0.07	0.90
1.00	8	0.05	0.95
1.50	4	0.03	0.98
2.00	1	0.01	0.99
2.50	1	0.01	0.99
3.00	2	0.01	1.00
合计	152	1.00	—

资料来源：巴西中央银行历次 COPOM 会议报告，http：//www.bcb.gov.br/？MINUTES。

第四节　本章小结

本章利用统计学和计量经济学方法，对 1999 年巴西通货膨胀目标制确立以来的通货膨胀动态影响因素、通货膨胀目标制的经济绩效、货币政策的有效性以及开放经济条件下巴西货币政策的反应函数，进行了实证研究。

第一，新形势下，受到预期影响的通货膨胀惯性仍然是巴西通货膨胀的最主要原因，居民适应性预期的存在无疑会造成中央银行货币政策效果的减弱。利用"产出—物价"形式的扩展的菲利普斯曲线对巴西通货膨

---

① Libânio, G., "A Note on Inflation Targeting and Economic Growth in Brazil", in *Revista de Economia Política*, Vol. 30, No. 1, 2010, pp. 73 – 88.

胀的动态影响因素的实证研究表明，当前预期因素和全球物价因素是造成巴西通货膨胀的主要原因，而无论是以 M_2 衡量的货币供给，还是超过经济发展速度需要的超额货币供给在回归中并不显著。因此，可以说巴西通货膨胀目标制和严格的财政纪律从财政赤字和货币发行上，遏制了产生通货膨胀的条件。

第二，对巴西通货膨胀目标制货币政策经济绩效的研究表明，1999年以来，巴西的经济增长、失业、通货膨胀目标以及利率均朝着稳定的方向发展，通货膨胀目标制获得了初步成功。通过与拉美地区其他国家的比较可以看出，实行通货膨胀目标制的国家在通货膨胀率、利率和经济增长率方面的表现都要好于非通货膨胀目标制国家，但在个别时期也存在例外。

第三，通过构建向量自回归模型对巴西1999年以来不同阶段货币政策的有效性进行研究的实证结果表明，巴西货币政策的整体有效性偏低。由于需要兼顾内外均衡，作为货币政策最重要的传导渠道，利率工具的传导机制并不畅通。

第四，利用开放经济条件下的泰勒规则对巴西中央银行货币政策的反应函数进行模拟的实证结果表明，汇率变动对利率变化的影响效果和程度均超过了通货膨胀缺口和产出缺口。此外，巴西利率的变动存在非常大的惯性，而货币供应量对巴西利率水平的影响作用并不强。

第 四 章

巴西通货膨胀目标制的财政风险

货币主义认为通货膨胀是一种货币现象，货币供应量的增加将导致流通中的货币量超过所需，造成物价总水平的上涨。而政府扩大货币供应量的原因往往在于巨额财政赤字，财政赤字货币化成为政府扩张性财政政策的最终结果。因此，财政赤字本身并不会必然引起通货膨胀，关键要看财政赤字的弥补方式。如果靠货币化财政赤字来弥补，则货币供应量必然增加，结果便是通货膨胀。

巴西历史上通货膨胀水平一直较高，最重要原因就是政府支出超过了税收的能力（da Fonseca，2011）。此外，由于巴西国内资本市场和金融市场不完善，政府弥补财政赤字的方式只能是发行利率较高、期限较短的债券。结果造成额外利息支出增加，高赤字与高通货膨胀并存，财政赤字成为通货膨胀压力的主要来源。

本章对巴西财政赤字和通货膨胀的历史进行了回顾，对巴西的财政体制和高利率的原因进行分析，进而利用计量经济模型对巴西财政预算约束平衡和财政赤字的通货膨胀效应进行了量化分析。

第一节　巴西的财政政策与通货膨胀

巴西是联邦制国家，各级政府财政权力之间的关系会对巴西的财政状况产生影响。在财政分权的情况下，联邦政府承担着较重的财政支出和转移支付负担。新世纪后，巴西劳工党通过现金转移支付计划等措施成功降低了贫困率，但同样给联邦政府的财政政策空间带来严重制约，通货膨胀压力在加大。

一　扩张性财政政策、财政赤字与通货膨胀的历史

赤字财政政策是凯恩斯主义宏观经济政策的核心内容。在经济衰退时，采取减税、增加公共支出来刺激私人消费与投资；而当出现通货膨胀时需要增税、减少公共支出等紧缩性财政政策抑制总需求。从进口替代工业化战略到 20 世纪 80 年代的债务危机，巴西一直采取的是牺牲通货膨胀率、追求高经济增长率的扩张性经济政策，政府支出和财政赤字水平较高。扩张性的财政政策帮助巴西实现了初步工业化，大量外资流入也使其成功避开第一次石油危机之后的全球经济衰退，实现了较高的经济增长。但是，大规模举借外债以及政府支出融资缺口过大造成巴西的财政风险较高，也给通货膨胀带来了不小的压力。Loyo（1997）认为，巴西在债务危机之前的财政政策是非李嘉图性的，即积极的财政政策。因此 Cardosa（1992）和 Marcia（1999）认为，巨额外债以及庞大的政府支出规模是巴西产生通货膨胀的重要原因。在此前提下，旨在控制通货膨胀的货币政策最终会造成更高水平的通货膨胀。究其原因，缺乏严格的财政纪律是导致货币政策无效的根本原因，而财政赤字最终还得由中央银行承担[1]。

第一次世界大战后，1919—1921 年得益于全球初级产品的价格上涨，巴西经历了短暂的经济繁荣，但很快由于不断增加的财政赤字戛然而止，政府通过发行货币的方式延缓财政失衡，却引发了通货膨胀。第二次世界大战后，巴西加强国家对经济的干预，扩大国内公共投资，政府开支也因此急剧增加，人民的税负日益沉重。

进口替代工业化战略开始后，追求经济高速增长而实行扩张性的财政政策是债务危机之前巴西财政赤字和通货膨胀产生的主要原因。1949 年，巴西政府曾经执行过总计划约 116.6 亿克鲁塞罗的发展公共卫生、食品、交通运输和电力的五年计划（1949—1953），但最终由于财政困难导致该计划中的多个项目未能实现[2]。库比契克政府 1956 年的"五年发展纲

---

① ［美］维尔纳·贝尔：《巴西经济：增长与发展》（第七版），罗飞飞译，石油工业出版社 2014 年版，第 149 页。

② 苏振兴等：《巴西经济》，人民出版社 1983 年版，第 17 页。

要"① 贯彻了加速民族工业化的方针，五年中新建扩建了造船、石油、电子和冶金等工业部门；新建了公路网，改善了港口等基础设施；推动了农业机械化。但由于建设项目耗资巨大，财政赤字明显上升，政府不得不使财政赤字货币化，并最终导致通货膨胀。1956 年，巴西政府赤字占总支出的 26%，1957 年就上升至 40%②。而 1956 年通胀率为 14%，1960 年已经上升为 33%③。1974 年，盖泽尔政府制定了第二个全国发展计划（1975—1979），扩大对工矿业和社会基础设施的投资。为实现巨额投资目标，巴西进口大量增加，贸易赤字上升，1974 年贸易赤字为 46 亿美元。国内资金不足，政府就依靠举借外债弥补资金短缺。国家的投资计划以及对国有企业的补贴过于庞大，使巴西的财政压力过重，通货膨胀率重新开始上升。

积极财政政策下的经济增长使国内财政赤字不断升高的同时也造成巴西外债的大幅度增加。与此同时，进口替代工业化战略使巴西经常账户赤字从 1973 年后逐步扩大，巴西在这一时期依靠举借外债和积极吸引外国直接投资流入来实现国际收支平衡。巴西外债从 1969 年开始激增，以年均增长 25.1% 的速度从 33 亿美元增加到 1973 年的 126 亿美元。巴西的债务总量从 1973 年的 126 亿美元猛增到 1978 年的 435 亿美元，1979 年巴西外债的本息偿债额占当年出口收入的 2/3 以上，1982 年更是上升到 83%，而在 1974 年这一比例只有 30%④。1982 年巴西耗尽外汇储备，债务危机爆发，不得不向国际金融市场申请贷款。以牺牲通货膨胀率和财政赤字换取增长的扩张性政策最终因为债务无法持续而破灭。

债务危机之后，巴西实行过"克鲁扎多计划"等多个经济稳定性计划，治理通货膨胀。但由于这些计划缺乏相应的财政调整措施而最终均告

---

① 即"1956—1960 年发展纲要"，包括以三年时间建设新首都巴西利亚。

② Bethell, L. (ed.), *The Cambridge History of Latin America* (Volume Ⅸ), New York: Cambridge University Press, 2008, p. 342.

③ 苏振兴等：《巴西经济》，人民出版社 1983 年版，第 21 页。

④ ［美］维尔纳·贝尔：《巴西经济：增长与发展》（第七版），罗飞飞译，石油工业出版社 2014 年版，第 95—100 页。

以失败①，缺乏财政调整而仅仅依靠紧缩性的货币政策对于解决高通胀问题无济于事。雷亚尔计划虽然成功遏制了恶性通货膨胀，但由于其采取的爬行钉住汇率制度缺乏控制财政赤字相关政策的支持，最终被针对高估的本币而进行的投机性攻击击碎。因此控制财政赤字是成功降低通货膨胀的关键所在。

为了分析财政政策对通货膨胀和产出造成的影响，巴西中央银行近年来也进行了很多政策模拟，并在其每个季度的通货膨胀报告中予以对外公布。2011 年 3 月的报告利用 Minella 和 Souza-Sobrinho（2009）的"中期半结构化模型"，研究了紧缩性财政政策对通货膨胀的影响。根据假设，相当于1% 经济总量的财政紧缩被看作外生，并且持续四个季度。货币政策被分成宽松和非宽松两种情形：在非宽松的货币政策下，利率的变化遵循泰勒规则；而宽松的货币政策则意味着利率在连续四个季度保持不变。仿真模拟的结果表明，紧缩性的财政政策会对通货膨胀产生突然、显著且长期的影响。在缺乏相应的宽松货币政策支持的情形下，由于名义利率无法适应紧缩压力，财政紧缩的效果将会被进一步放大。2011 年 12 月的报告则利用 Castro 等（2011）的中期动态随机一般均衡模型（Stochastic Analytical Model with Bayesian Approach）进行了类似的模拟。在这一结构模型中，初级盈余中的两个重要组成部分，政府消费和税收被分解开。模拟的结果和半结构化模型相似，紧缩性的财政政策使通货膨胀在一段时期内持续下降。

二　巴西的财政体制

巴西是目前世界上权力最分散的联邦制国家之一，但其分权自治并不是经济发展的战略选择，而是选举政治的需要。在财政分权体制下，巴西中央政府和地方政府之间的财税权并不对等，中央政府的财政支出负担较重。由于采取通货膨胀目标制，中央银行不得不提高利率控制通货膨胀，结果是财政支出负担进一步加剧。

---

① 以"布雷塞尔计划"为例，1987 年政府规定的借款上限为 3.5%，而实际值却为 5.5%。

（一）财政分权

财政分权起源于发达国家[1]，其主要目的是联邦政府通过让渡一定的税收权力以及分散一些支出责任给地方政府，允许其自主决定预算开支的结构和规模，促进地方政府更加有效地为当地提供公共产品。

1985 年文人政府在巴西重新执政后，各个政治团体之间相互竞争，通过游说获取选票。结果是政府支出的增加和财政赤字的上升（da Fonseca，1998）。当时，议会中占主导地位的观点是将中央政府的财政和货币权力分配到州、市级政府，尤其是最不发达的地区，将更有效地为政治竞争提供资金支持[2]。因此，1988 年巴西颁布新宪法，进行财政分权，重新调整税收在各级政府间的分配比例，地方政府征税范围扩大，尤其在间接税的征收方面。根据表 4—1，1983 年巴西的税收最为集中，中央政府在可支配的税收收入中占 76.6%。此后，随着巴西恢复文人执政以及政治开放，税收不再高度集中在中央政府手中。尤其是 1988 年宪法颁布后，中央政府获得的可支配税收占比降 60% 左右[3]。地方政府在税收总额以及税率的制定上均获得了一定的权力。以州级政府为例，1988 年宪法颁布后，州级政府对商品和服务的消费税征收基础获得了相应的扩大，五项税收权力由中央政府转移给州级政府，税率制定也变得更加灵活[4]。

虽然中央政府获得的税收比例下降，但是转移支付的责任并未减少，形成潜在的中央财政赤字风险。因此，1988 年宪法对巴西的公共财政产生了消极影响，加强了中央政府向地方政府转移财政资源的趋势，并加剧了联邦预算的结构性失调[5]。

---

① 一般认为 1950 年美国经济学家 Tiebout 发表的《公共支出的纯理论》是传统财政分权理论的起源。

② Afonso, J. R., "The Relations Between Different Levels of Government in Brazil", in *CEPAL Review*, No. 84, 2004, p. 135.

③ Serra, J. and J. Afonso, "Finanças públicas municipais: trajetórias e mitos", in *Conjuntura econômica*, No. 10/11, Rio Janeiro, Getulio Vargas Foundation, October-November, 1991.

④ Serra, J. and J. R. Afonso, "Fiscal Federalism in Brazil: an Overiew", in *CEPAL Review*, No. 91, 2007, p. 32.

⑤ ［美］维尔纳·贝尔：《巴西经济：增长与发展》（第七版），罗飞飞译，石油工业出版社 2014 年版，第 138 页。

表 4—1　　　　巴西税负以及在各级政府间的分配，1960—2005 年

年份	税负 （% GDP）	直接征缴（%）			
		中央政府	州级政府	市级政府	合计
1960	17.41	64.0	31.3	4.7	100.0
1965	18.99	63.6	30.8	5.6	100.0
1983	26.97	76.6	20.6	2.8	100.0
1988	22.43	71.7	25.6	2.7	100.0
1991	25.24	63.4	31.2	5.4	100.0
2005	38.94	68.4	26.0	5.6	100.0

资料来源：Serra, J. and J. R. Afonso, "Fiscal Federalism in Brazil: An Overview", in *CEPAL Review*, No. 91, 2007, p. 32.

20 世纪 50 年代以来，特别是"巴西经济奇迹"时期，巴西通货膨胀率较高。从某种程度上说，牺牲通货膨胀率的高财政赤字发展战略是落后国家实现经济赶超的必要条件，但是，由于政府赤字融资的失误以及巴西面临的外部环境发生改变导致通货膨胀失控，造成了 20 世纪 80 年代开始的经济衰退。1988 年巴西宪法通过财政分权后，地方政府的支出责任远远小于税收水平，中央政府的财政支出负担加大①。

（二）政府开支与转移支付

巴西劳工党执政后，通过延续卡多佐政府首创的现金转移支付计划（CTPs）等措施积极扩大社会开支和转移支付。卢拉总统的经济政策开始向社会下层倾斜，社会支出的重点集中在教育和健康等领域。社会政策主要包括两个方面：首先是基础服务的提供，例如电力和基础教育等领域；其次是对贫困家庭的现金转移支付计划和提高最低工资水平。

家庭补助金计划（Bolsa Familia）是卢拉政府最重要的转移支付计划，该计划根据每个家庭的情况②按月提供 18—112 雷亚尔的补助。2007年该计划覆盖到巴西 110 万户家庭，约 460 万人，其中一半的受益家庭来自巴西最为落后的东南部地区。该计划帮助这些家庭的收入提高了

---

① 吴国平、王飞：《拉美国家地方债及治理》，《中国金融》，2014 年第 5 期，第 67 页。

② 该计划规定，享受此项转移支付的前提是孩子必须接受教育和接种疫苗，妇女必须做孕前检查。

近60%。

卢拉第二任期开始后，社会支出的重点集中在公共和私人投资领域。在其"加速增长战略"（Program to Accelerate Growth）中，提出总和为5000亿雷亚尔（2900亿美元）的基础设施建设投资计划，其中55%流入能源部门，33%流入城市基础设施建设，其余部分用于支持物流运输行业建设①。巴西社会保障程度的提高伴随着政府社会公共开支的增加。根据联合国拉美经委会的数据，卢拉任期内社会公共总支出占GDP的比例从21.2%（2003）提高到27.1%（2009）②。

最低工资方面，在卢拉总统两任任期内巴西共八次提高最低工资标准，2010年巴西最低工资标准是2003年的1.67倍③。2003—2006年巴西的实际工资提高8.1%，2007年则提高了4.4%。由于巴西众多社会保险和社会救济标准与最低工资水平挂钩，因此社会底层人民（社会最下层的三个十分位）④ 获得了更多的政府转移支付⑤。2007年巴西将最低工资与GDP变动率和通货膨胀率挂钩，并且于2011年颁布了相关的法律，2005—2011年巴西实际最低工资年均增长率为3%⑥。

罗塞夫总统继任后，继续推行现金转移支付计划。2011年，政府推出"无痛苦的巴西计划"和"无赤贫的巴西计划"，将巴西现行的社会救助体系进行整合和细分，减轻社会支出负担。2012年，罗塞夫政府进一步推出"巴西关爱项目"，重点针对获得"家庭补助金"计划后仍处于赤贫状态下的家庭。罗塞夫政府同样对最低工资水平采取了积极的政策。

---

① Erber, F. S., "Development Projects and Growth under Finance Domination. The Case of Brazil During The Lula Years（2003 – 2007）", in *Revue Tiers Monde*, Vol. 195, No. 3, 2008, pp. 597 – 629.

② Social Spending Database of Latin America and the Caribbean, http：//dds. cepal. org/gasto/indicadores/ficha/query. php.

③ Lecio, M. and A. Saad-Fhilo, "Brazil beyond Lula：Forging ahead or Pausing for Breath", in *Latin American Perspectives*, Vol. 38, No. 2, 2011, p. 35.

④ Sabóia, J., "Efeitos do salário mínimo sobre a distribuição de renda no Brasil no período 1995 – 2005：resultados de simulações", in *Econômica*, Vol. 9, No. 2, 2007.

⑤ Giambiagi, F., "Dezessete anos de politica fiscal no Brasil：1991 – 2007", in *Textos para Discussão*, No. 1309, IPEA, Rio de Janeiro, 2007.

⑥ Claudia, R. and V. Mirosevic, "Social Protection Systems in LAC：Brazil", *ECLAC Reports*, 2013, p. 14.

2011 年巴西推出最低工资定期增长政策，规定在 2012—2015 年每年根据通货膨胀率和经济增长率对最低工资水平进行一次调整。2012 年巴西最低工资标准从 2011 年的每月 545 雷亚尔提高到 622 雷亚尔，增幅达 14.1%。

三　新形势下的财政赤字、高利率与通货膨胀

巴西二元经济结构的存在造成农村剩余劳动力数量大，缺少资本品、中间产品和技术与管理人才，交通和通讯等基础设施建设方面也存在缺陷，加上充满垄断因素的要素市场，经济的供给弹性小。实行赤字财政政策后，由于国内资金有限，中央银行通过增发货币给政府提供资金来源，新增加的货币无法产生产出和就业效应，而只会造成社会购买力超过供给能力，形成通货膨胀。由于国内税收有限，政府支出增加的速度落后于通货膨胀上升的速度，通货膨胀又会造成更加糟糕的财政状况。

采取通货膨胀目标制后，中央银行获得运行独立，并开始建立可信度，开始了一段治理通货膨胀的过程。在通货膨胀目标制货币政策框架下，利率是最主要的货币政策工具，因此具有高利率传统的巴西为治理通货膨胀，一直保持着较高的利率。巴西公共债务中有相当大的比例被"利率指数化"，高利率的结果是公共债务进一步增加。由于中央银行的可信度尚未完全确立，巴西面临着"非合意财政算法"，政府需要发行更多的债券对公共债务进行融资（如图 4—1）。

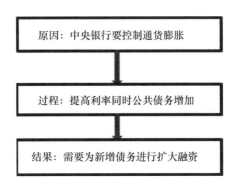

图 4—1　"非合意财政算法"

资料来源：笔者绘制。

　　除了"非合意财政算法"影响货币政策的有效性外，财政纪律和公共债务的动态可持续性也会通过风险溢价（risk premium）渠道影响通货膨胀目标制货币政策的效果①。当国内公共债务水平较高、短期债务比例较大时，对于公共债务的可持续性的担心将会提高风险溢价。当风险溢价变动后，货币政策的效果将受到限制：紧缩性货币政策要求提高利率，政府公共债务的负担将会加重，如果资本可以自由流动，汇率的决定满足非抛补的利率平价，那么会出现资本外逃和本币贬值的风险，债务出现违约的可能。当汇率—价格传递水平较高时，本国货币贬值将影响到国内的一般价格水平，通货膨胀率上升②。这就是所谓的"价格难题（price puzzle）"，即开放条件下紧缩性货币政策与高通货膨胀螺旋。

　　2015 年，巴西政府用于利息支付的总额达到 GDP 的 9.1%，2014 年同期为 5.5%。导致高额财政开支的主要原因是高利率、通货膨胀和雷亚尔贬值。此外，养老金以及各种社会福利计划也是财政的主要负担。根据巴西私人养老金协会（Abrapp）的估算，2015 年养老金赤字达 700 亿雷亚尔，同比 2014 年增长 122.9%。三大养老基金 Previ、Funcef 和 Petros 损失占其中的 60% 以上。根据巴西《2017 年财政预算法修正案（草案）》估计，普通社会保障计划赤字将呈爆炸性发展趋势上升，如果不进行养老金支付改革，2017 年社保缺口将达 1670 亿雷亚尔。

第二节　政府预算约束与财政纪律

　　打破"财政主导"是通货膨胀目标制货币政策获得成功的重要前提，因此需要有一个强有力的财政体系对政府预算施加约束，保证财政纪律。巴西在 1988 年颁布新宪法确立财政分权后，不同层级政府之间存在财政收支责任不匹配的现象。2000 年巴西制定"财政责任法"，成功控制了各级政府的债务规模，为之后通货膨胀目标制的建立奠定了基础。

---

　　①　Favero, C. A. and F. Giavazzi, "Inflation Targeting and Debt: Lessons from Brazil", National Bureau of Economic Research, *Working Paper*, No. 10390, 2004.

　　②　Blanchard, O. J., "Fiscal Dominance and Inflation Targeting: Lessons from Brazil", in *Inflation Targeting, Debt, and the Brazilian Experience*, ed. by Francesco G., I. Goldfajn and S. Herrera, MIT Press, 2005.

一　政府预算约束与巴西的财政纪律

紧缩公共开支和预算赤字、纠正弥补财政赤字的方式以及改革税收制度，是巴西财政纪律的主要特征。巴西通过颁布财政责任法确立财政纪律、制定预算规则，将政府债务和财政赤字限制在可控范围内，这成为巴西顺利过渡到通货膨胀目标制货币政策的重要前提。

（一）预算约束规则模型[①]

税收收入、一般性支出和公债发行是政府财政政策的主要组成部分。由于经济具有连续性，每个时期的财政赤字或者盈余都会对下期预算产生影响，预算约束模型应该满足"跨期平衡规则"。在 da Costa（2010）模型的基础上，将政府债务延续到两期，这时两个时期政府的预算约束可以定义为：

$$D_t - D_{t-1} = G_t - T_t + iD_{t-1} + \varepsilon_t \qquad (4.2.1)$$

为简单起见，公式（4.2.1）忽略了中央银行部门，并假设不存在通货膨胀和货币幻觉。赤字只能通过债券融资，其中 D 是政府名义债务存量，G 是政府支出，T 是税收收入，i 为政府债券的名义利率水平，ε_t 是白噪声过程。（4.2.1）式左边表示 t 时期政府新发行的债券规模，用 ΔD_t 表示。将政府的初级财政赤字定义为政府支出与税收之间的差额（PD_t）。假设长期内经济达到均衡，那么各个变量的名义增长速度（n）和实际增长速度（g）均保持稳定，通货膨胀率保持不变，即：

$$(1+n) = (1+g)(1+\pi) \qquad (4.2.2)$$

长期内经济体的债务水平也应该保持均衡，即债务在 GDP 中的比例保持不变。因此，债务增长率与产出增长率相等。令：

$$d_t = \frac{D_t}{Y_t}, \ \Delta d_t = \frac{\Delta D_t}{Y_t}, \ pd_t = \frac{PD_t}{Y_t}$$

根据增长率公式 $Y_t = (1+n) Y_{t-1}$ 以及利率的费雪方程式[②]，并且将债务产出比的初始值设定为 d_0，利用差分方程的求解方法可以得到多期

———————

①　da Costa, L. C., "Public Debt Sustainability", eds. by Silva, C. A., L. O. de Carvalho and O. L. de Medeiros, *Public Debt: The Brazilian Experience*, World Bank, 2010, pp. 73 - 90.

②　$1+r = (1+i) / (1+\pi)$，r 是实际利率。

条件下债务率和初级财政赤字率之间的关系, 并且可以得到经济体的初始债务值[1]:

$$d_0 = -\sum_{t=1}^{\infty} \left(\frac{1+r}{1+g}\right)^{-t} pd_t \quad (4.2.3)$$

(4.2.3) 式的经济学含义是, 如果初始时期政府具有债务负担, 财政政策可持续的条件是政府在以后的时期中必须保证财政纪律, 即未来某些时期出现财政盈余。因此, 根据预算约束规则模型, 当不存在中央银行部门时, "跨期平衡规则" 要求政府在实际中必须注意债务规模, 实行长期财政赤字的政策无法实现。

(二) 巴西的财政纪律和财政整顿

20 世纪 60 年代起, 巴西地方政府的借贷行为被纳入法律体系, 其地方债务从 70 年代开始出现明显增长。80 年代末, 巴西爆发地方债务危机, 联邦政府接管了 20 年期总计 190 亿美元的地方政府外债, 背上了沉重的债务负担。1994 年雷亚尔计划实施后不久, 由于利率上升, 圣保罗等四个主要州的地方债务不可持续, 爆发债务危机, 联邦政府接管了为期 20 年共计 280 亿美元的地方政府债务。此后卡多佐政府采取了多项规范地方政府债务的措施, 但未能通过全面有效的债务风险防范机制对地方政府债务进行约束。90 年代末期, 巴西再次因地方政府债务无法偿还引发金融动荡[2]。

1999 年, 财政盈余占 GDP 的比重被定为 3% 之后, 巴西的财政政策有了具体目标, 当年便实现了相当于国内生产总值 2.92% 的初级财政盈余[3]。2000 年巴西颁布 "财政责任法", 加强财政纪律, 控制中央和地方债务风险。而在此之前, 卡多佐政府通过修改宪法, 允许总统、州和市级政府首脑的连任权, 推出 "财政稳定计划" 等措施保证了政策的连续性。

"财政责任法" 首先禁止了中央政府对各州、市级政府的紧急融资帮助, 从源头上控制了地方政府的赤字风险; 其次, 规定了各级政府的财政

---

① 具体推导过程详见附录三。

② 吴国平、王飞:《拉美国家地方债及治理》,《中国金融》2014 年第 5 期, 第 68 页。

③ Araújo C. H. , C. Azevedo and S. Costa, "Fiscal Consolidation and Macroeconomic Challenges in Brazil", *in Fiscal Policy*, *Public Debt and Monetary Policy in Emerging Market Economies*, *BIS Papers*, No. 67, 2012, pp. 91 – 102.

支出上限和债务上限，严格控制借债途径；再次，加强了制度性管理，要求各级政府财政管理体制必须透明，定期公布预算报告和财政管理细节；最后，出台相关惩罚措施，对于违反"财政责任法"的州、市政府将采取严格的惩罚措施，保证地方政府债务的可持续性以及财政预算平衡。每年年中，财政部根据当前初级财政盈余情况制定未来两个年度的财政目标。财政目标涉及公共投资规模和国有企业的债务水平，但并不规定利息支付规模，从而为货币政策留出充分的自主空间。

2000—2008 年，巴西中央政府财政初级盈余占 GDP 的比重均在 3% 以上。2009 年全球金融危机使巴西经济出现衰退，财政仍然实现了 2% 的初级盈余，2010 年为 2.7%，2011 年重新回到 3% 以上。与此同时，财政责任法之后，地方政府的财政情况也得到了明显好转。1993—1999 年，州级政府的财政赤字率达到 4.5%，而在 2000 年之后，州级政府扭转了这一形势，2007 年实现 9% 的盈余[1]。

除了控制公共部门的债务外，巴西还通过财政整顿改善了债务结构。在总债务规模中，固定利率的债券比重明显上升，而随隔夜利率变动的债券比重从 2001 年年底的 54.4% 下降到 2011 年年底的 26.2%，货币政策的有效性被加强[2]。此外，巴西的汇率指数化债券比例在同一时期也从 29.5% 降到了 0.5%，国内债务的汇率风险敞口在缩小。新发行的政府债券方面，按照固定利率计价的比例从 2001 年年底的 8.1% 提高到 2011 年年底的 32.6%，而以通货膨胀率指数化的债券比例则从 7.2% 上升到 25.2%[3]。

财政责任法的推出以及对各级政府财政政策的约束，扩大了巴西财政政策的实施空间，成为巴西通货膨胀目标制顺利进行的基础性保证。

---

① Melo, M., C. Pereira and S. Souza, "The Political Economy of Fiscal Reform in Brazil: The Rationale for the Suboptimal Equilibrium", *IDB Working Papers*, No. 117, 2010.

② 巴西货币政策以调整隔夜利率来实现通货膨胀目标，名义利率的升高将增加以隔夜利率计价债券的价值，造成财富效应，降低紧缩性货币政策遏制通货膨胀的有效性。

③ Araújo, C. H., C. Azevedo and S. Costa, "Fiscal Consolidation and Macroeconomic Challenges in Brazil", *BIS Paper*, No. 67, 2012.

二 巴西的财政预算平衡

拉丁美洲国家的财政政策有很强的顺周期性和非对称性①（Kaminsky 等，2005；Daude 等，2011）。全球金融危机后，许多国家采取了大规模财政刺激政策。巴西的财政状况从 2008 年开始也出现恶化：首先外部危机造成国内经济发展受限，税收入骤减；其次，公共支出，尤其是中央政府的公共支出总额持续扩大。因此，巴西公共债务总额占 GDP 的比重从 2010 年的 53.4% 上升到 2014 年的 59.3%②。巴西政府债务的可持续性以及财政预算平衡受到压力。

（一）理论基础

从 2000 年颁布《财政责任法》后，巴西政府对每年的预算约束均规定了目标，以期达到长期内的财政预算平衡。《财政责任法》还规定巴西中央银行不能直接或间接为政府融资，但可以购买政府债券（BIS，2010）。因此检验巴西财政预算的平衡性就是检验政府初级财政结果是否满足跨期预算约束平衡的规则，即检验折现到当本期的未来债务是否为零。如果为零，说明政府债务在将来能够得到偿还，满足跨期预算平衡。根据预算约束规则模型和初期经济体的债务水平值，一个经济体财政预算平衡的条件是政府总收入与政府总支出之间存在协整关系③。

（二）实证检验

根据预算约束规则模型，当政府总收入和总支出长期内存在协整关系时，政府的财政预算在长期内平衡。接下来将利用协整和格兰杰因果关系等方法检验巴西财政收入与财政支出之间的关系。

---

① 非对称性是指在经济衰退时财政赤字扩大，而在经济繁荣时，财政赤字缩小的程度却很低。

② EIU, *Country Report*：*Brazil*, November 10th, 2014.

③ Hakkio, C. S. and M. Rush, "Is the Budget Deficit 'Too Large'?", in *Economic Inquiry*, Vol. XXIX, 1991, pp. 429 – 445. Hamilton, J. and M. Flavin, "On the Limitations of Government Borrowing：A Framework for Empirical Testing", *American Economic Review*, Vol. LXXVI, 1986. 附录三中给出了具体过程。

1. 数据选取和单位根检验

为了检验巴西通货膨胀目标制以来的财政预算平衡，本节选取中央政府①的实际财政收入、实际财政支出以及中央政府对州、市级政府的转移支付数据，进行财政收入和财政支出的协整检验。数据来自巴西中央银行，选取月度数据，样本区间为1999年7月—2014年12月。财政收入包括财政部收入、社会保障收入以及中央银行的收入。财政支出包括国库支出、社会保障金以及中央银行的支出，其中国库支出具体项目为劳动者报酬、经常性资本支出以及对中央银行的转移支付。财政总支出为财政支出与中央政府对州、市级政府的转移支付组成。图4-2是财政收支序列的动态变化曲线，两条曲线基本重合，说明二者可能存在协整关系。

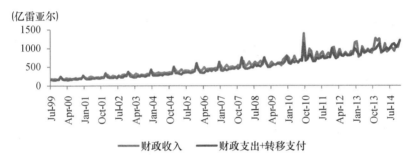

图4—2 1999—2014年巴西财政收入和财政总支出

资料来源：巴西中央银行。

对巴西财政收入（I）和财政总支出（E）进行协整关系检验前，需要对变量的平稳性进行检验。为提高检验的效果，本节同时选取扩展的Dickey-Fuller检验（ADF）和Philipps-Perron检验（PP）两种方法对财政收入和财政总支出进行单位根检验，只有当两个变量的单整阶数相同时才可以进行协整检验。

ADF检验的原理在第三章已经给出，PP检验则放松了随机误差项必须满足相互独立且服从同一分布函数的限制条件，通过构造一阶自回归系

① 虽然巴西实行财政分权体制，但财政责任法颁布之后地方政府的财政纪律得到明显加强，中央政府的财政收入和财政支出规模要大大高于地方政府。因此，本书重点分析中央政府的财政预算平衡。

数的 t 值解决随机误差项的高阶自相关现象。此时 t 统计量修改为：

$$t = \frac{t_y \sqrt{\gamma_0}}{\omega} - \frac{(\omega^2 - \gamma_0) \, TS_y}{2\omega\sigma} \qquad (4.2.9)$$

其中，t_y 是 γ 的 t 统计量，S 是标准差，σ 是标准差的样本估计值，T 是样本数，ω 是 NW 异方差。于是自回归的一致估计可以由（4.2.10）式和（4.2.11）式给出，q 是截尾期，原假设为原时间序列存在单位根。

$$\omega^2 = \gamma_0 + 2\sum_{j=1}^{q} \left(1 - \frac{j}{q+1}\right) y_j \qquad (4.2.10)$$

$$\gamma_j = \frac{1}{T}\sum_{t=j+1}^{T} \varepsilon_t \varepsilon_{t-j} \qquad (4.2.11)$$

表 4—2 是利用 ADF 方法和 PP 方法对财政收入和财政总支出两个变量时间序列进行的单位根检验结果。根据不同检验方法，差分形式的财政收入和财政总支出序列在 1% 的显著性水平下均通过了单位根检验，均为一阶单整序列，可以进行协整关系检验。

表 4—2　　　　　　　　**财政收入和财政总支出单位根检验结果**

变量	检验形式	ADF 统计量	临界值			结论
			1%	5%	10%	
ΔI	(C, t, 1)	−8.932	−4.009	−3.434	−3.141	平稳
ΔE	(C, t, 1)	−6.288	−4.009	−3.434	−3.141	平稳
变量	检验形式	PP 统计量	临界值			结论
ΔI	(C, t, 1)	−10.536	−4.009	−3.434	−3.141	平稳
ΔE	(C, t, 1)	−8.497	−4.009	−3.434	−3.141	平稳

注：检验形式（C, T, N）分别表示 ADF 检验方程是否含有常数项、时间趋势项和方程的滞后阶数。其中，滞后阶数由 SC 准则确定。

3. 协整与格兰杰因果关系检验

根据数据序列的平稳性检验，财政收入和财政总支出序列的单整阶数相同，可以进行协整检验，如果两者之间的协整关系可以用向量（1，−1）表示，那么政府的跨期预算平衡就可以实现。本节采用 Johansen 协整方法考察二者之间的长期均衡关系。该方法是以 VAR 模型为基础的检验回归系数的方法，通过特征根迹检验统计量和最大特征值检验统计量判定变量之间是否存在协整关系[①]。

表 4—3　　　　　　　　　财政收入和财政总支出的协整检验结果

原假设	特征根	迹统计量	最大特征值统计量
存在 0 个协整关系	0.321	71.93 (0.00)	71.28 (0.00)
至多存在 1 个协整关系	0.004	0.65 (0.42)	0.65 (0.42)

根据表 4—3，迹统计量和最大特征值统计量标准下财政收入和财政总支出之间至少存在一个协整关系，可以表示为：

$$E_t - 0.983I_t = u_t \quad (0.018)$$

其中，括号内是标准差，u_t 是平稳序列。根据上式，巴西财政收入（I）和财政总支出（E）之间存在长期的协整关系，并且为显著的正相关关系，当财政收入变动 1 个单位时，财政总支出将同方向变动 0.983 个单位，基本满足协整向量为（1，－1）的假设。从长期看，财政总支出变动的幅度小于财政收入，巴西跨期政府预算存在盈余趋势，说明财政责任法颁布以来巴西中央政府的财政纪律得到明显加强。

根据协整关系检验，巴西的财政收入和财政总支出具有协整关系，因此可以进行两者之间的格兰杰因果关系检验，验证变量的前期信息是否会影响到另一个变量的当期值。如果利用某一变量对其他变量和自身的滞后值进行回归时，加入另一变量的滞后可以改进回归效果，则新加入的变量是该变量的格兰杰原因。检验过程是建立 VAR 模型，利用 F 统计量的大小判断格兰杰原因。

$$y_t = \alpha + \sum_{i=1}^{m} \beta_i y_{t-i} + \sum_{j=1}^{n} y_j x_{t-j} + \varepsilon_t \quad (4.2.12)$$

其中，ε_t 服从零均值随机过程。原假设 $H_0 : y_j = 0$（$j = 1, 2, \cdots, n$）。原假设成立即表示 x 不是 y 的格兰杰原因，那么（4.2.12）式变为：

[①]　于俊年编著：《计量经济学软件——EViews 的使用》，对外经济贸易大学出版社 2012 年版，第 241 页。

$$y_t = \alpha + \sum_{i=1}^{m} \beta_i y_{t-1} + \varepsilon_t \qquad (4.2.13)$$

令 (4.2.12) 式的残差平方和为 S_1，（4.2.13）式的残差平方和为 S_2，构造自由度为 $(n, T-m-n-1)$ 的 F 统计量：

$$F = \frac{(S_2 - S_1) / n}{S_1 / (T - m - n - 1)}$$

其中，T 是样本容量，m 是变量 y 的滞后阶数，n 是变量 x 的滞后阶数。根据格兰杰检验的模型设定和 F 统计量可知滞后阶数的选择对检验结果至关重要。本节对财政收入和财政总支出相互影响关系的格兰杰因果关系检验的滞后期选择由建立 VAR 模型后的 SC 准则确立，这里为 4。

表4—4　　　　　　财政收入和财政总支出格兰杰因果关系检验结果

原假设	F 统计量	P 值	结论
财政总支出不是财政收入的格兰杰原因	8.29	0.00	拒绝原假设
财政收入不是财政总支出的格兰杰原因	0.55	0.70	接受原假设

根据检验结果，在 1% 的显著性水平下，财政总支出不是财政收入的格兰杰原因被拒绝，财政总支出的增长会影响财政收入的增长，而财政收入不是财政总支出的格兰杰原因。因此，对于巴西来说，通货膨胀目标制确立之后，财政总支出和财政收入之间的影响关系是单侧关系，财政总支出的增长会导致财政收入的增长，而财政收入增长对财政支出的影响并不显著。换句话说，巴西中央政府存在"先消费、后收税"的现象。

第三节　巴西的财政风险与通货膨胀目标制

卢拉和罗塞夫均为劳工党代表，左翼政府以社会公平和解决贫困为政策主要目标，政府支出和转移性支付规模较大，即使中央银行被禁止货币化财政赤字，过度财政投入造成的过度需求也会导致通货膨胀，因此在一定程度上为通货膨胀目标制带来风险。此外，铸币税风险也是财政跨期预算平衡要求下通货膨胀目标制的风险之一。

一　财政赤字的通货膨胀效应

理论界认为巨额财政赤字必然导致通货膨胀，巴西的历史也证明了这一观点在当时的正确性，庞大的预算赤字和过高的债务比例造成了恶性通货膨胀。货币政策过渡到通货膨胀目标制后，存在巨额财政赤字的国家会因为"财政主导"问题而对通货膨胀目标形成制约。因此，良好的财政纪律是新兴经济体实行通货膨胀目标制的重要前提。

（一）价格水平决定的财政理论

自从弗里德曼提出"通货膨胀始终是一种货币现象"以来，货币主义的价格决定论一直被普遍接受，中央银行的完全独立性可以使价格水平由货币发行量来决定，而不受财政当局的影响。美国通货膨胀率与货币供给增长率之间的稳定关系以及英国执行"单一规则"货币政策的良好效果为货币主义的观点提供了有力的实证支持。但随着金融衍生品的不断创新以及全球金融一体化的加速发展，货币划分层次以及货币流通速度等货币主义理论的假设条件变得复杂化，货币供给与产量之间关系的稳定性逐渐减弱。

20 世纪 80 年代，财政主义得到发展，价格水平决定的财政理论（FTPL）认为财政政策也可以导致通货膨胀。FTPL 理论认为政府预算决定价格水平，代表性观点是"非合意货币主义算法"（Unpleasant Monetarist Arithmetic），认为政府财政赤字的持续扩大只能依靠增发货币来暂时缓解，最终结果必然是通货膨胀。财政赤字引发通货膨胀完全取决于央行将财政赤字货币化的程度。此后，Leeper（1991）、Woodford（2001）、Dupor（2000）以及 Daniel（2001）在此基础上完善了这一理论，由于财政当局可以通过名义债券、税收等方式决定价格，因此通货膨胀也可以是一种财政现象。

在（4.2.1）式的基础上，加入中央银行部门，考虑包含货币因素的政府财政预算约束，具体表达式设定为：

$$G_t = T_t + \frac{D_t}{i_t} - D_{t-1} + \frac{M_t - M_{t-1}}{P_t} \qquad (4.3.1)$$

上式中，G 代表实际政府支出，T 是税收收入，D 是政府债务，M 是货币供给，i 是政府债券的名义收益率，P 代表了总体价格水平。

（4.3.1）式表明政府实际支出等于实际收入与货币性铸币税收入的总和。考虑两期情况，并假设实际支出、税收以及债务水平在两期内保持不变，令 i_m 表示货币收益率，则实际货币需求方程可以表示为货币收益率的函数：

$$\frac{M_t}{P_t} = f(i_m) \qquad (4.3.2)$$

根据假设条件和（4.3.2）式，可以得到政府财政预算约束等式：

$$G - T + \frac{D(i-1)}{i} = f(i_m)(1-i_m) \qquad (4.3.3)$$

（4.3.3）式左边为政府财政赤字，右边是铸币税收入，$(1-i_m)$ 是铸币税的税率。根据假设条件，G、T 和 D 均为常数，上式便决定了静态条件下货币的收益率 i_M。因此在 t_0 时期，政府的财政预算约束为：

$$\frac{M_0}{P_0} = f(i_m) - (G_0 + D_0 - T_0) + \frac{D_0}{i_0} \qquad (4.3.4)$$

根据（4.3.4）式，可以得出结论，即 t_0 时期的价格水平 P_0 由 $f(i_m)$ 决定，而 $f(i_m)$ 又取决于政府的财政赤字水平。当存在"财政主导"现象，政府可以将财政赤字压力转移给中央银行，财政赤字可以被随意货币化，政府通过发行货币弥补财政赤字，如果那么财政赤字和货币供给量之间存在正相关性，货币供给量的变动将影响通货膨胀率。因此，财政赤字可以决定价格水平，财政赤字规模越大，通货膨胀率越高。

（二）开放条件下的财政赤字与通货膨胀

封闭经济条件下和开放经济条件下政府财政赤字引起通货膨胀的机制不同。封闭条件下，财政赤字可以通过发行货币或者增发债务进行弥补，只有赤字货币化才能引起通货膨胀。而在开放经济条件下，无论是固定汇率制还是浮动汇率制，持续的财政赤字均会导致通货膨胀。

1. 固定汇率制下的财政赤字与通货膨胀

通货膨胀率是价格的变化率，而影响价格的因素从根本上来说是货币的供给，即流通中的基础货币存量。中央银行持有政府债券的变动（ΔDC^g）、外汇储备的变动（$E\Delta R$）以及商业银行净贷款的变动（ΔL）是造成基础货币存量变化的主要因素，即：

$$MH_t - MH_{t-1} = (DC_t^g - DC_{t-1}^g) + E(R_t - R_{t-1}) + (L_t - L_{t-1}) \qquad (4.3.5)$$

当出现财政赤字时，假设政府通过发行债券的方式弥补财政赤字。政府债券增加包括两种形式：财政部门公共债券变动（ΔDP^g）和中央银行债务存量的变动（ΔDC^g）：

$$DC_t^g - DC_{t-1}^g = （D_{gt} - D_{t-1}^g）-（DP_t^g - DP_{t-1}^g）\qquad (4.3.6)$$

假设中央银行给商业银行提供的贷款数量不变，将（4.3.6）式代入（4.3.5）式可以得到：

$$D_t^g - D_{t-1}^g = （MH_t - MH_{t-1}）+（DP_t^g - DP_{t-1}^g）- E（R_t - R_{t-1}）\qquad (4.3.7)$$

因此，根据（4.3.7）式，政府财政赤字可以通过基础货币存量的增加、公众国债存量的增加以及中央银行外汇储备的减少来弥补。即使法律规定禁止将财政赤字货币化，但中央银行购买国债同样会增加货币供应量。固定汇率制下，假设政府财政赤字规模巨大，公众购买国债的意愿降到最低，且外汇储备已经耗尽，政府弥补财政赤字的方式只能是向中央银行借债，财政赤字最终被货币化。根据（4.3.5）式，将财政赤字的形式和融资来源用公式表示可以得到：

$$（MH_t - MH_{t-1}）+（DP_t^g - DP_{t-1}^g）- E（R_t - R_{t-1}）= P（G + I - T）+ iDP_{t-1}^g - E（i^* R_{t-1}）\qquad (4.3.8)$$

等式左边是财政赤字的融资来源，右边是财政赤字的具体形式，即财政支出大于财政收入的部分。财政支出包括经常性开支（G）、投资（I）以及对国内债务的利息支付（iDP_{t-1}^g），财政收入则由政府税收（T）和外汇储备的利息收入 $E（i^* R_{t-1}）$ 组成。根据假设，公众购买国债的意愿降到最低，即 ΔDP^g 为零。将财政赤字以价格指数平减，得到实际财政赤字：

$$DEP = （G + I - T）+ \frac{iDP_{t+1}^g - E（i^* R_{t-1}）}{P}\qquad (4.3.9)$$

根据（4.3.9）式，令基础货币存量等于名义货币供给，可以将（4.3.8）式改写为：

$$（M_t - M_{t-1}）- E（R_t - R_{t-1}）= P \times DEF \qquad (4.3.10)$$

固定汇率制下，流通中的货币存量由货币需求决定，货币具有内生性。因此，货币数量论公式可以写为 $M_t = \dfrac{E_t P_t^* Q_t}{V（i_t^*）}$，根据 $E_t = E_{t-1}$，可以得到：

$$-E\left(R_{t}-R_{t-1}\right)=P \times DER \qquad (4.3.11)$$

因此，当货币需求稳定且政府只能从中央银行或国外借款时，即使政府试图从中央银行借款，最终结果只能是所有资金来自国外，基础货币增加以及外汇储备的流失。当外汇储备耗尽时，固定汇率制将无法维持，中央银行只能允许汇率贬值和通货膨胀的上升。

2. 浮动汇率制下的财政赤字与通货膨胀

浮动汇率制下，庞大规模的财政赤字耗尽外汇储备时，唯一的方法只能是发行货币。此时，(4.3.10) 式变为：

$$\frac{M_{t}-M_{t-1}}{P}=DEF \qquad (4.3.12)$$

实际财政赤字等于实际货币供给的变动，货币供给的变化与通货膨胀率正相关。将该式进行变化，假设货币流通速度在一定时期内保持稳定，可以得到财政赤字和通货膨胀率之间的关系：

$$DEF=\frac{M_{t}-M_{t-1}}{M_{t}} \times \frac{M_{t}}{P_{t}}=\frac{P_{t}-P_{t-1}}{P_{t-1}} \times \frac{P_{t-1}}{P_{t}} \times \frac{M_{t}}{P_{t}} \qquad (4.3.13)$$

上式表明，财政赤字的增加将导致货币存量的上升和价格水平的升高。

（三）实证检验

财政赤字是历史上巴西通货膨胀最重要的原因之一。新形势下巴西通过加强财政纪律和采取通货膨胀目标制货币政策成功将通货膨胀率保持在较低水平，经济进入"黄金增长期"。这里利用 1999 年以来的巴西数据对财政赤字、货币供应量和通货膨胀之间的关系进行实证检验。

1. 财政赤字、公共债务与物价稳定目标

物价稳定是巴西宏观经济政策最重要的目标。1999 年"三位一体"宏观经济政策改革后，巴西通过规定财政纪律和通货膨胀目标制成功解决了财政赤字，降低了通货膨胀率。由于巴西实行财政分权，地方政府有发行债券以及对外借款的权力，因此财政政策与物价稳定目标呈现出多层次化的特征。

首先，中央政府初级财政收支差额与通货膨胀缺口之间的关系自2003 年以来相关性较强。图 4—3 是 1999 年以来巴西中央政府财政初级收支差额和通货膨胀缺口之间的变动趋势。初级收支差额由财政收入与财政支出的差额得到，财政收入主要包括财政部收入、社会保障收入及中央银行收入三大部分；财政支出包括国库支出、社会保障金支出以及中央银行支出。国库支出由劳动者报酬、经常性支出以及政府对中央银行的转移支付组成。通货膨胀缺口则由实际通货膨胀率（IPCA）与中央银行的通货膨胀目标①差额得到，通货膨胀缺口为正表示实际通胀率高于中央银行规定的通货膨胀目标，反之亦然。

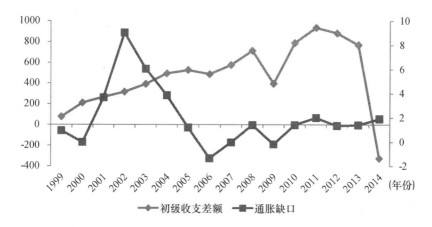

图 4—3　巴西 1999—2014 年中央政府初级收支差额（左轴）
与通胀缺口（右轴）（亿雷亚尔，%）

注：1999 年只包括 7 月采取通货膨胀目标制后的数据。

资料来源：巴西中央银行数据库，http：//www.bcb.gov.br/？INDICATORS。

根据图 4—3 可以看出自实行通货膨胀目标制以来，除 2014 年外，巴西的初级财政收支一直实现了盈余。1999—2008 年呈现出逐年增加的态势。2009 年财政收支盈余较上一年下降 44.8%，但随后 2010 年实现了787.73 亿雷亚尔的盈余，超过 2008 年的 714.39 亿雷亚尔，达到 1999 年以来的峰值。2011 年，中央政府的初级盈余更是达到 935.25 亿雷亚尔的历史高位。但是 2012 年之后，中央政府财政初级盈余由于巴西经济增长率的下降而迅速萎缩，2014 年更是出现了 1999 年以来的首次赤字，赤字规模达到 325.36 亿雷亚尔，相当于 GDP 的 0.63%。同一时期内，巴西的

---

① 对于调整通货膨胀目标的年份，采取原始值。

通货膨胀缺口出现明显的下降趋势。2005 年起，通货膨胀缺口的波动范围被控制在通货膨胀目标上下两个百分点以内，中央银行基本实现了通货膨胀目标。通过对比中央政府的初级收支差额与通货膨胀缺口的变动趋势可以看出，2005—2012 年两者的相关关系较强，相关系数达到 0.78，说明政府财政政策的价格调控作用在这一时间段内较明显，宏观经济政策初步有效。

另外，各级政府公共债务占 GDP 的比例与通货膨胀缺口之间的关系呈现出差异性。20 世纪 60 年代起，巴西地方政府被允许自由借贷。此后，地方政府的债务规模开始大幅增加。1988 年宪法确立财政分权体制后，巴西地方政府债务净额占 GDP 的比例从 1988 年 5.57% 上升到 1998 年的 14.3%，地方债务的攀升严重制约了经济发展。20 世纪最后 20 年内，巴西先后发生的三次地方政府债务危机促使巴西政府从 1998 年开始在制度和法律层面加强对地方政府债务的控制。先后推出"财政稳定计划"和《财政责任法》以法律的形式将公共财政规则和债务管理模式以及违约的治理方式确定下来，各级地方政府的债务规模得到有效控制①。

21 世纪以来，巴西中央政府公共净债务明显下降，地方政府债务规模基本平稳（如图 4—4）。2002 年后，州级政府和中央政府公共净债务占国内生产总值的比例下降趋势较显著，其中中央政府净债务占 GDP 的比重基本保持在 30% 以下，州级政府债务规模保持在 10%—15%，而市级政府的债务规模则被控制在 2% 左右。将各级政府净债务变动趋势与通货膨胀缺口的变动趋势结合来看，州、市级政府债务规模变动与通胀缺口的关系并不密切，而中央政府净债务占 GDP 比重自 2002 年后与通胀缺口的变动呈现出同方向变动的趋势。

2. 财政赤字与通货膨胀的动态关系

根据价格水平决定的财政理论，财政赤字可以引发通货膨胀。而在历史上，财政赤字造成的货币发行超过流通中所需的货币量是巴西通货膨胀的重要原因之一。这里重点分析通货膨胀目标制后财政赤字和通货膨胀之间的关系。

---

① 吴国平、王飞：《拉美国家地方债及治理》，《中国金融》2014 年第 5 期，第 67 页。

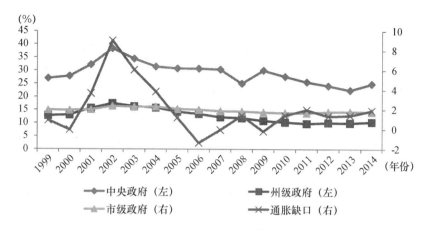

图4—4 巴西各级政府公共净债务占 GDP 的比例与通胀缺口

资料来源：巴西中央银行数据库，http：//www.bcb.gov.br/? INDICATORS。

　　首先，样本区间选取 1999 年 7 月—2014 年 12 月，数据来自巴西中央银行，财政赤字（FD）[①] 由初级财政盈余结果代替，等于财政收入减去财政支出和中央政府对州、市级政府的转移支付之和，通货膨胀率选取 IPCA 指数，M_2 是广义货币供给量的增长率。其次，对各个变量进行平稳性检验，避免出现伪回归现象。

表4—5　　　　　巴西财政赤字和通货膨胀关系单位根检验结果

变量	检验形式	ADF 统计量	临界值			结论
			1%	5%	10%	
IPCA	（C，0，1）	− 3.582	− 3.466	− 2.877	− 2.575	非平稳
ΔIPCA	（0，0，0）	− 5.969	− 2.577	− 1.943	− 1.616	平稳
M_2	（C，0，1）	− 2.496	− 3.466	− 2.877	− 2.575	非平稳
ΔM_2	（0，0，0）	− 6.397	− 2.577	− 1.943	− 1.616	平稳
FD	（0，0，11）	− 1.011	− 2.577	− 1.943	− 1.616	非平稳
ΔFD	（0，0，10）	− 9.334	− 2.578	− 1.943	− 1.615	平稳

　　注：检验形式（C，T，N）分别表示 ADF 检验方程是否含有常数项、时间趋势项和方程的滞后阶数。其中，滞后阶数由 SC 准则确定。

---

　　① 为结论分析更加明确，将初级财政盈余取负数，赤字取正数。

根据表4—5，通货膨胀率序列和货币供应量序列分别在1%和5%的显著性水平下没有通过平稳性检验，但差分序列均平稳，因此三个变量序列均为一阶平稳序列，因此可以进行格兰杰因果关系检验，具体分析三者之间的相互影响关系。根据 SC 准则，该 VAR 模型的滞后期选定为2。表4—6是通货膨胀率、财政赤字以及货币供给增长率之间的格兰杰因果检验结果。

表4—6　　　　巴西财政赤字和通货膨胀关系格兰杰因果关系检验

原假设	F 统计量	P 值	结论
IPCA 不是 FD 的格兰杰原因	1.23	0.27	接受原假设
FD 不是 IPCA 的格兰杰原因	0.35	0.55	接受原假设
M_2 不是 FD 的格兰杰原因	1.01	0.31	接受原假设
FD 不是 M_2 的格兰杰原因	2.96	0.08	拒绝原假设
M_2 不是 IPCA 的格兰杰原因	2.44	0.09	拒绝原假设
IPCA 不是 M_2 的格兰杰原因	2.41	0.09	拒绝原假设

根据验证结果，通货膨胀率和财政赤字之间不存在双向的格兰杰因果关系，货币供给增长率和财政赤字之间存在单向的格兰杰因果关系，在10%的显著性水平下，财政赤字能够格兰杰引起货币供应量的变化。货币供给增长率和通货膨胀率表现出双向格兰杰原因，即货币供应量的变动将产生通货膨胀变动的压力。这一结果与第三章中的结果存在不一致。第三章中无论是货币供给还是超额货币供给均不是通货膨胀的原因。考虑到本部分的检验只包括财政赤字和货币供给，并未纳入通货膨胀惯性以及外部因素等原因，并且显著性水平并不高，本部分的结果可以接受。重要的是，格兰杰因果检验再次证明巴西采取通货膨胀目标制以及加强财政纪律后，财政赤字不再是造成通货膨胀的主要原因。

二　转移性支出的财政负担

积极的社会政策一直是巴西劳工党执政以来宏观经济政策的重要组成部分，社会福利的提高伴随着社会支出的增加。2014 年，巴西初级财政赤字达到 325 亿雷亚尔，占 GDP 的 0.63%，是 2001 年以来首次出现赤字。以各种现金转移支付计划为核心的政府转移性支出对财政赤字的产生具有一定影响。

（一）巴西的现金转移支付计划

从卡多佐政府时期开始，巴西依靠中央政府的现金转移支付降低贫困率，首个现金转移支付计划可以追溯到 1995 年①。2002 年，巴西联邦政府主要的现金转移支付计划数达到 12 个，总支付额为 279.28 亿雷亚尔，约为 GDP 的 2.5%②。卢拉总统在参选之前就提出了针对粮食安全和消除饥饿的"零饥饿计划"，2003 年卢拉执政后，现金转移支付成为巴西经济和社会发展的一项重要战略。2003 年 10 月，巴西推出"家庭补助金项目"③，将此前的四个现金转移支付计划④进行整合，并且成为"零饥饿"计划的重要组成部分⑤。

巴西的"家庭补助金项目"覆盖了所有赤贫人口，计划最初规定人均月收入低于 50 雷亚尔的极度贫困家庭可以获得每月 50 雷亚尔的补贴，如果该家庭有一个儿童或孕妇，还将额外每月获得 15 雷亚尔的补贴，但每户最多只能有 3 个儿童或孕妇享受这一额外补贴。因此，符合该计划的赤贫家庭每月可以获得政府的转移支付金额为 95 雷亚尔。对于人均月收入在 50—100 雷亚尔的中度贫困家庭，总数不超过 3 个的儿童或孕妇可以享受每月 15 雷亚尔的补贴。享受家庭补助金项目的条件是学龄儿童（6—15 岁）的出勤率达到 85% 以上，六岁以下的儿童要接受疫苗注射，哺乳期的妇女和孕妇要定期检查，没有儿童的孕妇的家庭则需要参加一些培训。2006 年，"家庭补助金项目"为巴西总人口的 24%，共 1120 万个

①　Ferrario, M. N., "The Impacts on Family Consumption of the Bolsa Família Subsidy Programme", in *CEPAL Review*, No. 112, 2014, p. 148.

②　Macedo, R., "Macroeconomic Volatility and Social Vulnerability in Brazil: The Cardoso Government (1995 – 2002) and Perspectives", *CEPAL – SERIE financiamiento del desarrollo*, No. 132, 2003, p. 25.

③　Bolsa Familia.

④　被整合的四个计划分别是：Bolsa Escola, Bolsa Alimentação, Cartão Alimentação 以及 Auxílio-Gás。

⑤　巴西"零饥饿计划"的其他详细内容参见 Claudia 和 Mirosevic（2013）。

家庭提供了帮助，每户平均获得的转移支付金额为每月 65 雷亚尔①。2009 年 7 月，巴西提高了该计划的补贴标准，人均月收入低于 70 雷亚尔的无儿童家庭可以获得每月 68 元的现金转移支付，人均月收入在 70—140 雷亚尔的家庭将根据儿童数量获得每月 22 雷亚尔及以上 12 个等级的现金转移。这两类家庭按照不同标准，每月最多可获得现金转移总额分别为 200 雷亚尔和 132 雷亚尔②。2009 年，"家庭补助金项目"获得的政府预算总额为 119.53 亿雷亚尔，约占 GDP 的 0.38%③。

罗塞夫执政后，继续实行卢拉总统的"加速发展计划"，2012 年"家庭补助金项目"投资总额占 GDP 的 0.5%④。此外，罗塞夫总统还在 2011 年制定了"无赤贫的巴西计划"，继续扩大"家庭补助金计划"的实施范围和额度。此外，还推出了"绿色救助金计划"和"我的生活，我的家"计划，前者的针对对象是参与环保的贫困家庭，而后者的总投资规模达到了 3281 亿雷亚尔⑤。2012 年，巴西"我的生活，我的家"住房计划总支出达到 109 万亿雷亚尔，超过此前三年的支出总和⑥。

（二）社会支出造成的财政压力

自卡多佐政府时期起，现金直接转移计划已经被纳入社会发展战略当中，其中每年针对老年人、残疾人的保障支出以及失业保险和工资补贴总计达到 85 亿雷亚尔⑦。1994 年，巴西社会支出⑧占到政府总支出的一半，

---

① Bastagli, F.：《从社会安全网到社会政策：有条件现金转移支付在拉美福利国家建设中的作用》，载吴忠主编《有条件现金转移支付、公共服务与减贫》，中国农业出版社 2011 年版，第 217 页。

② Ferrario, M. N., "The Impacts on Family Consumption of the Bolsa Família Subsidy Programme", in *CEPAL Review*, No. 112, 2014, p. 150.

③ Ibid., p. 149. 联合国拉美经委会在 2014 年 *Social Panorama* 中公布的该项目 2009 年预算占 GDP 的比例为 0.5%。

④ ［美］维尔纳·贝尔：《巴西经济：增长与发展》（第七版），罗飞飞译，石油工业出版社 2014 年版，第 188 页。

⑤ 方旭飞：《巴西劳工党的执政经验与教训》，《拉丁美洲研究》2014 年第 5 期，第 42 页。

⑥ 林跃勤、周文主编：《金砖国家发展报告（2013）》，社会科学文献出版社 2013 年版，第 29 页。

⑦ 苏振兴：《巴西经济转型：成就与局限》，《拉丁美洲研究》2014 年第 5 期，第 13 页。

⑧ 包括社会保障支出、社会保险和社会救济。

占 GDP 的比例为 11%, 2001 年上升到 14%[①]。

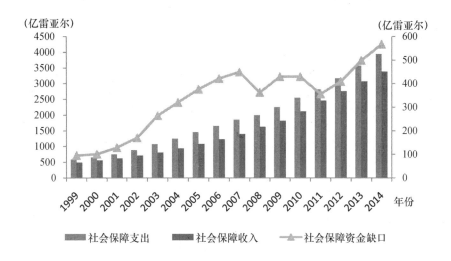

图 4—5 1999—2014 年巴西中央政府社会保障收入和支出

资料来源: 巴西中央银行数据库, http: //www. bcb. gov. br/? INDICATORS。

2007 年, 巴西"家庭补助金计划"支出成本占国内生产总值的 0.4%。2010 年巴西有条件现金转移支付项目总支出规模达到 GDP 的 0.47%, 这一数值低于厄瓜多尔、墨西哥和多米尼加, 位列拉美地区采取该计划 18 个国家中的第四位, 高于这 18 个国家的平均水平; 覆盖人口数达到总人口的 26.4%, 仅次于厄瓜多尔, 排名 18 个国家中的第二位[②]。2012 年, 巴西的家庭补助金计划预算达到 211 万亿雷亚尔, 比 2011 年的数额增加了 15.3%[③]。

巴西中央政府的社会保障收入总额和社会保障支出规模自 1999 年以来均呈现出单边上涨的趋势, 全球金融危机并未造成这一趋势的逆转。社

① Macedo, R., "Macroeconomic Volatility and Social Vulnerability in Brazil: The Cardoso Government (1995 – 2002) and perspectives", *CEPAL – SERIE financiamiento del desarrollo*, No. 132, 2003, p. 21.

② Cecchini, Simoe and R. Martinez, "Inclusive Social Protection in Latin America: a Comprehensive, Rights-based Approach", *Libros de la CEPAL*, No. 111, 2011.

③ 林跃勤、周文主编:《金砖国家发展报告 (2013)》, 社会科学文献出版社 2013 年版, 第 29 页。

会保障的资金缺口则自 1999 年以来持续扩大。1999 年中央政府的社会保障资金缺口为 94.75 亿雷亚尔，2007 年扩大到 448.82 亿雷亚尔，年均增长 121%，2008 年下降到 362.01 亿雷亚尔后，2009 年和 2010 年又重新扩大。2011 年巴西经济增长速度下降，社会保障资金缺口下降 17.12%，但此后缺口不断扩大，2014 年巴西中央政府社会保障支出规模超过收入566.95 亿雷亚尔，达到 1999 年以来的最高值。具体来看，根据联合国拉美经委会的数据，2008—2009 年巴西公共收入中，社会保障缴款占国内生产总值的比例为 8.8%，而社会保险和社会救助支出占 GDP 的比例达13.4%，收入和支出在经济总量中的规模均居于拉美 19 个国家中的首位①。

虽然巴西依靠现金转移支付计划成功降低了贫困率，社会指标得到改善，但是从长期看，依靠初级产品出口加大社会开支的社会政策不可持续。单纯依靠直接转移的结果是公共物品和私人消费的增加，社会总需求被扩大，而经济结构并不会有明显改进。全球金融危机后巴西财政出现困境，通货膨胀率不断高企说明，如果不进行结构性改革，单纯依靠增加社会支出的做法将对巴西经济造成致命打击。此外，现金转移支付计划的效果在近期也受到质疑。根据联合国拉美经委会的最新数据，巴西财政政策工具对基尼系数下降的贡献程度为 16.4%，在 16 个拉美样本国家中位居第一，但是现金转移支付计划的贡献度只有 1%，低于智利和墨西哥等国②。

三 铸币税风险

在金本位时期，铸币权力专属于君主，虽然公民被允许将金条铸造成金币，但需要向君主缴纳一定的税收，称为铸币税（Seigniorage）。纸币流通环境下铸币税是政府发行货币的面值与其较低的制造成本之差。这里的货币是广义形式，包括银行券、硬币和银行存款。铸币税分为货币性和财政性两种形式，对于宏观经济稳定有重要影响。

---

① ECLAC, *Social Panorama of Latin America*, 2010, Santiago, Chile, 2011.

② ECLAC, *Fiscal Panorama of Latin America and the Caribbean* 2015：*Policy Space and Dilemmas*, Executive Summary, 2015.

（一）财政性铸币税

铸币税的最初假设是基础货币的任何增加都与政府收入的增加保持一致，因此铸币税可由基础货币增长率和实际基础货币存量的乘积得到，即货币性铸币税[①]（Monetary Seigniorage）。但巴西的"财政责任法"明确规定，中央银行不得为政府的财政赤字融资。因此，财政性铸币税（Fiscal Seigniorage）成为存在财政纪律背景下的铸币税类型。

财政性铸币税强调中央银行向政府的利润转移以及中央银行在公开市场操作中购买的政府债券的数量。中央银行的收益[②]表示为：

$$Revenue_{CB} = NP_{CBIF} \times i^* \times E + Cr_{CBIB} \times i + Cr_{CBIG} \times i - i \times R - V - O$$
（4.3.14）

其中 i 和 i^* 分别是国内和国外利率，NP_{CBIF} 表示中央银行的净外部资产，Cr_{CBIB} 和 Cr_{CBIG} 分别表示商业银行和政府部门从中央银行的借款，因此中央银行的收入是以上 3 个部分的利息总和。由于"财政责任法"的相关规定，Cr_{CBIG} 在上式中仅代表中央银行在公开市场操作中购买的政府债券。中央银行的支出也包括 3 个部分，其中 R 代表中央银行储备的利息，O 是中央银行日常操作成本，V 代表本币汇率升值（贬值）时的损失（收益）。

中央银行的公开市场操作行为以政府支付利息的方式帮助政府获得金融资源，而巴西的中央银行隶属于政府，因此政府的总现金流可以表示成：

$$F_G = Revenue_{CB} + \Delta Cr_{CBIG} - Cr_{CBIG} \times i \quad （4.3.15）$$

财政性铸币税可以表示成剔除价格因素后，政府从中央银行处得到的总收益[③]：

$$FS = \frac{F_G}{P} = \frac{NP_{CBIF} \times i^* \times E + Cr_{CBIB} \times \Delta Cr_{CBIG} - i \times R - V - O}{P} \quad （4.3.16）$$

（二）铸币税与通货膨胀目标

铸币税与通货膨胀之间的关系由 Cagan（1956）最先提出，对其进行

---

① 货币性铸币税的形式和内容参见博芬格（2013）。

② 假设中央银行对商业银行和政府的贷款利率与银行准备金利率相等。

③ 彼得·博芬格：《货币政策：目标、机构、策略和工具》，黄燕芬等译，中国人民大学出版社 2013 年版，第 288—290 页。

一般处理，令 $\varphi = \dfrac{i}{1+i}$ ，可以将铸币税和利率关系的一阶条件写成：

$$\frac{\partial FS}{\partial \varphi} = \frac{FS}{\varphi} \left(1 - \frac{\varphi}{D}\right) \qquad (4.3.17)$$

其中，FS 是财政性铸币税，D 是政府实际债务总额。根据一阶条件，当名义利率提高时，铸币税下降，反之亦然。根据 Branson（1975）的资产组合理论，将本国和外国货币、本国和外国债券均看作资产，如果财政按照无息债务形式通过中央银行吸收，基础货币存量将扩大，于是利率水平降低，通货膨胀率上升。在开放经济条件下，考虑加入汇率的情况，当基础货币存量增加后，在给定利率的水平下，外国债券将升至，本币汇率下跌，国内通货膨胀受到压力。

第四节　本章小结

本章首先对巴西财政政策和通货膨胀的历史以及当前巴西的财政体制进行了简单回顾，财政分权以及政府开支和转移支付负担成为巴西通货膨胀目标制的主要风险。其次，利用计量经济模型对巴西通货膨胀目标制后财政预算约束的平衡性进行了检验。过去 10 年中，得益于政府财政纪律的加强以及债务管理政策的实施，巴西的财政情况得到明显改善，从 1999 年起保持了连续 15 年的财政初级盈余。巴西中央政府的预算约束在长期内具有平衡性，存在长期盈余趋势，因此在全球金融危机时期巴西的财政状况展现出良好的可持续性，并未引发债务风险。最后，对巴西财政赤字的通货膨胀效应进行了定量分析，结果显示通货膨胀目标制以来，巴西的财政赤字不再是通货膨胀的主要原因。

虽然巴西通货膨胀目标制面临的财政风险自 1999 年以来在降低，但是 2012 年以来巴西经济每况愈下，通货膨胀率不断突破上限依然值得从财政风险角度寻找原因和对策。2014 年，巴西公共债务占 GDP 的比重为 62%，在拉丁美洲 19 个国家中最高[1]，因此当前通货膨胀高企是财政政

---

[1]　ECLAC, *Fiscal Panorama of Latin America and the Caribbean* 2015: *Policy Space and Dilemmas*, 2015.

策不可持续的表现之一。其实，从 1999 年巴西采取通货膨胀目标制后，巴西经济进入一个由财政主导的"坏均衡"时期（Bresser-Pereira 和 Nakano，2002；Blanchard，2005）。虽然政府资产负债表得到改善，但是隐形债务成为巴西政府财政的重要风险。例如，巴西石油公司等大型国有企业存在严重腐败，因腐败接受调查而被冻结账户后，这些垄断性国有企业面临严重的债务违约风险。巴西石油公司的负债总额已经从 2012 年的 1810 亿雷亚尔（557 亿美元）增加到 3320 亿雷亚尔（1023 亿美元）[①]。

虽然巴西中央银行自 2013 年以来连续提高利率以控制不断高企的通货膨胀率，但通货膨胀率表现出对加息的"免疫"性。2014 年 12 月央行勉强实现当年的通货膨胀目标后，2015 年 1 月通胀率立即上升到 6.9%，超过 6.5% 的中央银行通货膨胀目标上限。为了治理不断高企的通货膨胀，2015 年初政府将财政预算削减 272 亿雷亚尔，并推出包括短期消费贷款、进口品、化妆品和燃油等在内的四项增税措施。随后，政府又将 2011 年起实施的基于企业养老保险的减税优惠进行大幅度削减，提高企业缴纳保险金的比例。但是，政府的财政紧缩政策的效果并不理想，因为财政政策的作用效果需要适当的货币政策作为补充[②]。

此外，根据本章的分析，政府在财政支出，特别是社会保障方面的支出规模较大，转移性支出缺口较大。越来越依赖初级产品出口获得财政收入的巴西，经济存在严重的结构不合理。国内经济"初级产品出口化"和"去制造业化"使其最坚实的税收基础正在减小，而超出国内经济实际增长潜力的高福利政策使巴西陷入"难以负担的高福利困境"，提高利率不但无法控制通货膨胀，反而会造成政府债务进一步提高。

---

① 《中国与巴西的"石油换贷款"合作》，中金网，2015 年 4 月 9 日，http：//oil. cngold. com. cn/20150409d1823n40829458. html。

② Araújo，C. H.，C. Azevedo and S. Costa，"Fiscal Consolidation and Macroeconomic Challenges in Brazil"，*BIS Paper*，No. 67，2012.

第 五 章

巴西通货膨胀目标制的汇率和开放度风险

开放经济条件下，汇率成为国际风险传导的重要渠道。国家之间货币价格的兑换比率不仅可以通过影响进出口商品的价格，对一国国内物价水平产生压力，还会通过资本市场影响利率水平造成通货膨胀率的波动。大多数实行通货膨胀目标制新兴经济体的中央银行具有同时实现价格和金融稳定双重目标，因此汇率稳定在这些国家同样重要。在拉丁美洲，所有实行通货膨胀目标制的国家都是开放经济体，均采取了浮动汇率制度，当受到外部冲击和汇率波动的影响，汇率成为影响通货膨胀目标制下货币政策最重要的风险之一。随着贸易自由化和金融自由化的推进，开放度水平对通货膨胀率也会产生影响，贸易开放度的提高将降低国内通胀率，而金融开放度的提高则会给通货膨胀带来压力。

第一节 汇率制度、"克鲁格曼三角"与金融稳定

Moreno（2012）认为过去 20 年全球货币政策实践经验表明解决"克鲁格曼三角"的途径是保持资本账户开放，允许汇率自由浮动以保证国内货币政策的独立以及实行通货膨胀目标制[1]。随着全球金融自由化程度不断加深，资本流动成为"克鲁格曼三角"三个角点解之外的又一政策目标。

---

[1] Moreno, R., "Lesson on the 'Impossible Trinity'", in *Challenges Related to Capital Flows: Latin American Perspectives*, *BIS Papers*, No. 68, 2012.

一　通货膨胀目标制下的克鲁格曼三角及其发展演进

国际经济学理论中，自"米德冲突"被提出以来，关于一国经济内外均衡之间冲突的研究不断向前推进[①]。蒙代尔—弗莱明模型将"米德冲突"扩展到浮动汇率制度下，提出了"三元悖论（Trilemma）"。此后，克鲁格曼又综合提出了"克鲁格曼三角形"，即一个国家只能同时选择货币政策独立性、汇率稳定以及金融融入（Financial Integration）三个政策选择中的两项。根据图5—1，"克鲁格曼三角"中的三个角点解就是国家的政策选择，而三角形的三条边则为政策目标，政策含义为一个国家无法同时满足三角形的三条边代表的政策目标。

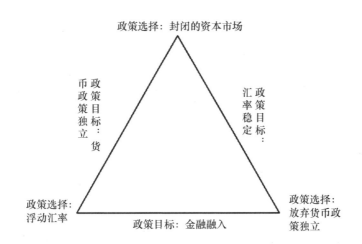

图5—1　"克鲁格曼三角"中的政策目标与政策选择

资料来源：Aizenman, J., "The Impossible Trinity—from the Policy Trilemma to the Policy Quadrilemma", *Working Paper*, 2011.

在图5—1中，三角形的上顶点表示封闭的资本市场，与之相联系的政策选择是中央银行货币政策的独立以及汇率的稳定（固定汇率制），20世纪80年代大多数发展中国家的情形如此。三角形的左边顶点代表浮动汇率制度，与之相联系的是中央银行货币政策的独立性以及金融融入，美

———————

[①]　此后的相关研究包括丁伯根法则、斯旺模型等。

国在过去 30 年中采用了这一政策组合。三角形的右边顶点代表放弃货币政策独立，与之相联系的是汇率稳定以及金融融入，阿根廷在实行货币局制度期间即符合这一情形。目前，"克鲁格曼三角"已经形成共识，大多数国家选取了浮动汇率制度以及资本账户的开放。但是对于一些采取浮动汇率制度的国家，有时甚至会频繁在外汇市场上进行主动干预，衍生出多种形式的有管理的浮动汇率制度。此外，还有一些国家采取了部分金融开放，对资本流动进行管理。因此，虽然该理论已经被实践证实，但绝大多数国家的情形并不位于三角形的各个顶点上。

20 世纪末期以来，金融全球化浪潮促使"克鲁格曼三角形"的理论含义变得更加丰富。新兴经济体的群体性崛起使其在全球经济中的总量水平逐步提高，另一方面，金融全球化使这些经济体面对金融动荡、资本流动风险以及资本流入骤停和外溢性危机时的风险逐步加大。据统计，20 世纪末期发生在新兴经济体的一连串金融危机造成的产出和社会成本占其经济总量的 10% 左右。因此，"克鲁格曼三角形"代表的"三难选择"已经无法充分刻画当前新兴经济体面临的复杂全球经济形势，金融稳定成为第四个政策目标，"三难选择"正逐步演变成"四难选择（Quadrilemma）"[1]。

新兴经济体在逐步开放国内资本市场的同时，通过积累外汇储备维持金融稳定，降低汇率波动和资本流动带来的风险[2]。短期内，相当规模的外汇储备积累可以增强一国金融的稳定性，保持政策相对独立，对于并未完全融入全球金融市场的新兴经济体尤为重要[3]。但是，外汇储备的积累会对国内带来通货膨胀压力，中央银行需要通过扩大基础货币或者减少本国资产持有进行外汇储备资产购买[4]，一国的内外均衡将受到影响。如何在积累外汇储备和开放资本账户之间进行协调构成又一政策挑战。全球金融危机后，关于金融稳定纳入货币政策目标的讨论变得更加广泛，货币政

---

① Aizenman, J., "The Impossible Trinity— from the Policy Trilemma to the Policy Quadrilemma", *Working Paper*, 2011, p. 7.

② Aizeman（2008）对新兴经济体外汇储备积累的原因和外部性进行了详细论述。

③ 发达国家外汇储备与 GDP 的比例相对较小，因为这些国家可以利用双边或多边货币互换协议等方式通过国际资本市场缓解流动性不足。

④ 当然，中央银行可以采取政府债券或中央银行票据等形式进行冲销干预。

策是否应该对金融稳定风险做出积极反应以及是否该运用宏观审慎政策来"熨平"金融体系的风险成为争论的焦点。

无论是灵活的还是严格的通货膨胀目标制货币政策，均未将金融发展不平衡纳入模型中。由于新兴经济体金融体系并不健全，商业银行是主要的贷款来源渠道，因此忽略资产价格泡沫将使金融不稳定的风险传递到价格水平上。在关注价格水平稳定的目标基础上，实行通货膨胀目标制新兴经济体的中央银行应该采取宏观审慎监管和其他货币政策工具保证金融稳定。

二 巴西的金融自由化与资本流动

20 世纪末，巴西开启了金融自由化改革和汇率制度改革，经历了从"爬行钉住"到"爬行带"钉住，再到浮动汇率制三段时期。1999 年实行浮动汇率制度前，依靠高利率和高汇率政策，巴西的贸易赤字和资本流入均有大幅度增加。巴西金融动荡之后，汇率制度转向自由浮动，货币政策以钉住通货膨胀为目标。

（一）资本账户开放与汇率干预

无论是发达国家还是新兴经济体，中央银行均存在对汇率进行干预的倾向，而外汇管制也一直是巴西保持汇率稳定的一项重要政策工具。第二次世界大战后巴西启动工业化进程，外汇管制和汇率高估成为解决巴西国际收支失衡以及实行进口替代工业化战略的重要基础。债务危机后，巴西顺应了全球金融自由化浪潮，开始将资本账户自由化，1988 年银行系统改革成为巴西金融自由化改革开始的标志[1]。20 世纪 90 年代初期，巴西对外国直接投资进一步放开，1991 年允许外国机构投资者对本国企业进行股本并购，1992 年又放开了资本流出的限制，允许本国一些特殊的非居民账户进行外币交易。1994 年巴西中央银行对金融交易征税，降低对汇率的压力，为货币政策提供空间[2]。1999 年金融动荡后巴西汇率自由浮动，金融自由化进程向纵深发展。巴西先降低，后来又取消了外部借款的

---

[1] de Paula, F. L., "Financial Liberalization, Exchange Rate Regime and Economic Performance in BRICs Countries", *Financial Liberalization and Economic Performance in Emerging Countries*, Eds. by Arestis, P. and F. L. Paula, Palgrave Macmillan, 2008, p. 127.

[2] Ibid., pp. 62 – 64.

平均最低期限和金融交易税，允许外国投资者在巴西证券市场进行投资，并且简化了资本汇出的相关审批程序。Gruben 和 Mcleod（2002）认为资本账户自由化可以改善政策可信度，使货币政策动态不一致性减弱，因此是控制通货膨胀的有效工具，但 de Mendonca 和 Pires（2007）对巴西雷亚尔计划后的实际情况研究发现这一效应在巴西并不显著。

汇率制度方面，自雷亚尔计划以来，巴西经历了从爬行钉住到自由浮动的过程。1994 年 7 月雷亚尔计划初期，采用固定汇率制度，但 1995 年第一季度末就过渡到爬行钉住汇率制，雷亚尔小幅升值。雷亚尔汇率的高估以及国内债务危机使巴西在 1999 年初遭遇金融动荡和货币危机，巴西放弃钉住汇率制度，转而采用浮动汇率机制，并且规定中央银行可以在银行间结算市场对汇率进行间接干预，通过发行外币债券对外汇储备进行调整，影响汇率水平。中央银行的货币政策操作框架也转向通货膨胀目标制。

传统凯恩斯主义认为汇率制度应该是有管理的，确保外部平衡和国内价格的稳定（Filho，2006）。Erber（2007）认为尽管巴西官方宣布汇率自由浮动，但是巴西中央银行可以随时对其进行干预。Hsing（2013）利用 Aizenman 等（2008，2011）的方法和指数关于克鲁格曼三角对通货膨胀和产出在巴西的影响进行了四种形式[①]的实证检验。实证结果表明对数线性模型的拟合效果最好，巴西对于三个角点解赋予了大致相同的权重，1999 年巴西采用通货膨胀目标制以来，政策组合模式是资本账户开放和货币政策的独立性，通过降低汇率的浮动程度控制通货膨胀，解决克鲁格曼三角问题中的矛盾。而在 2012 年，巴西财长承认中央银行对雷亚尔汇率存在干预，巴西的汇率制度属于"肮脏浮动"[②]。

（二）通货膨胀目标制后巴西的汇率变动和资本流动

巴西中央银行认为风险溢价和资本流动是影响雷亚尔币值稳定的两个主要因素。实行紧缩性货币政策提高利率后，与国外利差扩大，汇率升值，反之亦然。

1999 年 1 月 18 日，巴西采用浮动汇率制度当天，雷亚尔即贬值

---

① 检验方法包括线性模型、双对数模型、对数线性模型以及线性对数模型。

② 《巴西财长承认控制汇率》，FT 中文网，2012 年 10 月 25 日，http：//www. ftchinese. com/story/001047149。

4.95%，到 2 月 1 日，美元兑雷亚尔的汇率已经降为 1∶1.96，贬值幅度达到
33.97%。此后到 2002 年，雷亚尔汇率基本稳定。阿根廷金融危机对巴西的
影响于 2002 年变得严峻起来，雷亚尔开始新一轮贬值，10 月 22 日美元兑
雷亚尔的中间价贬值到 1∶3.9548，是整个区间内的最低点，成为汇率制度
改革以来雷亚尔汇率的最低点。此后，巴西经常项目在 2003 年从逆差转变
为顺差，雷亚尔也开始进入升值周期，一直持续到全球金融危机爆发。2002
年 10 月—2008 年 7 月，雷亚尔兑美元汇率升值幅度达到 60.6%。在此期
间，巴西的外汇储备总额也实现了大幅度的提高，2000 年巴西外汇储备总
额为 330.15 亿美元，2008 年已经增加到 1937.83 亿美元。

美国次贷危机对巴西雷亚尔汇率的影响在 2008 年中期开始体现，雷
亚尔进入贬值区间，成为全球贬值程度最深的货币之一，2008 年 8—12
月雷亚尔贬值幅度达到 60% 以上[1]。2009 年第二季度，雷亚尔贬值趋势
得到控制。受美国等主要发达经济体宽松货币政策的影响，国际资本纷纷
转向危机后迅速恢复的新兴经济体，巴西雷亚尔也开始进入升值区间。
2011 年 7 月 26 日，美元兑换雷亚尔的汇率中间价为 1∶1.5341，是 1999
年 7 月通货膨胀目标制以来雷亚尔升值的最高水平，此后雷亚尔进入另一
个贬值通道，并且持续至今。

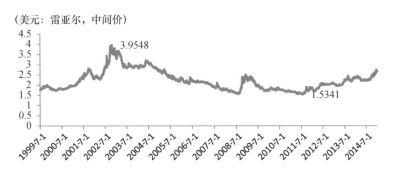

图 5—2　1999—2014 年巴西汇率变动

资料来源：巴西中央银行数据库，http：//www.bcb.gov.br/？INDICATORS。

---

① Kaltenbrunner, A., "International inancial and Depreciation：The Brazilian Real in the International Financial Crisis", in *Competition and Change*, Vol. 14, No. 3 - 4, 2010, pp. 296 - 323.

拉丁美洲国家有着资本流动影响经济稳定的历史。20世纪80年代债务危机之前，正是大规模的短期资本流入造成了这些国家债务的增加。Reinhart等（1992）曾指出，资本流动对拉丁美洲国家的影响程度较大，资本流入时会推高这些国家的汇率水平，而当外部环境变化后，大规模资本流入骤停甚至逆转的风险将引起这些国家宏观经济的不稳定。

2005年以来，巴西经济迅速发展，国际资本迅速流入。为防止因实际汇率升值造成的贸易盈余萎缩倾向以及阻止因利率升高造成的公共债务攀升，巴西采取了一系列措施，通过管制和征收资本流入税等方式控制资本流动规模。2006年年初到2008年8月，为防止雷亚尔过度升值，巴西中央银行从私人部门购入的美元累计达到1500亿美元，外汇储备大量增加①。全球金融危机后，世界主要经济体货币政策的溢出效应愈发明显，进出口贸易和资本流动成为通货膨胀的国际传导渠道，由于息差调整的速度远远快于商品价格的变动频率，因此，资本流动的国际通货膨胀传导作用要明显强于贸易渠道②。从2010年初开始，国际资本流动明显加速，并且以新兴经济体为目的地。对于巴西来说，2010年年初累积12个月净资本流入占GDP的比例达到6.1%③。2013年下半年开始，主要新兴经济体的货币因美联储退出量化宽松政策的预期开始贬值。巴西推出宏观审慎监管措施、取消了上一波资本流入时期施加的金融交易税以及进行外汇市场干预等措施，应对资本流出，维护金融稳定。金融交易税取消后，进入巴西固定收入证券的外国资本总额从4月的8亿美元迅速增加到7月的43亿美元。

三 巴西汇率的稳定性

不同汇率制度对中央银行货币政策的目标会产生决定性影响。固定汇

---

① Kaltenbrunner, A., "International inancial and Depreciation: The Brazilian Real in the International Financial Crisis", in *Competition and Change*, Vol. 14, No. 3 – 4, 2010, p. 308.

② 桂詠评等：《通货膨胀的国际传导机制与对策研究》，立信会计出版社2014年版，第36页。

③ Barroso, R. B., E. W. Kohlscheen and E. J. Lima, "What Have Central Banks in EMEs Learned about the International Transmission of Monetary Policy in Recent Years?", *BIS Paper*, No. 78, 2014, p. 96.

率制下，由于缺乏自动恢复机制，国际收支失衡会通过外汇储备的变动影响国内的基础货币存量，中央银行无法直接调控外汇储备。因此汇率稳定目标成为央行最终目标的组成。浮动汇率制下，国际收支失衡可以由汇率进行自动稳定，中央银行可以通过外汇储备对汇率进行平滑，避免汇率大幅波动①。

根据 Baig（2001）以及 Calvo 和 Reinhart（2002）的研究，一国汇率的制度性浮动指数可以用汇率的波动程度和外汇储备的波动程度得到，公式为：

$$index = \frac{\sigma_{EX}}{\sigma_{RE}}$$

其中 σ_{EX} 是汇率波动的标准差，σ_{RE} 是外汇储备波动的标准差，二者的比值即为汇率的制度性浮动指数。该指数越高说明汇率波动程度强于外汇储备的波动程度，反之亦然。本节选取月度数据，对通货膨胀目标制后巴西汇率的制度性浮动程度进行检验，验证巴西中央银行是否存在汇率稳定的目标。汇率指标选取美元兑雷亚尔汇率，数据全部来自巴西中央银行数据库。

根据表 5—1 的数据，巴西汇率的波动在 2002 年"信任危机"以及 2008 年全球金融危机时期较高，2011 年以来汇率的年度波动率趋于稳定。虽然巴西的外汇储备在"黄金增长期"内不断增加，但是年内波动率却并不稳定，巴西中央银行在 2006—2007 年、2009—2011 年两个时间段内对外汇储备的干预较明显。根据汇率波动和外汇储备波动程度计算的巴西雷亚尔汇率制度性波动指数，自采取通货膨胀目标制以来，制度性浮动指数并不稳定，除了个别年份汇率的制度性浮动程度较低外，未显示出明显的汇率独立性的提高迹象。因此，从制度性层面来说，巴西中央银行存在对汇率市场的干预。

---

① Demopoulous, D. G., G. M. Katsimbris and S. M. Miller, "Monetary Policy and Central-bank Financing of Government Budget Deficits", *European Economic Review*, Vol. 31, 1987, pp. 1023 – 1050.

表5—1　　　　　　　2000—2014年巴西汇率制度浮动程度

时间	汇率波动	外汇储备波动	制度性浮动指数
2000	0.07	39.3	0.0018
2001	0.24	15.5	0.0155
2002	0.6	25.15	0.0239
2003	0.26	56.16	0.0046
2004	0.14	14.73	0.0095
2005	0.16	35.11	0.0046
2006	0.05	103.35	0.0005
2007	0.13	303.69	0.0004
2008	0.28	55.42	0.0051
2009	0.24	195.18	0.0012
2010	0.06	181.79	0.0003
2011	0.12	192.99	0.0006
2012	0.13	82.68	0.0016
2013	0.15	60.03	0.0025
2014	0.15	64.81	0.0023

资料来源：笔者根据巴西中央银行数据计算。

第二节　汇率风险与通货膨胀目标制

由于名义汇率变动存在对国内价格的传递效应，很多采取通货膨胀目标制的新兴经济体在制定货币政策时通常会在外汇市场上进行干预，采取一定程度的汇率钉住。Barbosa-Filho（2008）以及Gnabo等（2010）认为巴西汇率制度并不是完全意义上的浮动汇率制度，而是肮脏浮动，央行货币政策以防止雷亚尔贬值和满足通货膨胀目标为双重政策目标。

一　通货膨胀目标制下的汇率—价格传递

实施通货膨胀目标制后，汇率成为影响巴西通货膨胀率的重要因素（Barbosa-Filho，2008）。首先，巴西国内可贸易商品的价格由外国通货膨胀以及浮动的汇率来决定；其次，20世纪90年代开启的私有化，政府允许一些公共部门（尤其是电讯和能源部门）实行受汇率影响的指数化价格，因此一些主要的不可贸易品的价格也受到汇率变动的影响。

（一）汇率与通货膨胀率的动态关系

开放经济条件下，通货膨胀可以通过贸易和金融两个渠道进行国际传导，而汇率成为传导的重要载体，因此稳定的汇率水平是通货膨胀保持稳定的前提条件（Barbosa-Filho，2008）。汇率的均衡有多条路径，实际汇率会在竞争性均衡水平或非竞争性均衡水平上稳定下来。汇率变动会直接影响贸易品（进口商品和出口商品）的价格，并且会通过要素在不同部门的自由流动间接影响非贸易品的价格。如果一国长期保持高利率，国际短期资本会流入，本国货币将升值，经常账户盈余会由于进口的增加而减少。

Obsfeld（1994）在建立政府损失函数的基础上对货币政策和汇率政策相互影响下的汇率与通货膨胀率的动态关系进行研究。此后，范志勇（2009）在此基础上将通货膨胀引入汇率调整模型。

第一，假设一个经济体中存在贸易品和非贸易品，其中贸易品的需求由世界各国之间的相对价格，即实际有效汇率决定；非贸易品的价格由本国货币政策决定。第二，假设每个国家生产的贸易品全部用于出口，消费只能依靠出口。第三，假设劳动是唯一的投入，生产函数采用柯布—道格拉斯形式，$Y = L^\alpha$，$0 < \alpha < 1$。第四，市场存在适应性预期，厂商和工人根据对价格水平的预期在上一期期末的名义工资水平下签订劳动合同。名义工资在本期内保持不变，但实际就业率由实际工资决定。

在上述四条假设条件下，实际劳动需求可以表示为：

$$l_t^d = \frac{P_t - E_{t-1}P_t}{1 - \alpha} + l^* \qquad (5.2.1)$$

其中，l^* 是自然失业率下的企业劳动需求，p 是价格的对数，E 是数学期望。假设国内价格的决定由两种商品的价格共同决定，$p_t = p_t^d + \delta e_t$，其中 e 是实际有效汇率，δ 是贸易品在所有商品中的比重并且满足 $\delta'(e_t) < 0$。

将（5.2.1）式代入生产函数并取对数可以得到实际产出的具体形式：

$$y_t = \frac{\alpha \left[(p_t^d - E_{t-1}p_t^d) + \delta (e_t - E_{t-1}e_t) \right]}{1 - \alpha} + al^* \qquad (5.2.2)$$

（5.2.2）式中，$p_t^d - E_{t-1}p_t^d$ 是未预期到的非贸易品价格波动，δ $(e_t - E_{t-1}e_t)$ 则是实际有效汇率冲击。

考虑一国政府进行货币政策与汇率政策的替代与协调，通过对国内非贸易品价格和汇率的调整使政府的损失函数最小化。政府的损失函数采取二次函数的形式：

$$L = \sum_{s=t}^{\infty} \beta^{s-t} \left[\lambda (p_t^d - p_{t-1}^d)^2 + \gamma (e_t - e_{t-1})^2 + \theta (y_t - y^*)^2 \right] \qquad (5.2.3)$$

其中，β 代表政府的偏好，y^* 是经济的潜在产出，中括号内三项依次代表非贸易品价格波动、汇率调整和产出缺口造成的政府福利损失；参数 λ、γ、θ 分别代表这三项损失在总福利损失中的比重，$\lambda > 0$，γ 满足均值为零的随机过程，当 $\gamma > 0$ 时，汇率政策的变动造成福利损失。

假设在 t 时期产出位于潜在产出水平，那么 t 时期的政府福利损失函数为[1]：

$$L = \lambda (p_t^d - p_{t-1}^d)^2 + \gamma (e_t - e_{t-1})^2 + \theta \left\{ \frac{\alpha}{1-\alpha} \left[(p_t^d - E_{t-1}p_t^d) + \delta (e_t - E_{t-1}e_t) \right] \right\}^2 \qquad (5.2.4)$$

根据（5.2.4）式，当政府福利损失对产出缺口的敏感程度为 $\theta \to \infty$ 时，福利损失最小化要求 $y_t = y^*$，即 $(p_t^d - E_{t-1}p_t^d) + \delta (e_t - e_{t-1}) = 0$ 成立。因此，给定上期的汇率水平，政府的汇率政策目标是根据 γ 的大小确定本期汇率水平的波动幅度，是损失函数最小化。

当经济在 $(t-1)$ 期末处于均衡，本期价格变动即为通货膨胀率，$p_t^d - p_{t-1}^d = \pi$。假设汇率变动的福利损失权重[2]满足 $E_{t-1}\gamma = 0$，公众对汇率和价格的预期满足静态预期，即 $E_{t-1}p_t^d = p_{t-1}^d$，$E_{t-1}e_t = e_{t-1}$。政府的货币和汇率政策根据 γ 的取值进行变动，当 $\gamma > 0$ 时，即本币存在升值倾向，降低汇率可以增进福利。

根据损失函数，在上述前提假设条件下，政府可以同时对非贸易品价

---

① 范志勇：《开放条件下中国货币政策的选择》，中国人民大学出版社 2009 年版，第 255—259 页。

② 即工人在与企业签订工资合同时不受汇率变动损失权重的影响。

格和汇率进行调整。在政府对产出缺口的敏感程度无穷大的条件下，非贸易品价格必须高于预期价格，才能弥补汇率政策调整带来的冲击，但非贸易品定价过高会造成福利损失，因此出现汇率和通货膨胀率的政策替代。

将静态预期和产出缺口为零的假设代入（5.2.4）式，可以得到当期的福利损失表达式：

$$L_t = (\lambda \delta^2 + \gamma)(e_t - e_{t-1})^2 \qquad (5.2.5)$$

给定前期汇率水平，政府政策目标即根据 γ 的大小确立汇率变动幅度，最小化政府的福利损失。因此，由于"害怕浮动"（fear of floating）效应的存在，新兴经济体的货币政策和汇率政策往往存在相互替代。

（二）汇率价格传递与通货膨胀目标制

汇率变动直接影响进出口价格，进口原材料的价格变动将影响国内生产成本，进而影响一般价格水平。汇率的价格传递效应，即名义汇率变动一个单位对一国可贸易商品的进出口价格和国内物价总水平的影响程度。由于新兴经济体的企业在生产中面临投入品的国内生产和国外进口存在较大差异，因此中间产品的进口规模相对较大，汇率的变动会迅速传递到国内价格水平上，汇率的价格传递效应在新兴经济体较大。Ho 和 McCauley（2003）认为相对于东亚的新兴经济体来说，由于拉美国家普遍经济开放度较低，汇率的传导效应会更大。而对于那些有着饱受汇率变动引起高通货膨胀历史的拉美国家来说，这一效应会被放大（Eichengreen，2002）。

尽管对于不同规模的国家汇率传递效应强度存在差异，但在不断开放的经济条件下，可贸易的工业制成品种类增多，一国价格总水平满足一价定律，出现向国际价格并轨的趋势。通货膨胀惯性、进口商品的比重、汇率波动性以及市场条件都是影响汇率传递效应的主要因素。对不同价格指数而言，汇率的价格传递效应强度不同。首先进口价格受到的影响程度最大，其次是生产者价格指数，最后是消费者价格指数。

汇率升值和贬值造成的价格变动存在非对称性。一般情况下，汇率升值对进口价格的传递程度弱于贬值时的影响，但 BIS（2007）调查显示对巴西而言，雷亚尔升值时的价格传递效应却强于贬值时期。Goldfajn 和 Werlang（2000）对 71 个国家 1980—1998 年汇率贬值对通货膨胀的传递效应进行了实证分析，巴西 12 个月的传递系数为 0.18，高于泰国、马来西亚等新兴经济体。

汇率升值以及高估会影响长期内的经济增长率，即使浮动汇率制度能够在中长期内对一国汇率的高估进行纠正，但在自由市场力量下，这种"自动纠正"引起的宏观经济不稳定和高成本极易造成国际收支失衡、高利率、通货膨胀以及实际 GDP 的降低[1]。此外，汇率的升值预期将改变实体经济与虚拟经济之间的均衡条件，造成中央银行货币政策无法实现钉住通货膨胀的政策目标，造成货币政策有效性减弱[2]。

20 世纪 90 年代在新兴经济体爆发的汇率危机，使众多国家从汇率钉住过渡到通货膨胀目标制货币政策。Ball（2000）认为除非货币政策规则中存在汇率因子，纯粹的通货膨胀目标制将不会十分有效。通货膨胀目标制被认为可以有效地降低汇率的传递效应：首先，通货膨胀目标制降低了通胀率的平均水平，价格的名义黏性使汇率传递作用降低（Campa 和 Goldberg，2005；Dubravko，2008）；其次，通货膨胀目标制提高了中央银行的政策可信度，成功降低了通货膨胀预期，汇率变动对通货膨胀预期的影响程度降低（Mishkin 和 Savastano，2001；Eichengreen，2002）；最后，通货膨胀目标制后，新兴经济体"害怕浮动"的程度降低。

二　巴西的汇率变动与通货膨胀

开放经济中，汇率成为货币政策的重要传导机制。汇率贬值和升值都会对通货膨胀产生影响。在通货膨胀目标制确立初期，巴西经济遭受到国内国外双重冲击，雷亚尔受到巨大压力。中央银行采取了相关政策以降低汇率贬值和价格管制对通货膨胀率的影响，汇率成为货币政策的目标内容。此后汇率贬值对通货膨胀的影响程度在减轻。当考虑信贷市场时，汇率升值预期将导致通货膨胀目标难以实现。

（一）汇率价格传递效应

根据第三章的研究结论，通货膨胀目标制可以有效降低汇率贬值对国内价格传递的影响程度。对于巴西来说，情况确实如此，汇率的价格传递

---

[1]　Dornbusch, R., "Overvaluation and Trade Balance", *The Open Economy: Tools for Policymakers in Developing Countries*, Dornbusch R., Leslie C. H. and F. Helmders, eds., Oxford University Press, 1988.

[2]　向松祚、邵智宾编著：《伯南克的货币理论和政策哲学》，北京大学出版社 2008 年版，第 43 页。

效应在 1999 年之后在减弱。

1. 理论模型

根据 Junior（2007）年的研究方法，从企业角度入手，建立具有微观基础的以进口价格为基础的汇率传递模型。假设外国厂商生产的全部商品出口到本国，该厂商的静态最优化方程为：

$$\max \ profit = \frac{1}{e}pq - C（q） \qquad （5.2.6）$$

厂商的利润以外币计价，e 表示汇率（直接标价法），p 是商品的国内价格（本币计价），q 是商品的产量，C 是基于产量的成本函数。对（5.2.6）式求导可以得到利润最大化的一阶条件：

$$p = eC_q\mu, \ \mu = \frac{\eta}{1 - \eta} \qquad （5.2.7）$$

C_q 是边际成本，μ 代表成本加成定价方式，由价格的需求弹性（η）决定。根据一阶条件可知，以本币计价的产品价格受到汇率变动、成本加成定价以及外国厂商生产成本的影响。假设外国厂商的成本和加成定价行为独立于汇率变动，可以得到（5.2.7）式的对数线性化方程变形：

$$p_t = \alpha + \lambda e_t + \beta p_t^* + \phi y_t + \varepsilon_t \qquad （5.2.8）$$

（5.2.8）式中，p_t^* 和 y_t 分别代表出口商的边际成本和进口国的需求，λ 就是汇率的传递系数。Junior 对该式进行变形，结果是后顾形式的菲利普斯曲线：

$$\Delta p_t = \alpha + \gamma \Delta p_{t-1} + \lambda \Delta e_t + \beta \Delta p_t^* + \phi \Delta y_t + \varepsilon_t \qquad （5.2.9）$$

通常，总价格水平和汇率变动均为非平稳序列，差分形式可以提高平稳性，而价格水平的一阶差分就是通货膨胀率。对于存在高通货膨胀历史的国家来说，通货膨胀惯性对于通货膨胀的动态产生一定影响。大多数研究中，用一国的产出水平对需求进行近似，具有合理性。

2. 数据选取和格兰杰因果检验

根据巴西的实际情况，本节选取 IPCA 通货膨胀率指数作为价格变量，选取国际清算银行广义形式的名义有效汇率指数作为汇率变量①。所有数据均采用月度数据，自 1999 年 7 月以来通货膨胀率和名义有效汇率

———————

① 利用实际有效汇率进行检验的结果大体一致。

变动的关系如图5—3所示。根据该图可以看出2002—2008年以及2012—2014年通货膨胀率和名义有效汇率的变动大体保持了同步性，而在通货膨胀目标制刚确立时期以及全球金融危机时期两个变量的变动趋势出现偏离。

图5—3 1999年7月至2014年12月巴西的通货膨胀率

（左轴）和名义有效汇率变动（右轴）

资料来源：巴西中央银行和国际清算银行。

对通货膨胀率和汇率变动进行ADF单位根检验和Johansen协整关系检验，结果如表5—2所示，两个序列均为平稳序列。而根据迹统计量和最大特征值检验，在5%的显著性水平下，通货膨胀率和名义有效汇率变动之间存在协整关系。

表5—2　　　　　　　　汇率变动和通货膨胀的单位根检验

变量	检验形式	ADF统计量	临界值			结论
			1%	5%	10%	
IPCA	(C, 0, 1)	-3.362	-3.466	-2.877	-2.575	平稳
ΔE	(0, 0, 1)	-4.404	-2.577	-1.943	-1.616	平稳

注：检验形式（C，T，N）分别表示ADF检验方程是否含有常数项、时间趋势项和方程的滞后阶数。其中，滞后阶数由SC准则确定。

变量之间存在协整关系说明至少存在一个方向上的格兰杰因果关系。检验结果如表5—3所示，通货膨胀目标制后，巴西名义有效汇率的变动可以引起通货膨胀，而通货膨胀并不是汇率变动的格兰杰原因。这一结果与Junior（2007）的研究相一致，巴西名义有效汇率变动会造成通货膨胀压力。

表5—3　　　　　　　汇率变动和通货膨胀的格兰杰因果关系检验

原假设	F 统计量	P 值	结论
通货膨胀不是汇率变动的格兰杰原因	0.33	0.72	接受原假设
汇率变动不是通货膨胀的格兰杰原因	12.98	0.00	拒绝原假设

3. 实证检验

对于汇率对通货膨胀传递效应的检验可以使用自回归分布滞后模型（ADL），该模型可以有效识别短期内和长期内的传递系数大小。根据（5.2.4）式，名义汇率变动、通货膨胀惯性、进口价格通货膨胀率以及产出增长都会影响国内的价格水平。因此ADL模型采取如下形式：

$$\Delta p_t = \alpha + \sum_{k=1}^{n} \gamma_k \Delta p_{t-k} + \sum_{k=0}^{n} \phi_k \Delta y_{t-k} + \sum_{k=0}^{n} \lambda_k \Delta e_{t-k} + \sum_{k=0}^{n} \beta_k \Delta p_{t-k} + \varepsilon_t$$

（5.2.10）

其中，n是各个变量的最大滞后期数，p是巴西的通货膨胀率，y是经济增长率，e是名义有效汇率的变动，p^*是外国价格水平的通货膨胀率，用IMF的全球初级产品价格代替[①]。根据Junior的研究，汇率传递效应由滞后的各项汇率变动对通货膨胀影响因素之和来确定。短期效应是指汇率贬值后不超过1期对价格水平上升的影响，长期效应则是所有影响系数之和，系数为$\sum_{k=0}^{n} \lambda_k (1 - \sum_{k=1}^{n} \gamma_k)$。

模型所用数据除p^*来自IMF外，其余均来自巴西中央银行。估计方法遵循从一般到特殊的建模过程。实证结果表明（表5—4）通货膨胀目

---

① 在第三章的研究中，IPC价格被认为是影响巴西通货膨胀率的主要原因，因此这里取IPC作为外国通货膨胀的代理变量。

标制后，汇率传递在巴西的效果无论从短期效应还是长期效应来看，均在减弱。这一结论说明巴西在货币政策改革以及采用浮动汇率制度后，汇率变动对国内通货膨胀影响的风险程度在降低。

表5—4　　　　　　　　　巴西汇率传递效应的实证检验

时间区间	短期效应	长期效应
1995.7—1999.6	0.109 * (0.056)	0.980 * (0.548)
1999.7—2014.12	0.029 * (0.003)	0.659 * (0.861)

注：*代表10%的显著性水平，括号内为标准差。

（二）汇率升值预期与通货膨胀目标[①]

开放经济条件下，国际金融市场充斥着大量可以自由流动的资本，充足的流动性以及全球经济"大缓和"时期以来新兴经济体良好的经济增长前景使大量资本流入这些地区，尤其在全球金融危机后，发达国家经济衰退，新兴经济体受到国际资本的热捧。以巴西为代表的高利率国家吸引了大量国际资本，结果造成这一时期的雷亚尔存在长期升值的趋势。Nassif等（2011）利用结构主义凯恩斯方法对1999—2011年巴西的实际汇率进行了研究，发现2004年巴西的汇率水平达到了长期最优状态，此后雷亚尔一直被高估，2011年4月，雷亚尔被高估程度达到80%[②]。

虽然从理论上讲，本币升值将有助于巴西进口商品和出口商品的国内价格下降，并且有利于通货膨胀目标的实现[③]；但是，当实际汇率升值高于最优水平时，实体经济和虚拟经济之间的矛盾以及存在菜单成本等因素

---

① 本部分内容的研究参考向松祚、邵智宾编著《伯南克的货币理论和政策哲学》，北京大学出版社2008年版，第43—55页。

② Nassif, A., C. Feijó and E. Araújo, "The Long-Term 'Optimal' Real Exchange Rate and the Currency Overvaluation Trend in Open Emerging Economies: The Case of Brazil", *UNCTAD Discussion Papers*, No.206, 2011, p.2.

③ 根据Barbosa-Filho（2008）的研究，巴西在采取通货膨胀目标制初期通货膨胀率的降低首先得益于雷亚尔的升值。

造成的价格刚性，将造成本币升值对物价下跌的影响力度被减弱，尤其在2008 年全球金融危机后，发达国家遭遇增长困境，采取量化宽松货币政策导致全球流动性过剩，全球资本迅速向新兴经济体转移。全球流动性通过影响国际初级产品价格对新兴经济体的货币产生影响，造成"初级产品货币"① 持续升值。对于巴西来说，汇率长期升值和高估以及资本流动加剧使该国同时稳定通货膨胀率和汇率的目标出现冲突。

　　全球经济"大缓和"时期，金融工具创新速度加快，资本大规模流动，实体经济与虚拟经济在这一背景下表现出越来越严重的分离，国际资本流入可以进入国内信贷市场，造成总需求的扩张。向松祚（2008）针对伯南克的"灵活通货膨胀目标制货币政策"提出了汇率持续升值预期条件下的货币政策两难，认为在这种情况下，中央银行钉住通货膨胀率的货币政策目标无法实现。该模型将实体经济与虚拟经济区别开，假设价格灵活变动，经济处于潜在增长率，收入分配不存在帕累托改进；实体经济和虚拟经济市场上资产数量无限，因此，两个市场的局部均衡由各个经济主体资产组合来决定。实体经济均衡的决定力量是实际利率，而虚拟经济均衡则由名义利率决定。根据无抛补的利率平价（1.3.4）式，开放条件下，国内名义利率与国外名义利率之差等于汇率的升值幅度。

　　根据图5—4，在预期通货膨胀率（π）和预期汇率升值幅度（ΔE）坐标区间内，RR 线和 VV 线分别代表实体经济市场和虚拟经济市场。当存在升值预期时，名义利率有下降倾向，为维持实际利率不变（实体经济平衡），名义利率下降，实体经济出现通货紧缩预期，因此预期通货膨胀率与预期汇率升值幅度负相关；同时，为维持名义利率不变（虚拟经济平衡），要求实体经济出现通货膨胀预期，因此预期通货膨胀率与预期汇率升值幅度同向变动。假设经济在 A 点达到均衡，预期汇率与实际汇率相等，预期通货膨胀率等于实际通货膨胀率。

---

① 根据 da Silva 和 Harris（2012）的定义，"初级产品货币"（Commodity Currencies）是指其价值与石油等初级产品联系紧密的货币，例如澳元、加拿大元、巴西雷亚尔和智利比索等。这些国家均是典型的初级产品出口国。

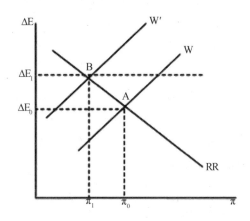

图5—4　汇率升值预期下的宏观经济政策效果

如果一国货币受到外部冲击，出现升值预期，汇率会从 ΔE_0 升值到 ΔE_1，名义利率会因此而调整。实体经济和虚拟经济市场上的不同资产将会根据利率调整速度的不同而产生调节差异，虚拟经济市场会迅速做出反应，而实体经济市场则会出现滞后。升值预期首先使 VV 线向左移动，在 B 点达到新的局部均衡。此后，实体经济开始调整，RR 线也会左移。当汇率升值预期稳定在 ΔE_1，一般均衡将落在 B 点和 ΔE_1 的连线之上。汇率升值预期将导致实体经济和虚拟经济的相互背离，直到升值预期逆转。此时，中央银行难以实现通货膨胀目标。假设中央银行的通货膨胀目标是 π_0，汇率升值预期意味着 VV 将左移至 VV′。中央银行为实现两个市场的均衡，必须同时抑制虚拟经济和扩张实体经济，即 VV 线与 RR 线需反向移动，但事实上只要汇率升值预期存在或资产价格预期仍将上涨，实体经济与虚拟经济的背离将长期持续。因此在汇率长期升值预期下，两个市场的背离将造成资产价格泡沫，通货膨胀目标无法实现。

巴西在 2003 年之后确实遇到了这样的困境，汇率升值使通货膨胀目标的实现受到其他因素的影响，为维持汇率稳定巴西中央银行进行了外汇的冲销干预，结果造成总需求的扩张，通货膨胀压力进一步加大[1]。

---

[1]　尤其在2005—2007 年，巴西面临着资本流入激增、通货膨胀压力加大和货币升值的"三难"困境。

进入 21 世纪，国际宏观经济环境改善带来的初级产品出口收入的大幅度增加以及良好的宏观经济增长前景，再加上长期以来的高利率，吸引了大量的国际资本流入巴西，流入信贷市场的资本造成了总需求的增加①。此外，巴西的外汇储备积累不断扩大，雷亚尔形成长期升值趋势，而这些均为通货膨胀目标的实现带来了风险。首先，外汇储备增加将使中央银行进行冲销干预，避免国内价格水平受到冲击。由于巴西利率较高，冲销干预的成本变得非常高昂，2004—2010 年年均成本为 GDP 的 1.4%②。其次，对资本流入进行冲销，不论中央银行采取扩大基础货币还是减少国内信贷资产持有等方式为购买外国资产进行融资，在通货膨胀目标制和存在信贷的货币政策传导机制下，国内流动性均会增强，总需求将被扩大。最后，全球金融危机后，巴西在 2010 年实现了 7.5% 的增长反弹，国际资本大量流入，雷亚尔大幅升值。巴西继续采取了反周期的、积极的宏观经济政策，造成国内需求膨胀。

巴西在货币升值时期经历了汇率升值预期和通货膨胀目标不兼容的问题，由于存在信贷市场，即使冲销政策可以防止雷亚尔过度升值，但却会使经济出现过热和通货膨胀。因此巴西应该采取紧缩性的财政和货币政策，防止经济膨胀和物价上涨。而巴西在全球金融危机前试图利用降低国内利率的方法减少资本流入，结果造成国内资本市场的进一步扩张；全球金融危机后积极的财政和货币政策使宏观经济政策空间变得更加有限。

三　外汇市场干预与维持汇率稳定

在一些市场经济发展程度较为成熟的国家，货币政策由中央银行制定，汇率政策的制定权属于财政部③。但是，在巴西，货币政策和汇率政策制定均属于巴西中央银行的职责范围。由于巴西的通货膨胀目标制货币政策以经济稳定为政策的首要目标，因此当汇率变动威胁到通货膨胀目标

---

① Garcia, G. P. M. , "Can Sterilized FX Purchases under Inflation Targeting be Expansionary?", *Working Paper*, 2013.

② Credit Suisse, *Brazil Economics Digest*, October 20, 2011. Available at http：//www. credit - suisse. com/researchandanalytics.

③ Hunpage, O. F. , "Government Intervention in the Foreign Exchange Market", *Working Paper*, No. 15, Federal Reserve Bank of Cleveland, 2003.

或者外汇市场条件发生异常时，巴西中央银行会对外汇市场实施干预措施，保证通货膨胀目标的实现[1]。

Souza 和 Hoff（2006）利用 Calvo-Reinhart "害怕浮动指数"对巴西1999 年 1 月—2005 年 12 月汇率干预进行了实证研究，结果发现巴西对汇率干预超过浮动区间上下 2.5 个百分点的频率为 52%，高于拉美地区27% 的平均水平。Novaes 和 Oliveira（2007）认为巴西汇率波动高度异常时期中央银行的干预行为并不十分有效，而 Stone 等（2009）认为巴西外汇市场的干预措施在市场处于困境时能够稳定汇率波动的预期。Gnabo 等（2010）研究了通货膨胀目标制下巴西货币政策和中央银行的外汇市场干预，实证结果表明巴西中央银行在外汇市场上的干预政策相对独立，干预的依据是中期汇率目标。当汇率波动率提高一个单位时，巴西中央银行对外汇的平均购买会达到 2000 万美元，并且存在升值和贬值时期政策的非对称性。Garcia（2013）证实巴西对外汇的冲销干预措施由来已久，而 de Paula 等（2011）则指出自 20 世纪 60 年代以来巴西就通过立法的方式对资本流动进行管制。

虽然 1999 年之后，汇率价格传递效应在巴西的影响程度逐渐减弱，但巴西中央银行仍然存在平滑短期汇率波动以实现通货膨胀目标的动机。巴西外汇市场上的干预措施主要包括直接干预以及汇率互换，根据 Barroso（2014）的研究，无论在线性模型还是非线性模型下，巴西中央银行在现货市场上买进或卖出 10 亿美元，雷亚尔的平均贬值或升值幅度为0.51%，而利用汇率互换等衍生品进行的雷亚尔币值干预效果低于这一结果。此外，汇率互换将造成公共部门面临的外汇风险大幅提高[2]。因此在2003 年宏观经济形势稳定之后，干预措施变得不再频繁，中央银行以积累外汇储备和熨平现货市场上汇率的异常波动为主要目标[3]。当中央银行希望雷亚尔币值稳定时，会利用货币互换出售或购买美元稳定汇率。

---

① 牛筱颖：《通货膨胀目标制：理论与实践》，社会科学文献出版社 2007 年版，第 84 页。

② 汇率互换采取巴西中央银行支付给契约持有者汇率波动（雷亚尔/美元）和本国在岸美元利率两个部分的收益，获取银行间累积的单日利率。

③ Gnabo, Jean-Y, L. de Mello and D. Moccero, "Interdependencies between Monetary Policy and Foreign Exchange Interventions under Inflatin Targeting: The Case of Brazil and the Czech Republic", in *International Finance*, Vol. 13, No. 2, 2010, pp. 195 – 221.

自 2003 年以来全球初级产品价格快速上涨，巴西作为重要的初级产品出口国积累了大量外汇储备，雷亚尔不断升值。全球金融危机后，国际资本大量涌入前景向好的新兴经济体，巴西的高利率吸引了大量国际投机资本。为防止资本流入造成金融不稳定，巴西从 2010 年 10 月开始对流入股票市场以及购买固定收益基金的外国资本征收 2% 的"托宾税"。2011年 1 月，规定外汇现货市场上超过 30 亿美元的短期头寸的 60% 需存入中央银行，并且不支付任何利息，7 月这一门槛降低至 10 亿美元[①]。但是从2011 年 6 月起，巴西经济增长乏力，国内通货膨胀屡破上限，雷亚尔进入持续贬值区间，2011 年雷亚尔兑美元汇率贬值 12.7%。到了 2013 年，美国经济率先实现复苏，美联储退出 QE 政策预期造成市场恐慌，巴西雷亚尔币值的稳定也受到了影响。2013 年 5—8 月雷亚尔兑美元从 2.143∶1贬值到 2.38∶1，贬值幅度达到 11.06%，而 2013 年 8 月巴西的美元外汇净流出达到 58.5 亿美元，成为自 1998 年以来单月美元最大净流出。巴西中央银行随即对雷亚尔币值的稳定进行干预，每天出售 5 亿美元的货币远期合约。2013 年 12 月单日卖出美元远期合约总量降低到 2 亿美元，但巴西中央银行并没有停止该计划（如图 5—5）[②]。

巴西利用互换等工具在外汇市场的干预能够影响汇率水平。Andrade和 Kohlscheen（2014）认为巴西实行的货币互换能够影响雷亚尔变动幅度达到 0.33 个基点，Barroso（2014）则认为巴西央行买入（或卖出）10 亿美元将造成雷亚尔贬值（或升值）0.51%。Chamon 等（2015）利用综合控制方法对 2013 年下半年以来巴西中央银行在外汇市场的干预措施进行了有效性检验，实证结果表明干预初期效果比较显著，但是当中央银行缩减每日互换交易量并延长干预期限后，巴西汇率的变动并不明显，即其有效性在降低，造成这一结果的原因可能是市场已经产生了适应性预期。虽然对汇率稳定的政策干预需要更加规范的分析，但巴西 2010 年以来的实践证明中央银行在外汇市场的干预和宏观审慎监管有助于在通货膨胀目标

---

① da Silva L. A. P. , and R. E. Harris, "Sailing through the Global Financial Storm: Brazil's Recent Experience with Monetary and Macroprudential Policies to Lean Against the Financial Cycle and Deal with Systemic Risks", *Banco Central do Brasil*, *Working Papers*, No. 290, 2012.

② Garcia, M. and T. Volpon, "DNDFs: a More Efficient Way to Intervene in FX Markets?", *Working Paper*, 2014.

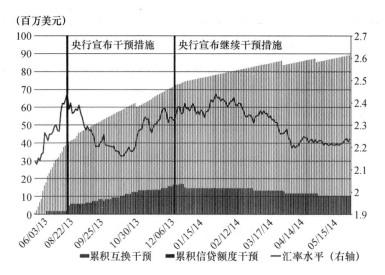

图5—5　美联储 QE 退出预期影响下的巴西外汇市场干预

资料来源：Chamon，M.，M. Garcia and L. Souza，"FX Interventions in Brazil：a Synthetic Control Approach"，*Working Paper*，2015，p.3。

制下实现对汇率的平滑[1]。

第三节　开放度风险与通货膨胀目标制

20 世纪末期，经济全球化和金融衍生品的迅速发展使世界各国货币政策的实施环境面临重要约束。国际贸易和资本流动规模不断扩大，各国货币政策的溢出效应逐渐增强，这些都对新兴经济体稳定国内价格水平的通货膨胀目标制货币政策带来了一定的考验。全球金融危机的爆发和全球蔓延说明，没有任何一个国家能够在全球经济相互联系的大环境下独善其身。巴西自独立起就已经被纳入世界经济的运行轨道之中。全球经济大缓和时期，巴西依靠初级产品的出口积累了大量外汇储备实现了经济的高增长。但是 2011 年以来紧缩性货币政策的效果却不尽如人意，通货膨胀高企，经济增长速度下滑，甚至出现负增长。

---

[1]　Agénor，Pierre-R. and L. A. P. da Silva，"Inflation Targeting and Financial Stability：A Perspective from the Developing World"，*Banco Central do Brazil*，*Working Papers*，No. 324，2013，p. 65.

一 经济开放与货币政策效果

研究开放经济条件下宏观经济政策有效性的蒙代尔—弗莱明模型，是对经济开放度和货币政策效果问题进行研究的理论基础。Rogoff（2004）研究了开放经济的产出和通货膨胀关系，认为工资和价格弹性升高降低了扩张性货币政策的产出效果。在开放经济条件下，一国通过贸易和金融两个渠道与世界经济建立联系，因此经济的开放程度由贸易开放度和金融开放度两部分组成。

（一）贸易开放度角度

不同学者对贸易开放度的衡量方式和方法存在差异，分为价格型和数量型两大类。价格型贸易开放度指标建立在出口和进口商品的价格基础上，最简单的衡量方式是贸易条件，即出口价格与进口价格的比价。其他价格型贸易开放度指标均以此为基础。Dollars（1992）对原始贸易条件进行了修正，建立了实际价格与开放条件均衡价格的偏离程度刻画贸易开放度。根据"一价定律"，如果不存在贸易壁垒，同一商品的价格在世界任何地方应该相同。因此，相同商品在不同国家的实际价格之比可以衡量该国的相对贸易开放程度。Dollars 指数的计算公式与实际汇率的计算公式相同，因此也被称为"实际汇率扭曲指数"，即实际汇率与贸易开放程度成反比。该指数的适用性在实践中受到质疑，因此 Dollars 又将其改进为"实际汇率变动指数"，通过计算实际汇率在时间区间内的标准差衡量贸易开放程度，效果同样受到质疑。数量型贸易开放度指标的基础是一国的对外贸易依存度，由进出口贸易总额与 GDP 的比值来衡量，又可以进一步划分为进口依存度和出口依存度。由于外贸依存度与人口数量、经济总量等因素直接相关，不同经济规模的国家之间外贸依存度的比较会失去合理性，因此出现一些对外贸依存度指标的修正，例如用购买力平价计算经济总量、将刚性进口商品从贸易总额中扣除等。此外，还有研究从贸易政策，主要是关税措施角度衡量贸易开放度。这些指标包括非关税覆盖率[①]和非关税使用率[②]等。

---

① 受关税政策措施影响的进口额占总进口额的比重。

② 样本期内运用非关税措施的频数或者频率。

Romer（1993）对外贸依存度衡量的经济开放度与通货膨胀之间的关系进行研究发现，未预期到的扩张性货币政策在开放度高的国家产生的本币贬值效应更强，通货膨胀恶化的风险更大。Karras（1999）利用对外贸易依存度指标对贸易开放和通货膨胀的影响进行了实证分析，结果表明贸易开放度的变动与通货膨胀率的变动成反比。Gruben 和 Mcleod（2002）在 Romer 的研究基础上同样发现开放度的提高将有效降低通货膨胀。黄新飞（2011）利用存在货币冲击的 Dornbusch 模型证明了通货膨胀率与贸易开放度之间的反向关系，未预期的正向货币政策冲击将产生通货膨胀缺口，结果是社会福利增加，政府收益提高，贸易开放度越高，政府收益越小，因此政府会倾向于保证较低的通货膨胀率。

（二）金融开放度[①]角度

金融开放度指一国金融的对外开放，主要是指金融市场自由和资本账户开放。Huang（2006）将金融开放定义为允许外来权益所有者进入本国资本市场的过程。金融市场开放指一国融入（Integration）全球金融市场的程度，狭义上仅代表外国资本可以自由流入，广义上则包括本国资本的自由流出。资本账户开放指对资本的国际流动和交易不进行干预及废除可能产生交易成本的政策措施。资本账户开放的度量方法包括法定开放（De jure）和事实开放（De facto）两种形式。其中，法定开放程度主要由国际货币基金组织公布[②]，利用完全开放和不开放两个级别对各国资本账户进行分类，显然这一方法并不精确。Quinn 和 Toyoda（2002）利用 IMF 法定开放指标为基础，将 0—1 指标体系扩展到 0—4，并且将时间跨度缩短为 0.5，从 0 到 4 开放程度逐渐提高。OECD[③] 则使用外国直接投资、资本准入和证券市场交易等 11 个指标对资本账户开放程度进行了衡量。基于利率平价理论的利差测度法也是衡量资本账户开放的重要标准。

金融开放的事实指标则利用利差、国际资本流动和国内投资率与储蓄率组合来表示开放度。此外，随着各国融入全球经济的程度逐步加深，外

---

① 金融开放度与金融自由化不同，后者在包括前者的所有内容外，还包括一国国内金融部门的放松管制和自由化。

② Annual Report on Exchange Arrangement and Exchange Restrictions.

③ OECD 公布资本流动自由化年报。

国直接投资还会通过贸易替代和贸易创造等效应影响一国的国际贸易，使贸易开放与金融开放产生相互作用（Hill，1990；Portes 和 Rey，2003）。如果用利差表示金融开放度，当金融市场完全开放且不存在交易成本的情况下，国家之间的利率水平应该相等。如果用资本市场和货币市场的伙计融入衡量金融开放度，则可以使用一国对外债权及债务总额占当年 GDP 的比重来表示金融开放程度（de Paula 等，2011）。

金融开放度越高，资本流动的波动性就越大，越容易产生短期投机资本流入逆转的风险。一旦发生资本流入逆转，借款者将面临"流动性危机（liquidity runs）"造成的高成本，一国短期债务占外汇储备的比例越高，危机造成的影响越严重[①]。危机将对银行部门和金融体系造成负面影响，而国内信贷部门将遭受最严重的打击。

二　巴西开放战略的选择与通货膨胀

巴西自 2003 年卢拉总统执政以来，对外经济发展战略以实行贸易保护主义和积极吸引外资流入为特点，罗塞夫政府并未对这一模式进行改变。目前，该模式已成为巴西通货膨胀高企的结构性原因。

（一）巴西经济的开放性特征

根据第一章的定义，开放经济的特征以贸易自由化和金融自由化两个方面为主要体现。

"失去的十年"之后，拉美国家开始主动改变以进口替代工业化为主的内向型经济发展战略。1991 年以签订《亚松森条约》和随后建立南方共同市场为契机，巴西出现了市场开放势头。进入 21 世纪，全球经济的大缓和帮助巴西改善了贸易条件，全球对巴西农矿初级产品的大量需求使出口增加，巴西对外贸易呈现出相对活跃的特点[②]。但是，从贸易开放度指标来看，巴西依然是拉美地区最不开放的国家。根据图 5—6 所示，按照月度数据计算的巴西贸易开放度自采取通货膨胀目标制以来出现过三次

---

① Chang，R. and A. Velasco，"Liquidity Crises in Emerging Markets：Theory and Policy"，*NBER Macroeconomics Annual*，edited by Bernanke B. and J. Rotemberg，MIT Press，2000.

② 吴国平、王飞：《浅析巴西崛起及其国际战略选择》，《拉丁美洲研究》2015 年第 1 期，第 31 页。

较大幅度且持续时间较长的下降，分别是 2002 年下半年至 2003 年中期、2008 年 7 月至 2010 年初以及 2014 年 7 月以来。这三段时期恰好代表了"信任危机"、全球金融危机以及"技术性衰退"三个时间区间，也是新世纪以来巴西经济发展的标志性时期。因此，每当经济发展遭遇困难时，巴西倾向于采取贸易保护主义，对进出口进行控制，贸易开放度下降。

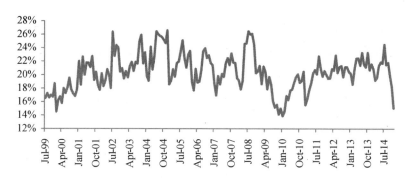

图 5—6　1999 年 7 月至 2014 年 12 月巴西的贸易开放度

资料来源：根据巴西中央银行数据计算得到。

金融开放度方面，20 世纪 90 年代拉美国家普遍开始开放资本账户，其最重要原因和目标就是吸引外资，解决自债务危机以来外资流入持续下降的困境。其中，扩大吸收外国直接投资以及允许外国直接投资进入所有非战略部门，是资本账户开放的主要内容之一。资本项目开放后，国内外利差较大导致了资本流入规模的不断扩大。外国直接投资流入可以影响一国的国际收支和国内投资，并通过货币供应量等渠道对国内价格水平产生影响。首先，FDI 流入时，本国货币将面临升值压力，结果是国际收支顺差和外汇储备增加，国内货币供应量增加和物价总水平的上涨；其次，FDI 流入和贸易开放度之间存在同向变动趋势，而贸易开放度的提高将造成输入性通货膨胀风险加大；最后，一国国际收支的平衡由经常账户与资本和金融账户协调，资本和金融账户盈余将伴随着贸易赤字，进口需求迅速膨胀则会引起国内物价水平的提高。

巴西从 20 世纪 60 年代后期开始了广泛吸收外国直接投资的进程。由于对外资企业实行国民待遇，巴西成为拉美地区主要的 FDI 吸收国。根据联合国拉美经委会的数据，巴西的外国直接投资净流入总量多年来一直位于拉美地区首位。卡多佐政府时期执行雷亚尔计划后，高利率和高汇率造成国际收支失衡，经常账户赤字主要依靠外部融资来弥补。2000—2003年巴西吸收的 FDI 规模出现萎缩，2003 年只有 129 亿美元。到了卢拉政府时期，全球宏观经济形势持续好转，再加上巴西积极吸引外资的政策，FDI 流入量迅速增加，并于 2008 年达到 447 亿美元，成为全球第八大 FDI 吸收国，也创下自 1947 年以来该国吸收 FDI 的最高纪录。全球金融危机使巴西吸收的 FDI 总量在 2009 年下降到 265 亿美元，但随后在 2010 年恢复到 511 亿美元，增长率达到 92.8%，2011 年又增长到 680 亿美元。2012 年流入巴西的 FDI 总量占拉美地区总流入的 41%，达到 651 亿美元[①]。

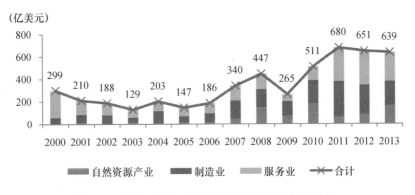

图 5—7　2000—2013 年巴西 FDI 流入及部门间差异

资料来源：2005—2012 年数据来自 ECLAC，*Foreign Direct Investment in Latin America and the Caribbean* 2013，June 2014，p. 51。2000—2004 年数据来自 ECLAC，*Foreign Direct Investment in Latin America and the Caribbean* 2007，June 2008，p. 73。

根据图 5—7 还可以看出，与 FDI 进入其他拉美国家以初级产品部门和采掘业部门为主不同，流入巴西的 FDI 主要进入制造业和服务业部门。2000 年，巴西共吸收 FDI 达到 298.76 亿美元，其中 80% 进入服务业部门，17% 进入制造业部门。此后，服务业部门吸收 FDI 的能力虽有所下降，但在大多数年份保持在 40% 左右，而制造业部门对 FDI 的吸收自

---

① 吴国平、王飞：《浅析巴西崛起及其国际战略选择》，《拉丁美洲研究》2015 年第 1 期，第 31 页。

2003 年开始一直稳定在 40% 以上。

（二）实证检验

根据理论和巴西的现实，建立含有 FDI、贸易开放度和金融开放度等变量在内的向量自回归模型，利用月度数据，对各个变量之间的长期和短期关系进行分析。

1. 数据选取和平稳性检验

为保证样本容量足够大，选取 1999 年 7 月—2014 年 12 月的月度数据对 FDI 流入、贸易开放度和金融开放度与巴西通货膨胀率之间的关系进行实证分析，样本容量为 186。当前，美元依旧是国际贸易的主要结算货币，FDI 流动同样以美元计价，再加上汇率是开放经济条件下重要的通货膨胀传导渠道，因此在计算 FDI 流入和贸易开放度时将雷亚尔兑美元的汇率（直接标价法）纳入模型中，变量的计算公式为：

$$外商直接投资（FDI）= 外商直接投资净流入额 × 名义汇率$$

$$贸易开放度（TO）= \frac{进出口贸易总额}{名义 GDP}$$

$$金融开放度（FO）= 巴西 SELIC 利率—美国联邦利率$$

以上数据来源于巴西中央银行、美国统计局以及联合国 Comtrade 数据库。首先，为避免出现异方差，对所有数据进行了取对数处理；其次，为避免出现伪回归，利用单位根检验对数据的平稳性进行检验；最后，在数据通过平稳性检验的基础上利用协整分析和误差修正模型对各个变量与通货膨胀率之间的短期和长期动态关系进行实证研究。利用 ADF 方法对数据平稳性检验的结果如表 5—5 所示。

表 5—5　　　　　巴西开放度风险与通货膨胀单位根检验结果

变量	检验形式	ADF 统计量	临界值			结论
			1%	5%	10%	
FDI	（C，0，3）	-2.528	-3.466	-2.877	-2.575	不平稳
FO	（C，0，1）	-2.39	-3.466	-2.877	-2.575	不平稳
IPCA	（C，0，2）	-2.756	-3.466	-2.877	-2.575	不平稳
TO	（C，0，1）	-2.13	-3.466	-2.877	-2.575	不平稳

变量	检验形式	ADF 统计量	临界值			结论
			1%	5%	10%	
差分形式						
D（FDI）	（0，0，2）	－14.156	－2.577	－1.942	－1.616	平稳
D（FO）	（0，0，0）	－5.304	－2.577	－1.942	－1.616	平稳
D（IPCA）	（0，0，0）	－6.888	－2.577	－1.942	－1.616	平稳
D（TO）	（0，0，0）	－18.721	－2.577	－1.942	－1.616	平稳

注：检验形式（C，T，N）分别表示 ADF 检验方程是否含有常数项、时间趋势项和方程的滞后阶数。其中，滞后阶数由 SC 准则确定。

根据表 5—5 可以看出，FDI 序列在 5% 的显著性水平下、其余变量在 10% 的显著性水平下存在单位根，序列不平稳。对各个变量进行一阶差分，则均在 1% 的显著性水平下通过了检验，因此各个变量均为一阶单整序列，可以进行协整分析。

2. 协整分析

利用 Johansen 协整检验方法对通货膨胀率、FDI 流入、贸易开放度和金融开放度之间的长期均衡关系进行检验。协整分析建立在向量自回归模型的基础上，根据 SC 准则，模型的滞后期为 2，因此协整的滞后区间设定为"（1，1）"，协整检验形式设定为有截距项和无时间趋势项。

表 5—6　　　　　　巴西开放度风险与通货膨胀协整关系检验

原假设	特征根	迹统计量	0.05 临界值	p 值
存在 0 个协整关系	0.192	75.45	54.08	0.00
至多存在 1 个协整关系	0.094	36.13	35.19	0.04
至多存在 2 个协整关系	0.077	17.98	20.26	0.10

根据表 5—6 中原假设的成立情况，可知在 5% 的显著性水平下，拒绝至多存在 1 个协整关系的原假设，即各变量之间存在长期稳定的协整关系。其中关于通货膨胀率的协整方程可以写为：

$$\ln ipca = -8.18 + 0.76 \ln FDI - 0.21 \ln TO + 1.79 \ln FO \qquad (5.3.1)$$

S. E. (1.48)(0.11)(0.29)(0.27)

根据协整方程(5.3.1)可以看出,长期来看,FDI 流入、贸易开放度和金融开放度均是巴西通货膨胀的影响因素。开放经济条件下,这些途径都会对巴西通货膨胀目标的实现产生制约作用,金融开放度的作用效果最大。其中 FDI 流入和金融开放度与通货膨胀率呈同向变动关系,FDI 每增长 1% 会使巴西通货膨胀率上升 0.76%,而当巴西 SELIC 利率和美国联邦利率之间的利差扩大 1% 时,国内通货膨胀率将提高 1.79%;贸易开放度与通货膨胀率的变动方向相反,贸易开放度提高 1% 会造成通货膨胀率下降 0.2%。

实证研究结果和理论相符,巴西利率长期高于世界平均水平,造成外资流入和通货膨胀率的高企,而严重的贸易保护主义以及限制进口措施使巴西贸易开放程度在拉美地区位列末位,造成国内物价水平的上升。积极吸引外资流入的对外政策使 FDI 和资本流入逐年增加的同时,外汇储备和货币供应量也会出现增加,国内通货膨胀受到严峻的压力。

3. 向量误差修正(VEC)模型

通过变量间的协整关系检验可以得知,FDI 流入、贸易开放度和金融开放度同巴西通货膨胀率之间存在长期均衡关系,利用向量误差修正模型则可以对变量之间的短期动态关系进行刻画。一组具有协整关系的时间序列可以表示成误差修正模型(VEC)的形式,对 VAR 模型施加协整约束,研究非平稳时间序列间的短期关系。根据 VEC 模型,在 10% 的显著性水平下,FDI 流入和贸易开放度没有通过 t 检验,通货膨胀率的误差修正模型为:

$$\Delta ipca_t = -0.007 ecm_{t-1} + 0.58 \Delta IPCA_{t-1} + 0.19 \Delta FO_{t-1}$$

调整后 $R^2 = 0.42$,F $= 25.66$

VEC 模型中的误差修正项 ecm_{t-1} 就是协整方程(5.3.1)式。误差修正项的系数为 -0.007,满足反向修正原则,即短期非均衡向长期均衡靠近。因此,在长期协整关系水平稳定的前提下,FDI 流入的增加将会造成通货膨胀率的升高,尽管效果并不强。根据模型结果,在短期内 FDI 流入和贸易开放程度对国内通货膨胀率的影响并不显著,这说明巴西对外政策中忽视短期政策效果带来的弊端,贸易保护和积极吸引外资的政策组合虽然在短期内对通货膨胀率的影响不明显,但是长期内却会对通货膨胀产生压力。此外,VEC 模型还显示上一期的通货膨胀率变动对于当期通货膨胀率存在同向拉上作用，系数达到 0.58，说明惯性通货膨胀在巴西仍然存在，这一结果与本书第三章的实证结果相吻合。

第四节 本章小结

开放经济条件下，汇率成为国家间宏观经济政策相互影响的重要渠道，经常账户以及资本金融账户平衡均受到来自汇率方面的影响。由于存在汇率—价格传递，因此汇率的变动往往会造成通货膨胀的变动。

首先，本章对"克鲁格曼三角"及其理论演进进行了梳理，资本流动和金融稳定成为宏观经济政策的第四个目标。通过对巴西的研究发现，巴西实行的并不是完全意义上的浮动汇率制度，中央银行存在对雷亚尔汇率稳定的干预。

其次，对通货膨胀目标制下的汇率风险理论进行了研究。开放经济条件下货币政策和汇率政策之间存在相互替代，巴西为维护汇率稳定，最小化政府福利损失，存在让步通货膨胀目标的倾向。利用 ADL 模型对通货膨胀目标制下巴西的汇率传递效应进行的实证研究表明，通货膨胀目标制后，汇率对价格的传递效应在巴西变得不再强烈，但是汇率升值预期与通货膨胀目标之间的政策冲突或许可以解释全球金融危机之前巴西没有在货币升值周期进行汇率等方面改革的原因。

最后，从开放度风险和通货膨胀目标制的角度看，巴西的开放战略选择存在推高通货膨胀的倾向。实证结果表明，巴西贸易开放度的降低以及金融开放度升高均会造成通货膨胀率的上升。因此，巴西实行贸易保护主义以及积极吸引外资的对外开放战略，是造成当前通货膨胀高企的主要原因。尤其是当前全球对初级产品的需求下降，价格降低，全球经济环境对巴西来说变得不再有利时，依靠单纯出口初级产品的发展战略变得不可持续，巴西需要进行结构性调整，应对开放度风险对通货膨胀目标制带来的挑战。此外，金融开放度在短期和长期都会对巴西的通货膨胀产生重要影响，对资本流动进行管制存在扩大巴西对外利差的倾向[①]，而巴西与美国利差的扩大造成了资本的大量流入，对通货膨胀产生较大的上行压力。

---

① 根据 OECD（2012）的研究，巴西对资本流入征收 6% 的金融交易税，扩大了巴西利率与美国短期国债利率之间的利差。

第 六 章

结论与启示

目前，通货膨胀目标制已经成为世界各国中央银行采取的标准货币政策操作框架，OECD组织中大部分国家以及很多新兴经济体都通过钉住通货膨胀率来稳定国内的价格水平。对于一个容易受到贸易条件影响的初级产品出口国，通货膨胀目标制是维持国内价格稳定的可行途径。但是为通货膨胀设定目标并不足以保证价格总水平的稳定，长期内通货膨胀率的稳定还需要包括财政政策和汇率政策在内的宏观经济政策的搭配使用以及不同货币政策工具的选择和操作。

本书的研究主要包括以下几个方面的内容：第一，对通货膨胀理论、通货膨胀目标制理论和开放经济条件下新兴经济体通货膨胀目标制的特殊性进行了梳理和研究；第二，对巴西历史上的通货膨胀、具体成因和治理方式进行了回顾和总结；第三，对巴西通货膨胀目标制的理论模型、经济绩效和货币政策的有效性进行了实证检验，并对巴西中央银行货币政策的反应函数进行了模拟；第四，对巴西财政体制、中央政府预算约束和通货膨胀目标制面临的财政风险进行了分析和论述；第五，分析了巴西汇率的稳定性、通货膨胀目标制下的汇率价格传递以及巴西的经济开放战略与通货膨胀。通过对以上这些内容进行的理论分析和实证检验，本文有以下结论。

（1）巴西在采用通货膨胀目标制后，通货膨胀的成因发生了变化。历史上，巴西的通货膨胀一直较为严重，结构主义、货币主义和新结构主义等学派在20世纪从经济发展战略、经济结构、财政赤字、外资流入以及通货膨胀惯性等具体角度对巴西的通货膨胀成因进行过解读。而1999年以来，由于实行了浮动汇率制度、颁布"财政责任法"以及推行通货膨胀目标制，巴西通货膨胀的成因发生了变化。根据实证结果，通货膨胀惯性和国外通货膨胀的传递是造成当前巴西通货膨胀的主要原因。在全球金融危机后，巴西依靠出口初级产品积累外汇储备、并进行大规模社会开支的发展战略变得不可持续，在当下对联邦政府形成巨大的财政压力，造成通货膨胀负担。

（2）全球经济大缓和以来，巴西的通货膨胀目标制货币政策在维持价格稳定以及经济增长方面起到了积极的作用。2003—2008年，巴西实现了"黄金增长"，虽然这一波增长最根本的基础是外部环境的改善，并非国内经济结构的调整和优化，因此具有不可持续性①，但是通货膨胀目标制对稳定经济的作用不容忽视。此外，巴西的宏观经济政策存在非对称性，经济高涨期内经济政策并未收紧，而是继续依靠不断扩大财政支出进行社会投入；巴西中央银行的利率政策也具有非对称性和惯性，执行起来相对保守。全球金融危机为巴西货币政策的转型和财政政策改革提供了机会，但罗塞夫政府未能抓住机会，而是继续单纯地扩大社会开支，形成通货膨胀的潜在压力。

（3）巴西利率政策对通货膨胀的调解作用不明显。通过对1999年以来的整体时间段以及各个具体时间段内巴西货币政策的有效性进行的研究发现，除了全球金融危机时期外，其余各期利率政策对于产出和通货膨胀的政策效果均不明显。这说明，通货膨胀目标制下巴西单纯依靠利率政策同时调节汇率和通货膨胀率的效果一般。此外，根据开放经济条件下的泰勒规则对巴西中央银行货币政策反应函数的模拟结果显示，巴西利率变动存在惯性以及明显的非对称性；汇率变动对巴西利率变化的影响程度较大，高于产出缺口和通货膨胀缺口对利率的影响。

（4）当前巴西面临开放经济条件下的"价格难题"：中央政府的财政赤字增加，财政政策空间缩小。巴西中央银行实行紧缩性的货币政策，提高利率，结果是政府债务进一步扩大，风险溢价上升。开放条件允许资本自由流动，因此出于对巴西公共债务可持续性的担心，资本出现外逃。而当美联储退出量化宽松政策甚至准备加息时，资本流出巴西的风险进一步

---

① 吴国平、王飞：《浅析巴西崛起及其国际战略选择》，《拉丁美洲研究》2015年第1期，第23—32页。

扩大，雷亚尔不断贬值，巴西的债务违约风险加大。虽然新世纪以来汇率—价格传递效应在巴西变得不再明显，但是，雷亚尔贬值还是会通过该渠道影响国内的通货膨胀，使本就居高不下的通货膨胀进一步升高，形成开放经济条件下紧缩货币政策和高通货膨胀螺旋。

（5）财政不平衡是当前通货膨胀目标制的主要风险之一。虽然全球金融危机对财政赤字不可持续性的主要影响目前只爆发在一些发达经济体，巴西由于实行了财政纪律而将公共债务保持在可控范围内，但是，由于经济发展存在结构性矛盾以及社会支出缺口较大，国家的财政政策空间正在缩小。公共债务可持续性、人口老龄化以及养老金融资需求都会对财政政策空间产生影响。如果不进行有效的改革减轻政府的财政压力，对于公共债务可持续性的担忧会影响社会的通货膨胀预期，通货膨胀率将上升。为实现通货膨胀目标，巴西中央银行不得不提高利率，结果是财政不平衡加剧，货币政策的效果大打折扣。

（6）资本流动影响通货膨胀目标制的政策效果。当资本流入规模较大时，限制财政支出有利于减轻财政政策压力，拓宽反周期财政政策的实施空间；而当资本流入存在反转时，紧缩性的货币政策效果将大打折扣。当资本大量流入时，通过紧缩性的财政政策抑制总需求有利于将利率保持在一个较低水平，同时能够有效控制资本流入规模。当国际流动性充足以及资本流入超过国际收支平衡表所需要的融资规模后，一国的外汇储备将增加。而国内外利差较大将使其蒙受金融损失。虽然外汇储备对于币值的稳定会起到积极作用，但同样会限制国内的财政政策效果。外汇储备增加以及"害怕浮动"将使一国陷入不断加息的区间，货币政策空间将缩小，出口和经济增长也将受到不利影响。

（7）当前，巴西"实用主义"的开放特征存在推高国内通货膨胀的倾向，低贸易开放度和高金融开放度均会造成通货膨胀率的上升。首先，由于巴西货币政策工具较单一，在通货膨胀目标制下，为维持价格稳定，巴西中央银行只能依靠提高利率进行货币政策紧缩，但效果并不明显。而不断提高的国内利率造成与国外利差不断扩大，资本流入增加。其中，大部分涌入巴西的短期资本进入证券等金融市场，形成推高通货膨胀的压力。虽然巴西通过征收资本流入税的方式控制游资进入的规模，但效果一般。其次，全球金融危机后巴西实行贸易保护主义，限制进口，使本就在拉美地区排在最后的贸易开放度越来越低，造成国内物价水平的上升。尤其在当前，全球初级产品价格低迷，对巴西初级产品的需求出现下降，巴西单纯依靠出口初级产品支撑经济增长的发展战略变得不可持续。

从巴西自身角度来说，如何在经济增长和物价稳定当中寻求平衡是经济政策最值得考虑的地方。尤其是当前巴西的财政赤字扩大，通货膨胀突破目标上限并且不断加剧，政府的财政政策和货币政策空间都在缩小。因此，对巴西通货膨胀目标制理论和实践的研究可以得到一些启示。

（1）通货膨胀目标的实现机制可以更加灵活。根据巴西中央银行的规定，累积 12 个月的通货膨胀率在每个自然年的 12 月底被控制在中央银行规定的通货膨胀目标上限之内即为实现了当年的通货膨胀目标。因此，巴西的这一规定存在"自迷双眼"的特征，无论年中通货膨胀率多高，只要年末实现目标即为完成目标。因此用年终值代替年内平均值，给中央银行的货币政策创造了空间。遗憾的是，正是由于这样的规定，同时对公众预期也产生了影响，政策效果并不理想。因此，在制度规定方面，未来可以将通货膨胀目标的实现区间适当延长，例如从 12 个月延长到 18 个月（Oreiro 等，2009；Squeff 等，2009），从时间上为货币政策争取机会，有效控制市场对通货膨胀的预期。

（2）信贷增长因素可以纳入通货膨胀理论模型中。根据复合型通货膨胀目标制（Integrated IT）理论，由于存在虚拟经济市场，一国的货币供给已不单单是流通中的现金和银行存款，通过信贷渠道产生的大量流动性成为影响物价总水平的重要因素。在 IIT 模型下，货币政策和宏观审慎监管政策联合作用，保证宏观经济和金融稳定[1]。此外，除传统的变动SELIC 利率外，巴西中央银行应继续运用强制储备要求、银行资本金要求等措施进行货币政策调控。后金融危机时期，相较于国际低利率，巴西的高利率在长期内会造成雷亚尔升值以及汇率高估。因此在未来，巴西不应该放弃资本管制，资本流入税以及限制短期性投机资本的流入将为巴西的金融稳定带来一定支持。

（3）中央银行的自主权应该提高。劳工党一直担心央行的独立会造

---

① Agénor, Pierre-R. and L. A. P. da Silva, "Inflation Targeting and Financial Stability: A Perspective from the Developing World", Banco Central do Brazil, *Working Papers*, No. 324, 2013.

成私人银行家利益的扩大,因此中央银行一直附属于财政部。在此背景下,中央银行通货膨胀目标的制定和履行往往被政府控制。例如2013年最终通货膨胀率为5.9%,低于6.5%的目标值,但食品价格涨幅达到8.4%,而IPCA指数的构成和计算因被政府控制,并不能反映最真实的物价水平变动。

(4)避免民粹主义的回归。包括巴西在内的众多拉美国家历史上存在经济政策的"民粹主义"倾向,即政府为了获取选票,采取扩大政府开支进行社会投入的政策,造成政府财政负担较重,财政政策的实施空间缩小。2003年,巴西劳工党执政后,社会支出大幅增加。在卢拉总统执政时期,依靠有利的外部环境支持,巴西实现了经济的"黄金增长"。但这种增长本身就是畸形的,不依靠自生能力而仅仅利用初级产品出口严重影响了巴西经济的独立性。2012年以来巴西经济深陷"技术性衰退",充分说明巴西经济的发展模式在国外经济环境恶化时的弊端。而在"黄金增长期"内建立起来的较高的社会保障支出和各种现金转移支付计划无法在短期内暂停或实现逆转,初级产品出口受到威胁的巴西财政出现不平衡,罗塞夫政府面临相当大的挑战。尽管2014年年底以来巴西采取了紧缩性的财政和货币政策,但雷亚尔继续贬值,财政赤字并未得到控制,2015年第一季度的高额财政赤字正预示着巴西也许又会回到老路上,而当前的情形也与1999年金融动荡前夕十分相似,但这绝不是我们想看到的结果。

(5)开放经济条件下,全球经济的周期性变动会对一国的内外均衡产生重要影响。在初级产品繁荣周期巴西依靠大量出口铁矿石等初级产品获得外汇储备和财政收入,进而可以进行大规模的财政支出和转移支付改善社会民生,并通过财政纪律和通货膨胀目标制稳定物价水平,获得了不错的效果。但当外部环境改变,外部市场对巴西初级产品的需求锐减以及雷亚尔不断贬值时,这一发展模式的弊端就会显现出来。巴西中央银行预计2015年的通货膨胀率将达到7.9%,远远高于6.5%的通货膨胀上限,并且经济将出现0.5%的负增长[①],成为新世纪以来最糟糕的一年,此外市场预期SELIC利率将继续提高,而雷亚尔将继续贬值,巴西经济的结

---

① 《巴西中央银行通货膨胀报告》,2015年3月,http://www.bcb.gov.br/htms/relinf/ing/2015/03/ri201503sei.pdf。

构性问题被全面暴露出来。保持经济增长同时维持物价稳定的目标必须依靠国内有效的支撑，而不能仅仅靠搭上国际商品繁荣周期的"顺风车"。此外，巴西国内的"去制造业化"和"初级产品化"则成为其实行全面结构性改革的最大障碍。

中国和巴西都是金砖国家，在经济发展过程中存在众多相似的地方。1994年，中国进行了汇率和税制改革，巴西则进行了雷亚尔计划，均取得了一定的效果。此后两国均对汇率制度进行过进一步改革和完善，但汇率一直是两国货币政策的重要目标之一。当前，中国在保证经济增长的同时对汇率进行干预，巴西则是维持价格稳定的同时干预汇率。研究巴西的通货膨胀和通货膨胀目标制对于我国货币政策目标的选取、货币政策操作框架的改革以及金融自由化的步骤和速度等问题同样具有重要启示。

（1）货币政策目标的单一化。当前我国对内钉住货币供应量，对外实行有管理的浮动汇率制双重货币政策目标。由于中央银行的多重货币政策目标会降低政策的可信度，因此存在汇率目标的开放经济体，无法同时兼顾通货膨胀目标[1]，货币政策的效果会被减弱。通过对巴西案例的研究已经告诉我们，未来我国的货币政策目标应该向单一化发展，避免多重政策目标产生动态不一致性。

（2）货币政策目标的明确化。虽然我国还不具备过渡到通货膨胀目标制的具体条件[2]，但是巴西通过公布通货膨胀报告用以增强货币政策透明度的经验值得我们借鉴。虽然我国已经启动利率市场化改革，但还远远不够。我国需要将中央银行的货币政策目标更加明确化，并且制定更加有效的"名义锚"来指导公众预期，及时与社会公众进行沟通，公布货币政策的短期和长期目标，改善货币政策传导机制以及货币政策的有效性。

（3）结构性改革正当其时。巴西的经验还告诉我们，当外部环境发生变化时，是进行结构性改革的最佳时机，而一旦错过这个机会，将面临非常大的风险。全球金融危机就为巴西改变单一出口初级产品、依靠增加社会支出规模的发展战略提供了改革的良机，但是罗塞夫政府没有能够抓

---

① 卞志村：《转型期开放经济下货币政策规则研究》，中国金融出版社2011年版。

② 大多数学者的研究认为，我国还不具备建立通货膨胀目标制的基础，但是应该向单一"通货膨胀锚"推进。

住这一机遇改变巴西不合理的经济结构和出口结构，反而维持甚至扩大社会支出规模，造成政府的财政压力。在"稳定压倒一切"的前提下，巴西宏观经济政策的空间缩小，政策效果明显减弱。我国当前同样面临改革的重任，在货币政策和汇率政策方面，进一步推进利率和汇率的市场化以及加强人民币的国际化刻不容缓，尤其在当前的形势下，显得十分迫切。

由于时间和能力有限，本书还存在进一步拓展的地方。未来的研究方向主要包括：进一步厘清新世纪以来巴西宏观经济绩效的驱动因素，将外部环境改变和本国"三位一体"宏观经济政策的效果区别开来并具体化；对开放经济条件下巴西通货膨胀目标制下的财政和汇率风险进行统一，纳入一个具体的模型中，对开放条件下财政赤字扩大与汇率贬值之间的冲突进行模拟和检验。此外，通货膨胀不仅是一种经济现象，更多的是一个社会问题，如何将非经济因素纳入巴西通货膨胀和通货膨胀目标制的分析框架中也是未来值得研究的问题之一。

参考文献

中文专著：

卞志村：《转型期开放经济下货币政策规则研究》，中国金融出版社 2011 年版。

陈舜英、吴国平、袁兴昌：《经济发展与通货膨胀：拉丁美洲的理论和实践》，中国财政经济出版社 1990 年版。

陈雨露、汪昌云主编：《金融学文献通论：原创论文卷》，中国人民大学出版社 2006 年版。

陈雨露、汪昌云主编：《金融学文献通论：宏观金融卷》，中国人民大学出版社 2006 年版。

姜波克、陆前进主编：《汇率理论和政策研究》，复旦大学出版社 2000 年版。

李健、邓瑛：《防范资产型通货膨胀的货币政策新框架》，中国金融出版社 2014 年版。

李晓西著：《现代通货膨胀理论比较研究》，中国社会科学出版社 1991 年版。

刘传哲、聂学峰：《我国货币政策的传递途径——理论与实证研究》，经济管理出版社 2007 年版。

刘纪显：《汇率与通胀研究》，广东人民出版社 2009 年版。

刘絜敖：《国外货币金融学说》，中国金融出版社 2010 年版。

孙音：《货币稳定：理论模型与实证研究》，人民出版社 2013 年版。

汪昌云、戴稳胜、张成思编著：《基于 EVIEWS 的金融计量学》，中国人民大学出版社 2011 年版，第 99 页。

王广谦主编：《20 世纪西方货币金融理论研究：进展与述评》（修订版），经济科学出版社 2010 年版。

王健：《新凯恩斯主义经济学》，经济日报出版社 2005 年版。

王胜：《新开放宏观经济学理论研究》，武汉大学出版社 2006 年版。

王延军：《内生货币、名义黏性与我国货币政策的有效性研究》，江苏大学出版社 2012 年版。

吴国平主编：《21 世纪拉丁美洲经济发展大趋势》，世界知识出版社 2002 年版。

向松祚：《争夺制高点：全球大变局下的金融战略》，中国发展出版社 2013 年版。

张宝宇：《巴西现代化研究》，世界知识出版社 2002 年版。

张卫平：《货币政策理论：基于动态一般均衡方法》，北京大学出版社 2012 年版。

周慕冰：《西方货币政策理论与中国货币政策实践》，中国金融出版社 1993 年版。

周晴：《三元悖论原则：理论与实证研究》，中国金融出版社 2008 年版。

中文论文：

陈利平：《通货膨胀目标制并不能解决我国货币政策低效率问题——一个基于政策时滞和扰动冲击的研究》，《经济学》（季刊）2007 年第 4 期。

葛结根：《新凯恩斯主义的最优货币政策理论》，《金融教学与研究》2007 年第 6 期。

韩会师：《量化宽松下的通胀输出：从美国资本外流的视角》，《上海金融》2011 年第 5 期。

孔丹凤：《中国现行货币政策框架有效性分析》，《山东大学学报》（哲学社会科学版）2009 年第 3 期。

刘洪钟、杨攻研：《货币政策共识的演化与反思：来自金融危机的启示》，《经济学动态》2013 年第 2 期。

卢宝梅：《汇率目标制、货币目标制和通货膨胀目标制的比较及其在我国的应用的探讨》，《国际金融研究》2009 年第 1 期。

孙丽：《弹性通货膨胀目标制下的汇率与货币政策规则》，《华东师范大学学报》（哲学社会科学版）2007 年第 2 期。

王爱俭、林远、林文浩：《美国第二轮量化宽松货币政策之经济效果预测》，《天津财经大学学报》2011 年第 1 期。

吴国平：《通货膨胀居高不下》，《拉丁美洲研究》1989 年第 1 期。

吴国平：《巴西大规模街头抗议活动的原因及其影响》，中国社会科学院创新工程《拉美研究报告》2013 年第 10 期。

吴国平、王飞：《拉美国家地方债及治理》，《中国金融》2014 年第 5 期。

吴国平、王飞：《通货膨胀目标制下的两难抉择》，《中国金融》2015 年第 6 期。

吴国平、王飞：《浅析巴西崛起及其国际战略选择》，《拉丁美洲研究》2015 年第 1 期。

吴晶妹：《评货币政策中介目标：货币供应量》，《财贸经济》2001 年第 7 期。

奚君羊、刘卫江：《通货膨胀目标制的理论思考——论我国货币政策中介目标的重新界定》，《财经研究》2002 年第 4 期。

夏斌、廖强：《货币供应量已不宜作为当前我国货币政策的中介目标》，《经济研究》2001 年第 8 期。

谢平、罗雄：《泰勒规则及其在中国货币政策中的检验》，《经济研究》2002 年第 3 期。

杨建明：《通货膨胀钉住制度：一个新兴的货币政策框架》，《世界经济》2004 年第 7 期。

殷波：《中国经济的最优通货膨胀》，《经济学》（季刊）2011 年 4 月。

尹继志、齐靠民：《通货膨胀目标制的特点及借鉴意义》，《金融教学与研究》2004 年第 1 期。

张宝宇：《巴西的通货膨胀与反通货膨胀经验》，《拉丁美洲研究》1995 年第 3 期。

张延：《扩张性财政政策的中长期后果：通货膨胀—凯恩斯主义模型对 1992—2009 年中国数据的检验》，《经济学动态》2010 年第 1 期。

译著：

［美］本·S. 伯南克等：《通货膨胀目标制国际经验》，孙刚、钱泳、王宇

译，东北财经大学出版社 2013 年版。

［德］彼得·博芬格：《货币政策：目标、机构、策略和工具》，黄燕芬等译，中国人民大学出版社 2013 年版。

［意］贾恩卡洛·甘道尔夫：《国际金融与开放经济的宏观经济学》，靳玉英译，上海财经大学出版社 2006 年版。

［美］卡尔·瓦什：《货币理论与政策》（第三版），彭兴韵、曾刚译，格致出版社 2012 年版。

［英］莱斯利·贝瑟尔主编：《剑桥拉丁美洲史》（第九卷），张森根等译，当代中国出版社 2013 年版。

［英］劳伦斯·S. 科普兰：《汇率与国际金融》（原书第五版），刘思跃、叶永刚译，机械工业出版社 2011 年版。

［美］米尔顿·弗里德曼：《最优货币量》，杜丽群译，华夏出版社 2012 年版。

［美］莫瑞斯·奥伯斯特菲尔德、肯尼斯·罗格夫：《国际宏观经济学基础》，刘红忠、李新丹、陆前进等译，中国金融出版社 2010 年版。

［巴］塞尔索·富尔塔多：《巴西经济的形成》，徐亦行、张维琪译，社会科学文献出版社 2002 年版。

［西］若迪·加利：《货币政策、通货膨胀与经济周期：新凯恩斯主义分析框架引论》，杨斌、于泽译，中国人民大学出版社 2013 年版。

［英］约翰·梅纳德·凯恩斯：《货币论》，邓传军、刘志军译，安徽人民出版社 2012 年版。

［英］詹姆斯·米德：《国际收支》，李翀译，首都经济贸易大学出版社 2001 年版。

英文专著：

Arestis, P., What is the New Consensus in Macroeconomics? *Is There a New Consensus in Macroeconomics?*, Ed. by Arestis, P., Basingstoke: Palgrave Macmillan, 2007.

Arestis, P., "New Consensus Macroeconomics: A Critical Appraisal", *The Levy Economics Institute Working Paper*, No. 564, 2009.

Ball, L., "Policy Rules for Open Economies", *Monetary Policy Rules*, Taylor, J. B. (ed.), University of Chicago Press, 1999.

Barroso, J. Barata, "Realized Volatility as an Instrument to Official Intervention", *Banco Central do Brazil Working Papers*, No. 363, 2014.

Bernanke, B. S., T. Laubach, F. S. Mishkin, and A. S. Posen, *Inflation Targeting: Lessons from the International Experience*, Princeton University Press, 1999, Princeto, NJ.

Bernanke, B. S., and M. Woodford (eds.), *The Inflation-Targeting Debate*, University of Chicago Press, 2005.

Carlin, W., *Macroeconomics: Imperfections, Institutions, and Policies*, Oxford Press, 2006.

Clarida, R., J. Gali and M. Gertler, *Monetary Policy Rules and Macroeconomic Stability: Evidence and some Theory*, C. V. Starr Center for Applied Economies, New York University, 1998.

da Fonseca, A. R. Manuel, "Inflation and Stabilization in Brazil", in *The Economies of Argentina and Brazil*, Edited by Baer, W. and D. Fleischer, Edward Elgar Publishing, Inc., 2011, pp. 378 – 401.

de Paula, F. L., *Financial Liberalization and Economic Performance: Brazil at the Crossroads*, Routledge, 2011.

de Paula, L. F., R, T. R., Meyer, J. A. de Faria, Financial Liberalization, Economic Performance and Macroeconomic Stability in Brazil: an Assessment of the Recent Period", Proceedings of the 37th Brazilian Economics Meeting, Brazilian Association of Graduate Programs in Economics, 2011.

Feenstra, C. R., and Alan M. Taylor, *International Macroeconomics*, USA: Worth Publisher, 2008.

Ffrench-Davis, R., "Financial Crises and National Policy Issues: an Overview", *From Capital Surges to Drought: Seeking Stability from Emerging Economies*, Basingstoke: Palgrave Macmillan, 2003.

Gillman, M., *Inflation Theory in Economics: Welfare, Velocity, Growth and Business Cycles*, New York: Routledge, 2009.

Mankiw, N. Gregory, *Macroeconomics*, 6th Edition, New York: Worth Publisher, 2007.

Melvin, M. , and S. C. Norrbin, *International Monetary and Finance* (*Eighth Edition*), Elsevier, 2012.

Ocampo, J. A. and J. Ros, *The Oxford Handbook of Latin American Economics*, Oxford University Press, 2011.

OECD, *Monetary Policies and Inflation Targeting in Emerging Economies*, Paris: OECD, 2008.

OECD, *Latin American Economic Outlook* 2013: *SME Policies for Structural Change*, Paris: OECD, 2013.

Woodford, M. , *Interests and Prices: Foundations of a Theory of Monetary Policy*, Princeton University Press, 2003.

英文论文:

Agénor, Pierre-R. , and L. A. P. da Silva, "Inflation Targeting and Financial Stability: A Perspective from the Developing World", *Banco Central do Brazil*, *Working Paper No.* 324, 2013.

Aghion, P. , P. Bacchetta, R. Ranciere and K. Rogoff, "Exchange Rate Volatility and Productivity Growth: The Role of Financial Development", *Journal of Monetary Economics*, Vol. 56, No. 4, 2009, pp. 494 – 513.

Aizenman, J. , "Large Hoarding of International Reserves and the Emerging Global Economic Architecture", *Working Paper*, No. 76, 2008, pp. 487 – 503.

Aizenman, J. , M. D. Chinn, and H. Ito, "Assessing the Emerging Global Financial Architecture: Measuring the Trilemma's Configurations over Time", *NBER Working Paper*, *No.* 14533, 2008.

Aizenman, J. , M. D. Chinn, and H. Ito, "Surfing the Waves of Globalization: Asia and Financial Globalization in the Context of the Trilemma", *Journal of the Japanese and International Economies*, Vol. 25, 2011, pp. 290 – 320.

Aizenman, J. and H. Ito, "Trilemma Policy Convergence Patterns and Output Volatility", *NBER Working Paper*, 2012.

Aizenman, J. , M. Hutchison, and I. Noy, "Inflation Targeting and Real Exchange Rates in Emerging Markets", *World Development*, *Vol.* 39 （5）, 2011, pp. 712 – 724.

Aleem, Abdul, and Amine Lahiani, "Monetary Policy Credibility and Exchange Rate Pass-Through: Some Evidence from Emerging Countries," unpublished, University of Orléans, 2010.

Altimari, S. N., "Does Money Lead Inflation in the Euro Area?" *ECB Working Paper*, No. 63, European Central Bank, 2001.

Andrade, S. and E. Kohlscheen, "Official Interventions through Derivatives: Affecting the Demand for Foreign Exchange", *Journal of International Money and Finance*, Vol. 47, 2014, pp. 202 – 216.

Arestis, P., "New Consensus Macroeconomics: A Critical Appraisal", The Levy Economics Institute, *Working Papers*, No. 564, 2009.

Arestis, P. and M. Sawyer, "Are the European Central Bank and Bank of England Macroeconomic Models Consistent with the New Consensus in Macroeconomics?" *Ekonomia*, Vol. 11, No. 2, 2008, pp. 51 – 68.

Arestis, P., de P. F. Luiz and Ferrari-F. Fernando, "Inflation Targeting in Emerging Countries: The Case of Brazil", *Working Paper*, 2006.

Arestis, P., Ferrari-F. Fernando and de P., F. Luiz, "Inflation Targeting in Brazil", in *International Review of Applied Economics*, Vol. 25, No. 2, 2011, pp. 127 – 148.

Ball, L., "Why does High Inflation Taise Inflation Uncertainty", *Journal of Monetary Economics*, Vol. 29, 1992, pp. 371 – 388.

Ball, Christopher P., and Javier Reyes, "Inflation Targeting or Fear of Floating in Disguise: The Case of Mexico", *International Journal of Finance and Economics*, Vol. 9, 2004, pp. 49 – 69.

Barroso, J. B., "Realized Volatility as an Instrument to Official Intervention", *Banco Central do Brasil Working Papesr*, No. 363, 2014.

Barroso, J. B., L. A. P. da Silva and A. S. Sales, "How Did Quantitative Easing and Related Capital Inflows Affect Brazil? Measuring its 'Destabilizing' Effects through a Rigorous Counterfactual Evaluation", *Banco Central do Brasil Working Papesr*, No. 313, 2013.

Begg, D. , "Growth, Integration, and Macroeconomic Policy Design: Some Lessons for Latin America", *North American Journal of Economics and Finance*, Vol. 13, 2002, pp. 279 –295.

Belke, A. and Polleit, T. , "How the ECB and the US Fed Set Interest Rates", *Applied Economics*, Vol. 39 (17), 2007, pp. 2197 –2209.

Bernanke, B. S. , "Inflation in Latin America: a New Era?", Speech 88, Board of Governors of the Federal Reserve System (U. S.), 2005. http: //www. federalreserve. gov/boarddocs/speeches/2005/20050211/default. htm.

Bernanke, B. S. and M. Gertler, "Monetary Policy and Asset Price Volatility", *New Challenge for Monetary Policy*, Jackson Hole, 1999.

Bernanke, B. S. and M. Woodford, "Inflation Forecasts and Monetary Policy", *Journal of Money, Credit and Banking*, Vol. 29 (4), 1997, pp. 653 –684.

Best, G. , "Fear of Floating or Monetary Policy as Usual? A Structural Analysis of Mexico's Monetary Policy", *North American Journal of Economics and Finance*, Vol. 24, 2013, pp. 45 –62.

Bevilaqua, A. S. , M. Mesquita and A. Minella, "Brazil: Taming Inflation Expectation", *Monetary policies and inflation targeting in Emerging Economies*, OECD, 2008.

BIS, "Brazil and the 2008 panic", in *The Global Crisis and Financial Intermediation in Emerging Market Economies*, *BIS Paper*, No. 54, 2010.

Bittencourt, M. , "Inflation and Financial Development: Evidence from Brazil", *Economic Modelling*, Vol. 28, 2011, pp. 91 –99.

Blejer, Mario, Alain IZE, Alfredo LEONE and Sergio Werlang, *Inflation Targeting in Practice: Strategic and Operational Issues and Application to Emerging Market Economies*, Washington, DC: International Monetary Fund, 2000.

Bogdansky, Joel, Alexandre Tombini and Sérgio Werlang, "Implementing inflation targeting in Brazil", *Banco Central do Brasil Working Paper*, No. 1, July 2000.

Broto, C., "Inflation Targeting in Latin America: Empirical Analysis using GARCH Models", *Economic Modelling*, Vol. 28, 2011, pp. 1424 – 1434.

Browne, X. F., "The International Transmission of Inflation to A Small Open Economy under Fixed Exchange Rates and Highly Interest-Sensitive Capital Flows: An Empirical Analysis", *European Economic Review*, Vol. 25 (2), 1984, pp. 187 – 212.

Caballero, Ricardo and Arvind Krishnamurthy. "Inflation Targeting and Sudden Stops", *NBER Working Paper*, No. 9599, April, 2003.

Calvo, Guillermo. A., "Staggered Prices in a Utility-maximizing Framework", *Journal of Monetary Economics*, Vol. 12, 1983, pp. 383 – 398.

Calvo, Guillermo A., *Capital Markets and the Exchange Rate*, mimeo, University of Maryland, October, 1999.

Calvo, Guillermo A., "Capital Markets and the Exchange Rate: with Special Reference to the Dollarization Debate in Latin America", *Journal of Money, Credit, and Banking*, Vol. 33 (2), 2001, pp. 312 – 334.

Calvo, Guillermo A. and Carmen M. Reinhart, "Fear of Floating", *Quarterly Journal of Economics*, Vol, 117 (2), 2002, pp. 379 – 408.

Calvo, Guillermo A. and Frederic S. Mishkin, "The Mirage of Exchange Rate Regimes for Emerging Market Countries", *Journal of Economic Perspectives*, Vol. 17, (4), 2003.

Campa, J., L. Goldberg, "Exchange rate Pass-through into Imports Prices", *The Review of Economics and Statistics*, Vol. 87, 2005, pp. 679 – 690.

Carvalho, F., M. Valli, "Fiscal Policy in Brazil through the Lens of an Estimated DSGE Model", *Banco Central do Brazil Working Paper*, No. 240, 2011.

Cecchetti, Stephen and Michael Ehrmann, "Does Inflation Targeting Increase Output Volatility? An International Comparison of Policymakers' Preferences and Outcomes", *NBER Working Paper* 7426, December 1999.

Céspedes, F. L., and C. Soto, "Credibility and Inflation Targeting in an E-merging Market: Lessons from the Chilean Experience", *International Finance*, Vol. 8, (3), 2005.

Charles Freedman, *The Use of Indicators and the Monetary Conditions Index in Canada*, *The Transmission of Monetary Policy in Canada*, Bank of Canada, 1996.

Clifton, E. V. , L. , Hyginus and C. H. Wong, "Inflation Targeting and the Unemployment-Inflation Trade-Off", *IMF Working Paper*, 2001.

Clarida, R. , J. Gali and M. Gertler, "The Science of Monetary Policy", *Journal of Economic Literature*, Vol. 37, No. 4, 1999, pp. 1666 – 1707.

Coates, K. and E. Rivera, "Fiscal Dominance and Foreign Debt: Five Decades of Latin American Experience", *Paper presented at the Latin American Workshop*, Banco de Portugal, Lisbon, October 14 – 15, 2004.

Coenen, G. , A. Levin, and V. Wieland, "Data Uncertainty and the Role of Money as an Information Variable for Monetary Policy", *ECB Working Paper*, No. 84, 2001.

de Mello, L. and Moccero, D. , "Monetary Policy and Macroeconomic Stability in Latin America: The Case of Brazil, Chile, Colombia and Mexico", *Monetary policies and inflation targeting in Emerging Economies*, OECD, 2008.

de Mendonça, H. F. , "Towards Credibility from Inflation Targeting: the Brazilin Experience ", *Applied Economics*, Vol. 39 (20), 2007, pp. 2599 – 2615.

de Mendonça, H. F. , and I. da Silva Veiga, "Financial Openness And Inflation targeting: An Analysis For The Unpleasant Fiscal Arithmetic", Brazilian Association of Graduate Programs in Economics, Proceedings of the 40th Brazilian Economics Meeting, No. 59, 2014.

de Mendonça, H. F. , and T. C. da Silva, *Setting the Interest Rate for Two Outlier Countries*, Brazilian Association of Graduate Programs in Economics, 2010.

de Mendonça, H. F. , and R. T. da Silva, "Fiscal Effect from Inflation Targeting: the Brazilian Experience", *Applied Economics*, Vol. 41 (7), 2009, pp. 885 – 897.

de Mendonça, H. F. , and G. J. de Guimaraes e Souza, "Inflation Targeting

Credibility and Reputation: The Consequences for the Interest Rate", *Economic Modelling*, Vol. 26, 2009, pp. 1228 – 1238.

de Mendonça, H. F., and G. J. de Guimaraes e Souza, "Is Inflation Targeting a Good Remedy to Control Inflation?", *Journal of Development Economics*, Vol. 98, 2012, pp. 178 – 191.

de Mendonça, H. F., and K. A. de Siqueira Galveas, "Transparency and Inflation: What is the Effect on the Brazilian Economy", *Economic Systems*, Vol. 37, 2013, pp. 69 – 80.

Edison, H. J., M. W. Klein, L. Ricci, and T. Sløk, "Capital Account Liberalization and Economic Performance: A Review of the Literature", *IMF Working Paper*, Washington, D. C., 2002.

Erber, S. F., "Development Projects and Growth under Finance Domination: The Case of Brazil during the Lula Years (2003—2007)", Conference Paper, 2007.

Fontana, G., "The Making of Monetary Policy in Endogenous Money Theory: an Introduction", *Journal of Post Keynesian Economics*, Vol. 24 (4), 2002, pp. 503 – 509.

Fraga, A. I. Goldfajn, and A. Minella, "Inflation Targeting in Emerging Market Economies", *NBER Working Paper*, 2003.

Frankel, J. A., S. L. Schmukler, and L. Serven, "Global Transmission of Interest Rates: Monetary Independence and Currency Regime", *Journal of International Money and Finance*, Vol. 23, 2004, pp. 701 – 733.

García-Solanes, J., and F. Torrejón-Flores, "Inflation Targeting Works Well in Latin America", *CEPAL Review*, No. 106, 2012, pp. 37 – 53.

Gnabo, Jean-Y., L. de Mello and D. Moccero, "Interdependecies between Monetary Policy and Foreign Exchange Interventions under Inflation Targeting: The Case of Brazil and the Czech Republic", *International Finance*, Vol. 13, No. 2, 2010, pp. 195 – 221.

Hamada, K., Sakurai, M., "International Transmission of Stagflation under Fixed and Flexible Exchange Rate", *The Journal of Political Economy*, Vol. 86, No. 5, 1978, pp. 877 – 895.

Ho, C. , and R. , McCauley, "Living with Flexible Exchange Rates: Issues and Recent Experience in Inflation Targeting Emerging Market Economies", *BIS Working Paper*, No. 130, 2003.

Hsing, Y. , "Study of the Trilemma Policy and Their Impacts on Inflation, Growth and Volatility for Brazil", *Global Journal of Management and Business Research Finance*, Vol. 13 (5), 2013.

IMF, *Does Inflation Work in Emerging Markets? World Economic Outlook*, Sept. 2005.

Jácome, Luis I. , Ali Alichi, and Ivan Luís de Oliveira Lima, "Weathering the Global Storm: The Benefits of Monetary Policy Reform in the LA5 Countries", *IMF Working Paper*, No. 10 - 292, 2010.

Jácome, Luis I. , T. S. Sedik, and S. Townsend, "Can Emerging Market Central Banks Bail Out Banks? A Cautionary Tale from Latin America", *Emerging Market Reviews*, Vol. 13, 2012, pp. 424 - 448.

Johnson, D. R. , *The Credibility of Monetary Policy: International Evidence Based on Surveys of Expected Inflation: Price Stability, Inflation Targets, and Monetary Policy* Proceedings of a Conference Held by the Bank of Canada, May, 1997.

Johnson, D. R. , "The Effect of Inflation Targeting on the Behavior of Expected Inflation: Evidence from an 11 Country Panel", *Journal of Monetary Economics*, Vol. 49, 2002, pp. 1521 - 1538.

Johnson, G. H. , "Secular Inflation and the International Monetary System", *Journal of Money, Credit, and Banking*, Vol. 5, No. 1, 1973, pp. 509 - 520.

Jonas, Jiri and Frederic S. Mishkin, "Inflation Targeting in Transition Countries: Experience and Prospects", *NBER Working Paper*, No. 9667, 2003.

Jung, W. S. , "Output-inflation Tradeoffs in Industrial and Developing Countries", *Journal of Macroeconomics*, Vol. 7, No. 1, 1986, pp. 101 - 113.

Kontonikas, A. , "Inflation and Inflation Uncertainty in the United Kingdom: Evidence from GARCH Modeling", *Economic Modeling*, Vol. 21, 2004, pp. 525 - 543.

Krugman, P., "A Model of Balance-of-Payments Crises", *Journal of Money, Credit and Banking*, Vol. 11, No. 3, 1979, pp. 311 – 325.

Kuttner, K. N. and A. S. Posen, "Does Talk Matter After All? Inflation Targeting and Central Bank Behaviour", *Staff Report*, No. 88, Federal Reserve Bank of New York, New York, 1999.

Kuttner, K. N., "The Role of Policy Rules in Inflation Targeting", *Federal Reserve Bank of St. Louis Review*, Vol. 86 (4), 2004, pp. 89 – 111.

Kydland, F. E. and E. C. Prescott, "Rules Rather than Discretion: the Inconsistency of Optimal Plans", *Journal of Political Economy*, Vol. 85, 1977, p. 473.

Kydland, F. E. and E. C. Prescott, "Time to Build and Aggregate Fluctuations", *Econometrica*, Vol. 50 (6), 1982, pp. 1345 – 1370.

Levy-Yeyati, E. and F. Sturzenegger, "To Float or To Fix: Evidence on the Impact of Exchange Rate Regimes on Growth", *The American Economic Review*, Vol. 93, 2003, pp. 1173 – 1193.

Libânio, G., A Note on Inflation Targeting and Economic Growth in Brazil. Proceedings of XXXVI Encontro Nacional de Economia, ANPEC, Salvador/Brazil, 2008.

Libânio, G., "A Note on Inflation Targeting and Economic Growth in Brazil", *Revista de Economia Política*, Vol. 30, No. 1, 2010, pp. 73 – 88.

Luis Felipe Céspedes, Roberto Chang and Andrés Velasco, *Is Inflation Targeting Still on Target? The Recent Experience of Latin America*, Inter-American Development Bank, Washington, DC, 2012.

Minella, A., P. S. de Freitas, I. Goldfajn and M. K. Muinhos, "Inflation Targeting in Brazil: Constructing Credibility under Exchange Rate Volatility", *Journal of International Money and Finance*, Vol. 22 (7), 2003, pp. 1015 – 1040.

Minella, A., P. S. de Freitas, I. Goldfajn and M. K. Muinhos, *Inflation targeting in Brazil: Lessons and challenges*, Banco Central do Brasil, Trabalhos para Discussão, 53, 2002.

Mishkin, F. S., "Monetary Policy Strategy: How Did We Get Here?", *Work-*

ing Paper, No. 12515, National Bureau of Economic Research, Cambridge, MA, 2006.

Mishkin, F. S. and M. Savastano, "Monetary Policy Strategies for Latin America", *Journal of Development Economics*, 2001, 66 (2): 415 – 444.

Mishkin, F. S., Klaus, S. H., "Does Inflation Targeting Make a Difference", *Working Paper*, 2006.

Modenesi, de M. A., M. M. Norberto and R. L. Modenesi, "A Modified Taylor Rule for Brazilian Economy: Convention and Conservatism in a Decade of Inflation Targeting (2000 – 2010)", *Journal of Post Keynesian Economics*, Vol. 35, No. 3, 2013, pp. 463 – 482.

Muinhos, Marcelo and Sérgio Afonso Alves, "Medium-size Macroeconomic Model for the Brazilian Economy", *Banco Central do Brasil Working Paper*, No. 64, 2003.

Moura, M. L., and A. de Carvalho, "What can Taylor Rules Say about Monetary Policy in Latin America?", *Journal of Macroeconomics*, Vol. 32, 2010, pp. 392 – 404.

Nassif, A., C. Feijó and E. Araújo, "The Long-Term 'Optimal' Real Exchange Rate and the Currency Overvaluation Trend in Open Emerging Economies: The Case of Brazil", *UNCTAD Discussion Papers*, No. 206, 2011.

Novaes, W. and F. N. de Oliveira, "Interventions in the Foreign Exchange Market: Effectiveness of Derivatives and Other Instruments", *Discussion Paper*, No. 1, IBMEC Business School, Rio de Janeiro, 2007.

Obstfeld, M., J. C. Shambaugh, and A. M. Taylor, "Financial Stability, the Trilemma, and International Reserves", *American Economic Journal*: Macroeconomics 2, 2010, pp. 57 – 94.

Obstfeld, M., J. C. Shambaugh, and A. M. Taylor, "Financial Instability, Reserves, and Central Bank Swap Lines in the Panic of 2008", *NBER Working Paper*, No. 14826, 2009.

Obstfeld, M., J. C. Shambaugh, and A. M. Taylor, "The Trilemma in History: Tradeoffs among Exchange Rates, Monetary Policies, and Capital Mobility", *Review of Economics and Statistics*, Vol. 87, 2005, pp. 423 – 438.

Ocampo, J. A. , "Developing Countries' Anti-cyclical Policies in a Globalized World ", *Development Economics and Structuralist Macroeconomics.* Northampton, MA: Edward Elgar, 2003.

OECD, *Economic Survey of Chile*, OECD, Paris, 2005.

Philip Arestis , Fernando Ferrari - Filho, and Luiz Fernando de Paula, "Inflation Targeting in Brazil", *International Review of Applied Economics*, Vol. 25 (2), 2011, pp. 127 – 148.

Porcile Gabriel, Alexandre Gomes de Souza, and Ricardo Viana, "External Debt Sustainability and Policy Rules in a Small Globalized Economy", *Structural Change and Economic Dynamics*, Vol. 22, No. 3, 2011, pp. 269 – 276.

Prasad, E. S. and R. Rajan, "A Pragmatic Approach to Capital Account Liberalization", *NBER Working Paper*, No. 14051, 2008.

Prasad, E. S. , K. Rogoff, S. J. Wei, and M. A. Kose, "Effects of Financial Globalization on Developing Countries: Some Empirical Evidence", *Occasional Paper* 220, Washington, D. C. , 2003.

Şahinbeyoğlu, G. , "From Exchange-rate Stabilization to Inflation Targeting: Turkey's Quest for Price Stability", In *Monetary Policies and Inflation Targeting in Emerging Economies*, OECD, 2008.

Salgado, Maria José S. , Márcio GP Garcia, and Marcelo C. Medeiros, "Monetary Policy during Brazil's Real Plan: Estimating the Central Bank's Reaction Function ", *Revista Brasileira de Economia* , Vol. 59. 1, 2005, pp. 61 – 79.

Sánchez, M. , "What does South Korean Inflation Targeting Target?", *Journal of Asian Economics*, Vol. 21, 2010, pp. 526 – 539.

Sargent, Thomas and Neil Wallace, "Some Unpleasant Monetarist Arithmetic", *Federal Reserve Bank of Minneapolis Quarterly Review*, 1981.

Sarwono, H. A. , "Monetary Policy in Emerging Markets: The Case of Indonesia", In *Monetary Policies and Inflation Targeting in Emerging Economies*, OECD, 2008.

Schmidt-Hebbel, K. and A. Werner, "Inflation Targeting in Brazil, Chile and

Mexico: Performance, Credibility and the Exchange Rate", *Working Paper*, No. 171, Central Bank of Chile, Santiago, 2002.

Segura-Ubiergo, A. , "The Puzzle of Brazil's High Interest Rate", *IMF Working Paper*, No. 12 – 62, 2012.

Shambaugh, J. C. , "The Effect of Fixed Exchange Rates on Monetary Policy", *The Quarterly Journal of Economics*, Vol. 119, 2004, pp. 301 – 352.

Steel, D. and A. King, "Exchange Rate Pass-through: The Role of Regime Changes", *International Review of Applied Economics*, Vol. 18, 2004, pp. 301 – 322.

Stone, M. R. , W. C. Walker and Y. Yasui, "From Lombard Street to Avenida Paulista: Foreign Exchange Liquidity Easing in Brazil in Response to the Global Shock of 2008 – 09", *IMF Working Paper* No. 09/259, International Monetary Fund, Washington, DC, 2009.

Svensson E. O. Lars, "Inflation Forecast Targeting Implementing and Monitoring Inflation Targets ", *European Economic Review*, Vol. 71, 1997, pp. 393 – 410.

Svensson E. O. Lars, "Inlation Targeting as a Monetary Policy Rule", *Journal of Monetary Economics*, Vol. 43, 1999a, pp. 607 – 654.

Svensson E. O. Lars, "Price Stability as a Target for Monetary Policy: Defining and Maintaining Price Stability", *NBER Working Paper*, No. 7276, 1999b.

Taylor John B. , "Aggregate Dynamics and Staggered Contracts", *Journal of Political Economy*, Vol. 88, 1998, pp. 1 – 24.

Taylor John B. , "Discretion versus Policy Rules in Practice", *Carnegie-Rochester Conference Series on Public Policy*, Vol. 39, 1993, pp. 195 – 214.

Taylor John B. , "Using Monetary Policy Rules in Emerging Market Economies", In *Stabilization and Monetary Policy: The International Experience*, Bank of Mexico, Mexico City, 2000, pp. 441 – 458.

Teles, K. V. and M. Zaidan, "Taylor Principle and Inflation Stability in Emerging Market Countries", *Journal of Development Economics*, No. 91, 2010, pp. 180 – 183.

Tourinhoa A. F. Octavio, Guilherme M. R. Mercêsb and Jonathas G. Costa,

"Public Debt in Brazil: Sustentability and Its Implications", *Economia*, Vol. 14, Issues 3 – 4, 2013, pp. 233 –250.

Truman, Edwin, "Inflation Targeting in the World Economy", Washington, DC: IIE, 2003.

Ullrich, K. , *A Comparison between the Fed and the ECB: Taylor Rules*, Centre for European Economic Research, Discussion Paper 3 – 19, 2003.

Vargas, H. , "Exchange Rate Policy and Inflation Targeting in Columbia", *IDB Working Paper*, 2005.

Vernengo, M. , "The Political Economy of Monetary Institutions in Brazil: The Limits of the Inflation-targeting Strategy, 1999 – 2005", *Review of Political Economy*, Vol. 20, No. 1, 2008, pp. 95 – 110.

Woodford, M. , "Monetary Policy and Price Level Determinacy in a Cash-in-Advance Economy", *Economic Theory*, Vol. 4, 1994, pp. 345 – 380.

Woodford, M. , "Price Level Determinacy without Control of a Monetary Aggregate", *Carnegie-Rochester Conference Series on Public Policy*, Vol. 43, 1995, pp. 1 – 46.

Woodford, M. , "Optimal Monetary Policy Inertia", *Working Paper*, No. 7261, National Bureau of Economic Research, Cambridge, MA, 1999.

Woodford, M. , "Inflation Targeting and Optimal Monetary Policy", *Federal Reserve Bank of St. Louis Review*, Vol. 86, 2004, pp. 15 – 41.

西班牙语文献:

Adda, J. , "Brasil: de la inflación inercial a la hiperinflación", *Lecturas De Economía*, Universidad de Antioquia, Vol. 28, 1989, pp. 127 – 153.

de Mendonça, H. F. , "La independencia de los bancos centrales y su relación con la inflación", *Revista CEPAL*, No. 87, 2005, pp. 171 – 189.

Federico, M. , "Alta inflación y planes de ajuste en Brasil durante el retorno a la democracia, 1985 – 1994", University Library of Munich, *MPRA Paper*, 18956, 2007.

Frenkel, R. , "Tipo de cambio real competitivo, inflación y política monetaria", *Revista CEPAL*, No. 96, 2008, pp. 189 – 199.

Gabriel Caldas M. , "Brasil: ? Cómo reaccionan los mercados financieros ante los anuncios de política monetaria del banco central en un esquema de metas de inflación?", *Revista CEPAL*, No. 107, 2012, pp. 179 – 196.

García-Solanes, J. , and Fernando Torrejón-Flores, "La fijación de metas de inflación da buenos resultados en América Latina", *Revista CEPAL*, No. 106, 2012, pp. 37 – 55.

Giambiagi, F. , "Las instituciones fiscales brasileñas: las reformas de Cardoso, 1995 – 2002", *Revista CEPAL*, No. 85, 2005, pp. 61 – 80.

Gonzalez, A. , "La transmisión de los choques a la tasa de cambio sobre la inflación", Banco De La República, *Borradores De Economia*, No. 005089, 2008.

Grandes, M. , and H. Reisen, "Regímenes cambiarios y desempeño macroeconómico en Argentina, Brasil y México", *Revista CEPAL*, No. 86, 2005, pp. 7 – 28.

Moreira, T. B. Silva, "Brasil: mecanismos de transmisión de la política fiscal. Una investigación empírica", *Revista CEPAL*, No. 106, 2012, pp. 181 – 194.

Moreira, T. B. Silva, and Fernando Antônio Ribeiro Soares, "Brasil: Crisis financiera internacional y políticas anticíclicas", *Revista CEPAL*, No. 103, 2011, pp. 199 – 218.

Olivo, V. , "El Régimen de Metas de Inflación en Brasil: Breve Descripción y Evaluación de su Desempeño", University Library of Munich, *MPRA Paper*, 41405, 2007.

Prates, M. D. , A. M. , Cunha, and Marcos T. C. Lélis, "La gestión del régimen cambiario en Brasil", *Revista CEPAL*, No. 99, 2009, pp. 97 – 118.

Terra, F. H. Bittes, and F. F. , Filho, "Las políticas económicas de Keynes: Reflexiones sobre la economía brasileña en el período 1995 – 2009", *Revista CEPAL*, No. 108, 2012, pp. 115 – 132.

葡萄牙语文献:

Bacha, E. L. , "Além da tríade: há como reduzir os juros?", *Texto para Discussão* 17, Instituto de Estudos de Política Econômica - Casa das Garças, 2010.

Cysne, R. P. , "Aspectos macro e microeconômicos das reformas brasileiras", *Series de la CEPAL Reformas económicas*, No. 63, 2000.

Erber, F. , "As convenções de desenvolvimento no Brasil: um ensaio de economia política." *Revista de Economia Política* 31, No. 1, 2011, pp. 31 – 55.

Ferrari Filho, F. , *Política comercial, taxa de câmbio e moeda internacional: uma análise a partir de Keynes*, Porto Alegre, Federal University of Rio Grande do Sul, 2006.

Figueiredo, F. M. R. e Ferreira, T. P. , "Os Preços Administrados e a Inflação no Brasil", *Banco Central do Brasil*, *Trabalhos para Discussão*, 59, 2002.

Fishlow A. , "Origens e Consequências da Substituição de Importações no Brasil ", *Estudos Econômicos*, Vol. 6, No. 2, FIPE/USP, São Paulo, SP, 1972.

Franco G. H. B. , *Reforma Monetária e Instabilidade durante a Transição Republicana*, BNDES, Rio de Janeiro, RJ, 1983.

Lopes, F. , "Inflação inercial, hiperinflação e desinflação", *Revista da AN-PEC*, 7 (8), 1984, pp. 55 – 71.

Mendonça, H. F. , "O Efeito dos Preços Administrados na Taxa de Juros Brasileira", *Proceedings of X Encontro Nacional de Economia Política*, SEP, Campinas/Brazil, 2005.

Mendonça, H. F. , "Metas de inflação e taxa de juros no Brasil: uma análise do efeito dos preços livres e administrados", *Revista de Economia Política*, 27, 2007, pp. 431 – 451.

Modenesi, A. M. , "Conveção e inércia na taxa Selic: uma estimative da função de reação do BCB (2000 – 2007)", *Proceedings of I Encontro Internacional da Associação Keynesiana Brasileira*, IE/UNICAMP, Campinas/

Brazil, 2008.

Modenesi, A. M. , "Conservadorismo e Rigidez na Política Monetária: uma estimativa da função de reação do BCB (2000 – 2007)", *Revista de Economia Política* , Vol. 31 (3), 2011, pp. 415 – 434.

Oreiro, J. L. , M. Passos, B. Lemos and R. Padilha, Metas de Inflação, Independência do Banco Central e a Governança da Política Monetária no Brasil: Análise e Proposta de Mudança. In: Luiz F de Paula and Rogério S (org.), Política Monetária, Bancos Centrais e Metas de Inflação: Teoria e Experiência Brasileira. Rio de Janeiro, Ed. FGV, 2009.

Pereira, L. C. B. and Y. Nakano, *Inflação e Recessão*, São Paulo, Brazil: Brasilience, 1984.

Souza, F. E. , and C. Hoff. , *O regime cambial brasileiro*: 7 *anos de flutuação*, 2006, http: //www. ie. ufrj. br/conjuntura/pdfs/TextoRedeMercosul. pdf.

Squeff, G. C. , J. L. Oreiro and L. F. Paula, Flexibilização do Regime de Metas de Inflação em Países Emergentes: Uma Abordagem Pós-Keynesiana. In: Luiz F. de Paula and Rogério S (org.), Política Monetária, Bancos Centrais e Metas de Inflação: Teoria e Experiência Brasileira. Rio de Janeiro, Ed. FGV, 2009.

附　　录

附录一　1961—1992 年巴西政府的反通胀措施

时间	总统	措施
1961—1964	若昂·古拉特	紧缩财政、紧缩货币
1964—1967	温贝特·卡斯特罗·布兰科	紧缩财政、紧缩货币，指数化，紧缩信贷、冻结工资
1967—1973	阿图尔·达科斯塔·席尔瓦 奥米利奥·梅迪西	紧缩财政，削减赤字
1974—1979	埃内斯托·盖泽尔	指数化，紧缩货币
1979—1985	若昂·菲格雷多	工资指数化、紧缩财政、紧缩货币
1985—1990	若泽·萨尔内	"克鲁扎多计划"：开始打破指数化，后来又取消物价管制，指数化工资，冻结物价、汇率和工资，更换货币
		"布雷塞尔计划"：指数化工资，紧缩货币供应，冻结工资和物价
		"豆饭计划"：紧缩财政，暂时冻结公共部门工资，减少财政赤字
		"夏季计划"：紧缩货币，限制给私人部门的信贷，暂停外债证券化，紧缩财政，削减财政赤字，抑制国内需求，冻结物价与工资
1990—1992	费尔南多·科洛尔·德梅洛	"科洛尔计划"：指数化，紧缩财政，紧缩货币，冻结银行存款、工资、汇率和物价，改变货币名称

附录二 巴西货币历史和汇率变动（1942—1994 年）

1942 年克鲁塞罗替换了旧货币米尔雷斯（mil-reis）。

1948 年 7 月 14 日，初次规定的克鲁塞罗含金量为 0.0480363 克，法定汇率为 1 美元 = 18.5 克鲁塞罗。

1946—1952 年，巴西采用固定汇率制度，出口汇率（买入价）1 美元 = 18.38 克鲁塞罗，进口汇率（卖出价）1 美元 = 18.72 及 19.66 克鲁塞罗。

1953 年 1 月开始，自由市场合法化。

1953 年 10 月，巴西汇率制度变革，确立多种汇率制度。进口商品的直接数量控制被取消，建立外汇交易拍卖系统。此后，巴西同时存在 12 种以上的官方汇率。

1957 年 8 月，汇率类别减少到两种。

1958 年 10 月，大部分出口均通过自由市场结汇，出口外汇收入均采取拍卖方式在市场出售。

1961 年 3 月 14 日，进口结汇也转移到由政府控制的自由市场。自由汇率开始规定为 1 美元 = 200 克鲁塞罗，此后不断降低。

1967 年 2 月 9 日，贬值至 1 美元 = 2700—2715 克鲁塞罗。

1967 年 2 月 13 日，换货币，发行新克鲁塞罗，1 新克鲁塞罗 = 1000 旧克鲁塞罗。自由汇率也相应改为 1 美元 = 2.700—2.715 新克鲁塞罗。

1967 年 12 月 29 日，贬值至 1 美元 = 3.20—3.22 新克鲁塞罗。

1968 年 8 月 21 日，巴西政府实行"轻度贬值制度"，通过频繁的小幅度贬值不断降低巴西的币值，提高巴西商品的出口竞争力，同时限制进口。

1968 年 12 月 9 日，贬值至 1 美元 = 3.805—3.830 新克鲁塞罗。

1969 年 12 月 8 日，贬值至 1 美元 = 4.325—4.350 新克鲁塞罗。1969 年共贬值 8 次，贬值累积总幅度为 13.7%。

1970 年 5 月 15 日开始，国家货币委员会决定货币单位名称取消"新"字，仍称克鲁塞罗。

1970 年年内共贬值 9 次，年底，1 美元 = 4.92—4.95 克鲁塞罗。

1971 年年内贬值 7 次，累积贬值 13.4%。11 月 10 日最后一次贬值后为 1 美元 = 5.600—5.635 克鲁塞罗。

1972 年共贬值 8 次，到 12 月 15 日 1 美元 = 6.180—6.215 克鲁塞罗。

1973 年 2 月 12 日，美元贬值，2 月 14 日巴西宣布克鲁塞罗对美元升值 3.1%，自由汇率从 1 美元 = 6.180—6.215 克鲁塞罗升值到 5.995—6.030 克鲁塞罗。之后又贬值 4 次，1973 年 12 月 14 日贬值至 6.180—6.220。全年平均为 6.126 克鲁塞罗。

1974 年之后，克鲁塞罗贬值频率加快。

1974 年共贬值 11 次，到 12 月 20 日，贬值至 1 美元 = 7.395—7.435 克鲁塞罗，全年平均为 6.79 克鲁塞罗。

1975 年共贬值 14 次，12 月 16 日起贬值至 9.02—9.07，全年平均为 8.175。

1976 年共贬值 16 次，累积贬值 36%。12 月 22 日贬值至 12.275—12.345，全年平均为 10.675 克鲁塞罗。

1977 年共贬值 14 次，累积贬值 29.9%。年底贬值至 15.95—16.05，全年平均为 14.144。

1978 年共贬值 16 次，累积贬值 30.3%。年底贬值至 20.78—20.92。

1979 年共贬值 17 次，全年累积贬值 86.7%，而在 12 月 7 日当天就贬值达到 30%。

1981 年共贬值 35 次，币值下降幅度达到 95.1%，1981 年 11 月 1 美元 = 118 克鲁塞罗。

1986 年 3 月 1 日换货币，克鲁扎多（Cruzados）兑换比例 1∶1000，这时的 1 克鲁扎多相当于 100 万的 1942 年克鲁塞罗。

1979—1987 年巴西汇率变动情况 1 美元合克鲁扎多（＊1986 年换货币）

汇率价格	1979	1980	1981	1982	1983	1984	1985	1986	1987
年底价	0.043	0.66	0.128	0.253	0.984	3.184	10.49	14.895	72.251
年均价	0.027	0.053	0.093	0.18	0.577	1.848	6.2	13.656	39.229

1990 年 3 月 16 日，巴西货币名称恢复为克鲁塞罗，开始执行有弹性

的汇率制度，克鲁塞罗在银行间外汇市场上独立依据美元而浮动。

1991 年 12 月 31 日，汇率买价卖价分别为 1 美元兑 1068.70 及 1068.80 克鲁塞罗。

1994 年，雷亚尔计划，换货币，1 克鲁扎多 = 1000 克鲁塞罗。创立实际价值单位 URV，后又用 Real 取代 URV，1 雷亚尔 = 2750 旧货币。

此后，巴西货币一直沿用至今。

附录三　预算约束规则模型和财政预算平衡

根据两时期政府的预算约束（4.2.1）式，长期内经济体的债务水平应保持均衡，即债务在 GDP 中的比例保持不变，因此债务的增长率等于产出的增长率。令：

$$d_t = \frac{D_t}{Y_t}, \quad \Delta d_t = \frac{\Delta D_t}{Y_t}, \quad pd_t = \frac{PD_t}{Y_t}$$

同时假设 i 和 n 保持不变，$\varepsilon_t = 0$，利用增长率公式 $Y_t = (1+n) Y_{t-1}$ 和（4.2.1）式可以得到：

$$d_t = \frac{1}{1+n}d_{t+1} + \Delta d_t = \frac{1+i}{1+n}d_{t-1} + pd_t \quad (1)$$

根据（4.2.2）式以及利率的费雪方程式①，可以将（1）式写成差分的形式：

$$d_t = \frac{1+r}{1+g}d_{t-1} + pd_t \quad (2)$$

上式收敛的必要条件是 $r < g$。假设债务产出比的初始值为 d_0，则差分方程（2）的解为：

$$d_t = \left(\frac{1+r}{1+g}\right)^2 d_0 + \sum_{j=0}^{t-1} \left(\frac{1+r}{1+g}\right)^j pd_{t-j} \quad (3)$$

将上式贴现到第 0 期，可以得到：

$$\left(\frac{1+r}{1+g}\right)^{-t} d_t = d_0 + \sum_{s=1}^{t} \left(\frac{1+r}{1+g}\right)^{-s} pd_s \quad (4)$$

当 $t \to \infty$ 时，（4）式左边，即贴现到本期的债务的比率趋于 0，满足

---

① 　$1 + r = (1+i) / (1+\pi)$，r 是实际利率。

债务的非蓬齐博弈条件①，财政政策可持续。此时，市场主体持有的总资产为 0，或者资产价值为 0。于是可以求得极限处债务的初值约束条件：

$$d_0 = - \sum_{t=1}^{\infty} \left(\frac{1+r}{1+g} \right)^{-t} pd_t$$

（1）式和（4）式，

令 $\beta_s = \dfrac{1}{1+i_s}$，可以得到：

$$D_0 = - \sum_{t=1}^{\infty} \prod_{s=1}^{t} \beta_s PD_t + \lim_{n \to \infty} \prod_{s=1}^{n} \beta_s D_n \qquad (5)$$

上式的非蓬齐博弈条件为：

$$\lim_{n \to \infty} \prod_{s=1}^{n} \beta_s D_n = 0$$

如果该条件成立，那么政府跨期预算可以实现平衡。当非蓬齐博弈条件成立时，这就意味着政府名义债务存量（D_t）和初级财政赤字（PD_t）之间存在协整关系。政府初级财政赤字是政府收入与政府总支出（政府支出和转移支付）的差额，因此当财政总收入和财政总支出存在协整关系时，名义债务存量与初级财政赤字协整，财政预算达到平衡。

---

①　蓬齐博弈是指发行债券并依靠发行新债券永久滚动这些债务。施加预算约束则可看成非蓬齐博弈条件。

后　记

　　本书是在我的博士论文的基础上修改完成的。博士论文完成于 2015 年春节前后，是博士阶段学习的总结，也是科研生涯的一个起点。虽然是世界经济学科，但是区域国别研究似乎是理论经济学中最鲜活的内容。现实总是变得很快，而研究则需要不断跟踪对象国的方方面面。这也是我在博士毕业近两年之后迟迟难以找到一个理论与现实平衡的原因。

　　博士论文完成之后，巴西政坛发生了地震，总统罗塞夫被弹劾，通货膨胀率也在论文完成后的日子里飙升，突破两位数。但是，在整理出书的过程中，我却决定暂时不将新内容加入书中。这样做有两个原因。一是巴西特征使然。政坛如"纸牌屋"式的情节变化对经济指标和经济政策随时产生影响，再加上预期因素在巴西通货膨胀中的特殊地位，目前尚不能对巴西的经济形势下一个完整的定论。因此如果紧跟形势变化，也许会破坏本书在完整经济周期内研究巴西通货膨胀的初衷。二是为将来的研究留下空间。本书的研究认为巴西在颁布"财政责任法"之后，通货膨胀的财政效应减轻，但是从目前巴西的形势来看，似乎有重回"财政主导"之势。因此未来可以将此作为本书研究的续集，继续对以巴西为代表的新兴经济体实行通货膨胀目标制的经济绩效进行研究，考察国内外冲击对此类货币政策的影响和制约。

　　对通货膨胀钉住下货币政策的研究产生兴趣是在硕士阶段，当时在硕士导师刘洪钟教授组织的讨论会上首次接触到这一内容，后来学习了刘老师和杨攻研师兄发表的《货币政策共识的演化与反思：来自金融危机的启示》一文后，我开始将拉美国家的案例与通货膨胀目标制理论结合起来，查阅相关文献。再后来，通过参与博士导师吴国平研究员主持的"巴西崛起及其国际战略选择"课题以及 2013 年《世界经济年鉴》"巴西部分"的编写，我对巴西的历史、宏观经济形势和数据进行了一年多的准备。此时巴西爆发了因公交车票涨价引起的示威游行，在一次研讨会后，我萌生了研究巴西通货膨胀目标制的想法，想看看为什么货币政策将通货膨胀定为目标，巴西的通货膨胀却依旧得不到控制。写作的过程中，遇到许多困难，有幸能够一一击破，得以最终完成论文。

博士论文的完成，是我学术生涯的起点，未来还有更大的挑战等着我。手捧书稿，我最想感谢的是我的博士导师吴国平研究员。吴老师是国内拉美经济研究的权威，在国内外拉美研究中具有绝对的影响力，能够成为吴老师的关门弟子，我深感荣幸，但也倍感压力，担心自己的学术研究能力还达不到吴老师对我的期望和要求。尤其是每每听到吴老师讲起西班牙语，更是替自己停滞了好多年的西班牙语学习感到着急。吴老师像一位慈父一般，在学术上和生活中都给了我无微不至的关怀。在此，我还想感谢中国社会科学院张森根研究员、岳云霞研究员、柴瑜研究员、张凡研究员、房连泉研究员、周志伟副研究员以及何露杨助理研究员，感谢他们在本书的写作过程中给予的帮助和支持。

我有幸于2015年加入了中国社会科学院巴西研究中心，在这个团队里，周志伟、张勇、何露杨和我在中国前驻巴西大使陈笃庆的支持下，立足巴西研究，以《巴西季评》为载体，做中国最权威的巴西研究。这也将为我今后继续对巴西的货币政策和通货膨胀进行研究提供了团队支持。

本书的顺利出版得到了中国社会科学出版社的大力支持与帮助，特别是张林老师对本书进行了细心的编辑，在此表示衷心的感谢！最后，我要感谢我的父母。不知不觉，已经而立，父母还要工作，为我操劳，来自父母的爱是对我最大的鼓励和鞭策，也是我在学术道路上继续走下去的最大动力！

王　飞

2017 年 5 月 29 日